当代中国
优抚制度研究

DANGDAI ZHONGGUO
YOUFU ZHIDU YANJIU

尹传政／著

人民出版社

目　录

绪　论

优抚制度是中国共产党创建的一项重要制度，在革命战争年代，中国共产党能够领导革命走向成功，与其实施的优抚政策是密不可分的。同样在国家和平建设时期，优抚制度不仅起到壮大人民军队和加强国防建设的作用，也具有维护社会稳定的功能。在某种程度上，中国共产党创建的优抚制度改变了军人的社会地位和形象，历史上曾出现过人人争当解放军的热潮。研究优抚制度的历史可以从一个侧面展现中共处理军人和群众关系的历程，并可揭示中共夺取和巩固政权的社会根源。显然，此种意指可以深化和扩展中共历史的研究，具有较大的学术价值。

21 世纪以来，中国共产党提出了社会建设的重要命题，其中的社会保障体系建设成为社会所关注的热点。然而，现在中国的社会保障制度还不够完善，而作为社会保障一部分的优抚制度更是问题较多。比如，老革命军人的抚恤标准偏低、烈军属的优待缺失等，都是比较突出的，而且这些问题的存在已影响到社会的稳定和社会参军的积极性等。那么，研究当代中国优抚制度实施的历史，无疑会为国家更好地对待优抚对象提供借鉴，促进社会保障基本建设的发展。因此，这一研究具有明显的现实意义。

优抚制度主要包括两大方面即优待和抚恤，它是国家和社会依照法律，对为保卫国家安全和保护人民利益作出牺牲和特殊贡献的人及其家属通过优待、抚恤和安置，给予物质帮助的制度。[①]主要包括政治、经济方面的优待措施，抚慰和赈恤的抚恤措施以及退伍军人的安置与补助。[②]可以说，优抚制度是一项基本的社会保障制度，无论对中国革命的成功，还是对社会主义建设时期的社会稳定、国防力量的增强以及战时动员，都发挥了重要作用。但就研究的现状来讲，学术界对该问题的研究并不太多，还有较多的研究空白，这一点尤其明显地体现在对新中国成立以后的优抚制度问题的研究上。总起来讲，现有的优抚制度研究主要集中在革命根据地创建时期、抗战时期、新中国成立以后和国外等四个方面。下面将这些研究成果进行简单的评述。

关于革命根据地创建时期的优抚制度研究。中国共产党取得革命胜利的一个重要法宝就是始终坚持群众路线，而中国共产党的优抚政策更是其群众路线和政策的重要体现。

中国共产党的优抚制度最早发端于井冈山革命根据地创建时期。但早在三湾改编中的提高士兵政治和经济待遇的政策已为人民军队的优抚工作开启了先河。后来，为巩固和发展井冈山根据地，中国共产党开始对现役红军官兵、伤病兵、红军家属、烈士家属等实施广泛而具体的优抚政策。在军队中，推行官兵平等的军队内民主主义的同时提高广大士兵的精神生活；在改变士兵物质生活的同时，保证现役红军官兵分得一份土地，并对参军士兵的耕地实施代耕等措施；给予受伤士兵更多物质、医疗等方面优待；地方政府也积极开展多种形式的慰问拥军活动。这些优抚政策增强了军民感情，提高了士兵和民众的革命热情，为根据地发展提供了保证。[③]中央苏区建立后，整个红军体系内的优抚安置制度进一步确立起来。它不仅对根据地内外的红军以及退伍军人的土地分配有详细规定，还对现役红

① 齐海鹏：《社会保障教程》，东北财经大学出版社 2006 年版。

② 王文素：《社会保障理论与务实》，经济科学出版社 2004 年版。

③ 饶道良：《红军优抚工作的起源——井冈山斗争时期的优抚工作》，《党史文苑》2011 年第 2 期。

军家里的劳动力使用、缴纳赋税等都给予优待，甚至设立了优待日让红军同家属团聚。在抚恤方面，中央苏区对伤残、死亡抚恤和对伤病、年龄退役的以及退伍士兵的工作安置都作了明确规定。为落实这些优抚政策，中央苏区还设置了诸多机构，譬如，中央军委领导下的抚恤委员会，优待红军家属委员会，乡、村两级委员会下的耕田队、杂务队和检查队等。显然，这些优抚制度的确立和实施既调动了民众参军的积极性，又发展了革命根据地和红军队伍。① 实际上，就整个中央苏区的社会救济工作来讲都是以优待红军家属为中心来开展的，这样不仅丰富了苏区精神的内涵，还使苏区的革命精神进一步升华。② 为了保证这些优抚政策的实施，中央苏区还开展了大规模农村合作社运动，从结果来看，这场运动无论是在军需供给、优抚资金筹集、组织各种优抚活动方面，还是在红军家属劳动力优待、消费品优待等方面，都起了重要的作用。③ 但总起来讲，整个中央苏区的优抚资金主要有四种来源：一是红军自筹，这要通过打土豪筹款，战争缴获获得；二是苏维埃政府拨款，这款项主要来自税收，发行的革命公债，开展的节约运动等；三是苏区人民捐款，包括退还公债券，捐献合作社红利，响应节省运动和慰劳红军等；四是苏区军民生产自给，主要是组建优抚合作社和建立军工企业等的方式进行。④ 实质上，这些组织开展对红军及其家属、伤残人员的抚恤活动，解除红军官兵后顾之忧的优抚政策，既是我军一贯重视和维护官兵物质利益的具体表现，也是我军政治工作的一种优良传统。这对激发红军为人民的利益而作战起了很大作用。⑤

---

① 吴红英、赵玉洁：《中央苏区红军优抚安置政策回溯》，《中国人才》2008 年第 22 期。

② 高中华：《苏区时期的社会救济考察——以兴国县为例》，《中国井冈山干部学院学报》2005 年第 3 期。

③ 吴红英、朱红英：《论中央苏区农村合作社运动对红军优抚的历史贡献》，《农业考古》2009 年第 3 期。

④ 吴红英、朱红英：《中央苏区时期红军优抚资金的筹集形式》，《价格月刊》2009 年第 9 期。

⑤ 侯大伟：《土地革命时期我军政治工作与物质利益原则》，《西安政治学院学报》2000 年第 2 期。

纵览土地革命时期的优抚政策，核心问题就是能够保证广大士兵和家属分得土地。这一切则通过建立诸如优待红军委员会等组织来开展相关的工作，并结合宣传和惩治的方式来保证顺利执行。① 事实上，这种以土地为核心内容的优抚思想，其根源在于毛泽东的社会优抚思想。②

关于中国共产党抗战时期的优抚制度研究。抗战时期，各个根据地的优抚内容是有差异的。在抗日的总后方陕甘宁边区，为了充分激发抗工属和退伍军人的生产潜能，减少对边区政府的依赖，从 1944 年边区政府开展了一场大规模的帮助抗工属和退伍军人建立家务活动，并制定了相应的一系列措施：帮助制定生产计划、为无地或少地的抗工属和退伍军人分土地、解决生产工具和耕牛的缺乏以及发展畜牧和纺织业等。通过这些家务活动改善了抗工属和退伍军人的生活，发展了生产等。③ 但在陕甘宁边区，代耕制度则是诸多优抚措施中最中心的方式。边区政府制定了一系列的代耕原则、代耕办法、代耕方式以及加强代耕的组织领导和思想教育等措施。它具有明显的统一战线的政治特征和全民性、长期性等时代特色。这对改善抗工属及退伍军人的生活，稳定军心，激励士气乃至抗战的胜利起到了重要作用。④ 除了陕甘宁边区外，晋察冀边区在兼顾财政、经济状况以及抗属、荣军生活的原则下，逐步完善了对抗属优待和对荣军及遗族抚恤的事务程序、方式、标准等方面的具体方法，最终建立了一套相对成熟的优抚制度，从而保障了根据地抗属和荣军的生活，为巩固根据地起到了积极作用。正是中共在晋察冀抗日根据地基于对乡村传统的顺应，使得优待抗属政策得以实施并取得了显著成效。但事实上，体现中共政治理念的优抗政策仍与乡村传统相纠葛，在一定程度上制约了其实施的效果。⑤ 在华中抗日根据地，

---

① 徐云鹏：《土地革命战争时期红军的优抚制度》，《军事历史》1995 年第 1 期。

② 董大伟：《简论毛泽东的社会保障思想》，《河北青年管理干部学院学报》2011 年第 4 期。

③ 宿志刚：《抗战时期陕甘宁边区建立家务活的研究》，《河南大学学报》2008 年第 5 期。

④ 宿志刚：《抗战时期陕甘宁边区代耕问题研究》，《史学月刊》2007 年第 9 期。

⑤ 李军全：《军事动员与乡村传统：以晋察冀抗日根据地优待抗属为例》，《历史教学》2011 年第 2 期。

不仅注重对退伍、伤残军人和抗属的优抚工作，还通过制定各项优抚法律、政策以及设立社会保障机构等，帮助抗属解决生产生活问题，抚恤烈属，安置伤残和退伍军人。但华中根据地在实现物质与精神、保障与鼓励自力更生相结合的同时，为了巩固抗日统一战线在优抚工作上对国民党军队实行了一视同仁的政策。① 山东抗日根据地则是执行了军民兼顾、军民利益相结合，政府力量与群众力量相结合，抗属重于工属，政府优待与组织抗属生产相结合的方针，开展多种形式的优抚。根据地对抗日军人的伤残、死亡抚恤金，退伍军人的路费及生活费用等都作了详细规定；对抗日军人家属，根据地则给予荣誉称号，实现抗属与现役军人免费通信，解决家务劳力不足和保证子女免费入学等待遇。显然，这些政策的实施对抗战是非常有利的。② 总起来说，各个根据地的实际情况不一，就优抚对象来说主要包括这样的几类：抗日军人、荣誉军人、抗属和遗族等；但优抚的形式也是各有不同：保护抗日军人婚姻，建纪念碑、革命公墓纪念烈士，安置编余人员，慰问前方军人，组织代耕，改善抗属生活等。事实上，由于根据地各方面条件极为艰苦致使优抚政策实施并非一蹴而就，而是经历了一个从建立，到徘徊，再到相对成熟的艰难历程。但是抗战时期的优抚政策不仅为抗战的胜利创造了条件，也为新中国优抚事业奠定了基础。③ 就整个的优抚制度发展来讲，自 1927 年人民军队建立以来，中国共产党就不断探索完善军人抚恤优待及退役安置政策的内容、形式和方法，努力保障革命军人及其家庭在服役及退役后的生活安排，创造出了颇具特色的军人抚恤优待及退役安置模式，到 1949 年新中国成立时，优抚安置体系已初步形成，这就为此后我国军人抚恤优待及退役安置制度的形成奠定了坚实的基础。④

① 吴云峰、方列曙：《论华中抗日根据地的优抚工作》，《安徽史学》2011 年第 4 期。

② 赵朝峰、李黎明：《山东抗日根据地的社会保障工作评述》，《石油大学学报》2005 年第 1 期。

③ 陆玉、徐云鹏：《论抗日根据地的军事社会保障》，《抗日战争研究》1997 年第 2 期。

④ 罗平飞：《建国前中国共产党军人抚恤优待及退役安置政策研究》，《中共党史研究》2005 年第 6 期。

关于新中国建立后的优抚制度研究。中国共产党的优抚制度始于土地革命时期，经历了抗日、解放战争的不断完善和发展，新中国成立时，又获得了进一步健全和发展，为国防建设和军队现代化建设提供了可靠保障。① 尤其新中国成立之初颁布的诸多优抚条例不仅奠定了新中国社会保障体系的基础，还对当时中国经济发展和社会稳定起到了积极的作用。② 但学术界似乎对新中国成立之初的抗美援朝优抚制度的研究似乎有所忽略，并没有进行深入的探讨，事实上，这一时期的优抚制度是新中国社会保障制度的基础。

经过从新中国成立到今天尤其改革开放以来的发展，我国优抚制度已较为完善。优抚对象和具体内容的规定已非常详细；优抚资金来源已呈明显多元化，除了预算外还有其他多种来源；安置方面的条例规定也较为细致。③ 可以说，现在的整个优抚体系主要呈现出了这样几个特点：对象特殊，资金来源多渠道，运行机制特殊，保障标准高等。④ 总起来讲，我国优抚制度的目标就是：完善与市场经济相衔接、与国防建设相适应的拥军优抚安置政策法规体系；健全以国家保障为主体、国家和社会相结合的优抚安置保障体系；构建与和谐社会气氛相协调的复员退伍军人问题应急处置体系等。⑤

但我国现阶段的军人优抚制度仍然存在一些问题。譬如，军人优抚的保障资金仍有缺口，社会化保障程度低，保障标准不规范，保障法规指导性不强，保障权益尚未完全落实等实际情况。⑥ 其中，正是因为事业抚恤单位的经费不足和政策法规的难以落实，从而导致了我国的优抚对象出现了

---

① 隋东升：《中国优抚制度的建立和发展》，《军事历史》1995 年第 3 期。

② 余翔：《建国初期的社会保障制度》，《广西社会科学》2001 年第 6 期。

③ 《我国的优抚安置制度》，《党建研究》2009 年第 5 期。

④ 鹿心义：《中国的优抚安置制度》，《社会福利》2002 年第 10 期。

⑤ 董华中：《优抚安置》，中国社会出版社 2009 年版，第 205 页。

⑥ 姜新生、杜晓娜：《军人优抚制度存在的问题及解决思路》，《军事经济研究》2010 年第 6 期。

相对贫困的现象。[①] 同时，各级部门的保障责任不明晰、社会优抚意识不强以及军人优抚配套不健全等原因引发了一些现役军人、复员军人和军属等在优抚问题上的纠纷。[②] 尤为引人注意的是，这些优抚纠纷增加了社会的一些不稳定因素，引发了较多的信访事件。就优抚信访事件的内容来看，主要集中在三个方面：要求身份认定，享受相关待遇；抚恤补助和义务兵家属优待金发放标准偏低等问题；部分六级以上残疾军人医药费报销难、在乡“三老”优抚对象就医难等。出现这些优抚信访问题也是多种因素所致。一是较多的信访者来自农村，受自身文化素质的限制对优抚政策的理解存在较大的偏差；二是较多地方的财政状况困难导致了优抚费用发放不及时；三是“三老”等优抚对象年事已高、体弱多病、家庭困难等所存在的实际情况；四是部分在乡六级以下伤残军人和困难破产企业伤残军人医疗费无法报销等问题。[③] 除此之外，还有我国军人家属优抚制度理论支撑不足，立法内容操作性不强，优抚制度执行能力弱等原因。[④] 事实上，还是城市化的使然。城市化进程所带来的户籍制度改革，将会导致优抚标准不易界定、优抚金统筹范围减小以及不能保证优抚对象生活水平的提高等一些问题，这在一定程度上也加剧了优抚实施中的矛盾。[⑤] 总结起来，军人的优抚问题主要体现在四个方面：国家财政投入不足，抚恤补助标准较低，保障费用的增长速度落后于经济增长和社会发展；优抚保障社会化程度不高，社会力量参与优抚保障的途径不多；以在乡复员军人为主的部分优抚对象家庭生活困难日益加剧，优抚对象应该享受的部分权益，在一些地区得不到落实；《军人抚恤优待条例》因强制力较小，在不少地区实行起来困难较大等。[⑥]

---

① 杨国英：《优抚保障的现状及改革任务》，《民政论坛》1995 年第 1 期。

② 赵琦：《军人抚恤优待纠纷问题研究》，《辽宁行政学院学报》2011 年第 4 期。

③ 刘义山：《当前优抚信访工作分析与对策浅议》，《民营科技》2008 年第 10 期。

④ 曹颖、宋磊：《我国军人家属待遇制度的不足及其完善》，《西安政治学院学报》2008 年第 1 期。

⑤ 黄有功：《户籍制度改革后优待金标准如何确定》，《中国民政》2004 年第 7 期。

⑥ 参见张东江等：《当代军人社会保障制度》，法律出版社 2001 年版，第 89 页。

在市场经济条件下，优抚制度发展的根本就在于社会化和法制化的实现。①

但从现实社会中的一些问题来看，我们的优抚立法工作并没有做得很完备。譬如，优抚工作向法制化方向发展没有完全落实和缺乏国家基本法的强制性等。要解决这些问题就必须确立以优待抚恤与精神褒扬相结合为主的立法原则来搞好优抚工作。② 虽然在优抚立法的内容上，我国的优抚制度保障范围正在逐渐扩大，待遇标准在不断提高，享受的条件在逐渐地放宽，但是立法中仍然存在着就业、住房、入学、贷款等一些问题的政策性调整多、强制性调整少以及可操作性较差、待遇标准偏低等立法内容不完善的问题。③

加强优抚立法工作，就是要探索与我国社会主义市场经济相适应的新型优抚法律制度，从而加强军人家属权益的保护和增补、规范各项优抚行政执法责任等。④ 而其中的关键就是要解决好军人的政治性权益和经济性权益保护以及加大军人权益保护的执法力度。⑤ 还应当从优抚立法内容上进一步加强军人的医疗、住房、最低生活保障等方面的社会保障体系建设。⑥ 同时还要通过立法工作加强军人的安置，包括建立士兵退役金制度，调整安置方式和范围，完善优惠政策等。⑦ 为了更好地适应社会发展的基本要求和推进优抚立法的发展，国家在 2004 年颁布的新的优抚法规体现出了许多新的变化，如：抚恤金标准实现了翻番；建立了抚恤补助标准自

---

① 王新国：《如何建立优抚保障新机制》，《中国民政》2009 年第 2 期。

② 郭立文：《论优抚安置立法》，《科技经济市场》2006 年第 12 期。

③ 刘翠霄：《我国优抚安置法律制度的改革和完善》，《法商研究》1999 年第 3 期。

④ 周恩惠：《论优抚在国家法制建设中的重要位置》，《中央政法管理干部学院学报》1996 年第 5 期。

⑤ 汤国光、梁毅雄、张昱明：《富国强军中军人权益保护法制建设完善》，《西安政治学院学报》2011 年第 2 期。

⑥ 于军、任达喜：《关于构建优抚保障体系的思考》，《中国民政》2006 年第 6 期。

⑦ 罗济：《我国退役士兵安置制度面临的矛盾及其对策》，《社会主义研究》2008 年第 6 期。

然增长机制；确立了优抚对象新的医疗待遇等。① 这一法律条文的颁布和实施，对维护当代社会的稳定和促进国防建设的积极意义是明显的。② 当然，在推进优抚立法的同时，我们发展优抚制度更要放眼于世界，根据世界优抚制度的发展趋势，应确立共建共享的保障理念，重定军人社会保障发展目标、体系结构等。③

必须认识到，在当前的基本社会状况下加强社会优抚立法工作有着重要意义。因为从优抚的立法角度来看，做好优抚的立法工作既加强了对优抚对象的一种褒扬，也对全民形成了一种教育。④ 优抚立法更重要的则体现了国家安全、正义、公平、秩序和利益以及优抚对象的具体人权；还在于告示人民为了国家安全必须维护军人及家属的利益，具有引导和评价作用等。为了保证优抚立法的这些重要意义发挥作用，我们就要建立信息沟通机制，注意相关法律规范的衔接，把握好守法、执法、司法等环节。⑤

关于国内、外优抚制度的比较性研究。为了更好地推动中国优抚制度的法制化发展，一部分人开始将研究的目光转向国外。

在当代，我国的军人优抚立法更多地体现了层次高、形式多样、内容详尽的特点和优势。相对于此，美国在优抚立法上则显现出更为健全、调整及时、立法效果认同度较高等优点。从另一个角度说，美国的这些优抚立法的先进特点也恰恰为我国的优抚制度建设提供了借鉴的经验。⑥

在整个优抚制度研究中明显存在一些不足，主要表现在这样几个方面：一是缺乏有较高学术价值的研究，虽然学术界对新中国成立前后的优抚制度有所涉及，但真正有价值的研究还是相对较少；二是很多研究内容

① 洪文军：《新修订〈军人抚恤优抚条例〉的八大亮点》，《社会工作》2005 年第 1 期。
② 罗平飞：《军人抚恤优待权益的根本保障》，《中国民政》2004 年第 8 期。
③ 郑传锋：《军人社会保障体系确立与展望》，《中国社会保障》2009 年第 10 期。
④ 王峰、王冰：《社会保障制度的法制化模式》，《辽宁税务高等专科学校学报》2002 年第 1 期。
⑤ 王广怀、罗军：《军人抚恤优待法律制度的法理学分析》，《军事经济研究》2007 年第 6 期。
⑥ 刘春玲：《中美军人优抚立法比较与思考》，《社科纵横》2010 年第 7 期。

相对单一，而且对同一时期优抚制度内容的研究出现了重叠问题；三是很多优抚制度存在研究空白，比如，对抗美援朝期间、对越自卫反击战等时期的优抚制度研究都相对薄弱；四是对优抚制度缺乏系统性的研究，尤其是对新中国成立以来优抚制度的变化与发展没有作出过系统性的研究。

本书以唯物史观为指导，运用马克思主义的研究和分析方法，对相关问题进行分析、概括。新中国成立以来优抚制度的变化不仅是一种制度史的变化，也是一种社会史的变化，对这一问题进行研究必然要涉及社会政治、经济、文化和国防等方面的全面研究，这就要求必须运用马克思主义唯物史观对这些问题进行综合性的分析，才能把握该制度发展的基本规律。

以史实研究为基础，采用比较研究和综合研究相结合的基本方法。由于新中国成立以来优抚制度涉及优待、抚恤、褒扬和拥军优属这四部分，而且又涵盖了政治、经济和国防等问题，同时又具有较长的发展时期而且不同发展阶段具有不同的特点，这就需要运用比较和综合性的方法进行研究，才能进行全面的分析。

将社会学、历史学和政治学紧密结合。因为优抚制度的实施更大程度上反映了中国共产党执政政策和方针的变化，这就需要从党史和政治学的角度进行分析和研究，而优抚制度的发展变化也是社会经济、政治和国防等问题的集中反映，这必然需要从社会学的角度对相关问题进行研究分析。

第一章　优抚制度的确立（1950—1953年）

第一节　国家和社会的优待

新中国成立伊始，国家颁布制定了一些优待条例和政策，规定了优待实施的对象和内容，设置了优抚机构，从而建立起了最初的优待体系。

内务部借鉴了革命战争年代实施的优待内容，制定和颁布了统一的优待条例。1950 年 12 月 11 日，内务部公布了《革命烈士家属革命军人家属优待暂行条例》和《革命残废军人优待抚恤暂行条例》，这是新中国成立后第一批优待条例。

各部门还公布了一些战时行业的优待政策。1952 年 1 月 11 日，贸易部首先制定了《贸易部关于国营贸易部门优待烈军属暂行办法》；3 月 19 日，中华全国合作社联合总社下发了《中华全国合作社联合总社关于合作社优待革命烈士家属、革命军人家属办法》的通知。为了解决荣誉军人的病困和生产困难的费用问题，1953 年 6 月 10 日，财政部和内务部联合下发了《关于适当照顾荣誉军人病困及生产困难的联合通知》。

中央和地方相继出台了一些减免优待对象医疗费用的政策。1952 年 7 月 23 日，卫生部下发了《卫生部、内务部关于发送“革命烈士家属革命军人家属诊治疾病优待暂行办法”的联合通知》，并且还附有详细的规定说明。北京则按照国家对烈军属、现役军人及残废军人医疗优待的有关规定，颁布了一系列优待政策。1952年9月，北京市民政局和公共卫生局联合制定了《北京市优待革命烈士家属、革命军人家属诊治病暂行规定》，规定了医疗优待实施的对象；同年12月，北京市还制定了《北京市带病回乡转业军人医疗暂行办法》，解决带病回乡转业军人的医疗问题。综合前面医疗政策的基础上，北京市在1953年又颁布了《北京市免费医疗实施办法》，对贫苦的烈军属、尚未就业的回乡转业军人等作了全面的医疗优待规定。

中央和地方制定的代耕政策。关于代耕问题，不仅《革命烈士家属革命军人家属优待暂行条例》有明确的规定，"对土地较少而又缺乏劳动力者，得采用代耕或其他办法帮助其解决生产中的困难"①，还受到了各部门的一再关注，呼吁出台具体的代耕政策。比如，1950年12月14日《人民日报》发表评论文章，开始呼吁："在农村，他们的主要困难是缺乏劳力畜力不能按时耕作，因此对他们的帮助应以帮耕或代耕为主。"②紧接着，23日，内务部和军委总政治部就发出了《关于新旧年关开展拥政爱民和拥军优属运动的指示》，强调，"在农村，检查代耕和助耕工作，更应列为首要地位"。③

在这种情况下，北京相继颁布了大量的代耕政策。事实上，早在国家正式颁布《暂行条例》之前，北京地区就依据土改完成的情况颁布了《关于郊区代耕暂行办法》，要求对无劳动力或少劳动力的优抚对象开展代耕工作，"有1868户享受了代耕，占34.45%，共代耕土地5993亩"。④当抗美援朝战争爆发后，北京市又加强了代耕工作。1952年6月，北京市政府发出了《关于郊区代耕工作指示》。次年春天，又根据华北局《关于加强代耕工作的指示》精神，拟定了《北京市加强代耕工作的方案》，强调："代耕

① 《革命烈士家属革命军人家属优待暂行条例》，《民政工作文件汇编》（一），地质出版社1984年版，第208页。

② 《认真贯彻优抚政策》，《人民日报》1950年12月14日。

③ 《内务部暨军委总政治部联合号召展开新年拥政爱民拥军优属运动》，《人民日报》1950年12月24日。

④ 《北京志·政务卷·民政志》，北京出版社2003年版，第145页。

工作对鼓舞士气，支援抗美援朝，巩固国防及社会主义经济建设的意义，同时鼓励烈、军、工属参加生产。”[①]与此同时，北京各区县也在部署具体代耕工作。譬如,1953年1月，北京大兴区下发了《关于加强代耕工作指示》；同年6月5日，海淀区下发了《检查春耕代耕工作的通知》，要求“结合当前村中生产工作对代耕土地进行检查为要!”[②]就在抗美援朝战争结束后，北京市于1954年3月又相继发布了《一九五四年整顿代耕工作指示》和《北京市郊区代耕工作暂行办法》，进一步指导北京地区的代耕工作。

作为特殊社会服务与保障群体的优待对象，新制定的《革命烈士家属革命军人家属优待暂行条例》就实施范围作了较为详细的规定。

第一类是现役军人和家属。“凡人民解放军及人民公安部队中一切取得军籍的人员，其家属得享受本条例规定之优待”，“本条例所称革命军人家属（以下简称军属），系指与军人同居之直系血亲、配偶及依靠军人生活之十六岁以下的弟妹，或军人自幼曾依靠其抚养长大现在又必须依靠军人生活的其他亲属”。[③]第二类是烈属。“革命军人牺牲业已取得烈士资格者其家属称烈属，得继续享受本条例规定之优待，并在同等条件下，应尽先优待烈属”。[④]第三类是伤残革命军人。“凡人民解放军及人民公安部队之指导员，因参战负伤或因公而致残废者，均称革命残废军人，一律享受本条例之优待与抚恤”[⑤]。可见，这一时期，国家将现役军人、公安人员、军烈属及残废军人视为优待的对象。

从《优待暂行条例》所规定的优待内容来看，主要分为两大类：物质

---

① 《北京志·政务卷·民政志》，北京出版社2003年版，第146页。

② 《海淀区政府关于春耕代耕的指示》(1953年6月5日)，北京市海淀区档案馆，档案号：2—105—13。

③ 《革命烈士家属革命军人家属优待暂行条例》，《民政工作文件汇编》(一)，地质出版社1984年版，第207页。

④ 《革命烈士家属革命军人家属优待暂行条例》，《民政工作文件汇编》(一)，地质出版社1984年版，第207页。

⑤ 《革命残废军人优待抚恤暂行条例》，《民政工作文件汇编》(一)，地质出版社1984年版，第210页。

优待和社会政治优待。

优待对象享有的物质优待权，主要有物质优先待遇、减免各项费用、补助和代耕等。“（一）在土地已改革中分配土地、农具、耕畜及多余的粮食、房屋时，除中华人民共和国土地改革法另有规定者外，对贫苦烈、军属应予以适当照顾；（二）公有土地房屋、场所、器物，在分配、出租、出借、出买时，在与群众同等条件下，烈、军属有分得、承租、借用、购买之优先权；（三）贫苦烈士、贫苦革命军人的子弟入学有享受公费及助学金待遇之优先权；（四）公营企业、商店及合作社、机关、学校雇用员工时，在与群众同等条件下，应尽先雇用烈、军属；（五）合作社廉价出卖货物时，在与群众同等条件下，应尽先售与烈、军属；（六）贫苦烈、军属到公共卫生机关治疗疾病时，经区以上人民政府介绍，应酌情减免医药费；（七）政府举办社会救济或贷粮、贷款时，在同等条件下，贫苦烈、军属有领取与借贷之优先权。”① 同时还有：“在农村，可尽量组织其参加各种农、副业生产，对土地较少而又缺乏劳动力者，得采用代耕或其他办法帮助其解决生产中的困难，……在城市，应尽量可能地帮助其谋得职业，组织其进行各种手工业或其他副业生产。”② 同时还对极端困难的烈军属给予实物补助，“（一）家居农村者每人每月最多不得超过食粮十五市斤；（二）家居城市者每人每月最多不得超过二十市斤；（三）军龄在五年以上其家属生活特别困难者，得酌情增发补助粮，但最多不得超过本条一、二两项规定的四分之一；（四）对无依无靠而又无生产能力之鳏、寡、孤、独的烈、军属，经村人民代表会或村人民政府证明，报请县（市）以上人民政府批准，酌情加发补助粮，以能维持相当于一般群众生活为限”。③

① 《革命烈士家属革命军人家属优待暂行条例》，《民政工作文件汇编》（一），地质出版社 1984 年版，第 207—208 页。

② 《革命烈士家属革命军人家属优待暂行条例》，《民政工作文件汇编》（一），地质出版社 1984 年版，第 208 页。

③ 《革命烈士家属革命军人家属优待暂行条例》，《民政工作文件汇编》（一），地质出版社 1984 年版，第 208—209 页。

烈军属还可以享有精神优待。“尊重并提高烈、军属社会地位，予以精神的安慰，如：贺功贺喜、挂光荣匾、重要节日慰问、开会设烈、军属席等”。[①]

在优抚机构设置方面，国家逐渐建立起了以内务部为主体的优抚机构体系。

根据中国人民政治协商会议的决定，1949 年 11 月，中央人民政府内务部成立，内设办公厅、民政局等七个机构，其中优抚局负责全国的优抚工作。同时，各级地方政府则设置了民政局（厅），内设优抚科，分管具体的优抚工作。中央的内务部和地方的民政局属于常设性的优抚机构。

当抗美援朝战争爆发后，北京地区相继成立了一些临时性的优抚组织，负责战时优待工作，“各地的优抚委员会及优抚小组，必须使之健全起来”。[②]1951 年 8 月 8 日，海淀区优抚委员会成立，其委员由各村烈军属中选举，比较大的行政村烈军属优抚委员，共 60 个委员，又为了工作方便从委员中选出 4 个副主任、与此同时还选出政府主任。每月召开一次主任委员会议，每两个月召开一次全体优抚委员会议，讨论、执行和布置工作，研究本区应做的工作，每半年优抚主任向区优抚委员会汇报工作一次[③]。该机构主要负责代耕等优待工作，“在互相讨论中对各村代耕工作作了进一步的深入检查，会后并订出工作制度巩固与提高‘八一’的成绩”[④]，“首先在村政府委员及优抚委员联席会议上研究代耕指示：结合本村情况决定一律由互助组固定代耕或包耕并讨论军属参加代耕检查组。”[⑤]北京地区还成立

---

① 《革命烈士家属革命军人家属优待暂行条例》，《民政工作文件汇编》（一），地质出版社 1984 年版，第 208 页。

② 《认真发动社会力量做好经常的优抚工作》，《人民日报》1951 年 3 月 15 日。

③ 参见《区优抚委员会成立大会工作报告》（1951 年 8 月 11 日），北京市海淀区档案馆，档案号：2—103—42。

④ 《区优抚委员会成立大会工作报告》（1951 年 8 月 11 日），北京市海淀区档案馆，档案号：2—103—42。

⑤ 《模范代耕村钓鱼台为进行代耕工作》（1952 年 12 月 18 日），北京市海淀区档案馆，档案号：2—104—49。

了一些临时性的优待检查组织，其中检查小组就是常采用的形式。比如，1953年5月26日至28日，海淀区就以民政科干部为主组建了三个检查组，检查组的成员主要包括军属模范、代表以及村干部等共12人，对海淀区的烈军属受代耕的土地进行了重点检查，“在九个村检查38户军属代耕的土地及一般军属的土地，都按时下耘，大部分已开始锄苗，正黄旗村王森互助组给军属代耕的土地耕了二遍，……但有个别的组对代耕工作不够重视，认为耘上就算了”。①

抗美援朝期间，除了以上专门负责优待优抚工作的组织外，还有一些组织临时性地参与优待优抚工作。比如，中国人民保卫世界和平反对美国侵略委员会、中国人民抗美援朝总会及华北抗美援朝总分会等。1951年1月31日，中国人民保卫世界和平反对美国侵略委员会在春节慰问就要求，“力求实际地帮助烈士家属和革命军人家属解决生活上和生产上存在着的困难”；② 同年6月1日，中国人民抗美援朝总会则向全国发出了号召：“有些指战员为了我们的共同事业，已经光荣地捐献了自己的生命，或者丧失了健康，变成了残废。我们全国人民应该对他们负责，应该切实而经常地做好优待烈属、军属，优待残废军人的工作。”③

一、社会优待的实施：农村代耕与城市就业

由于新中国成立之初国家财政困难和支援抗美援朝战争需要等方面的原因，社会担负起了主要的优待责任，在农村和城市分别实施了代耕制度、就业制度。

---

① 《海淀区关于检查代耕工作的报告》（1953年5月30日），北京市海淀区档案馆，档案号：2—105—49。

② 《我保卫和平反对美国侵略委员会通告春节慰问志愿军家属》，《人民日报》1951年2月1日。

③ 《中国人民抗美援朝总会关于推行爱国公约、捐献飞机大炮和优待烈属军属的号召》，《人民日报》1951年6月2日。

（一）农村的代耕制度

代耕曾是革命战争年代长期实行的一项优待制度，到新中国成立之初仍被视为一项重要的社会优待制度。

代耕作为一项特殊的社会群众性的优待政策，其具有特定的对象。《革命烈士家属革命军人家属优待暂行条例》规定了代耕优待的对象范围。首先是“缺乏劳动力之贫苦革命烈士（包括参战牺牲之民工民兵）家属，现役革命军人（包括地方公安部队）家属”①，因为“没有劳动力的烈属、军属，自己不能耕种的土地，才由乡人民政府负责组织群众代耕。”② 其次，是特、一、二等革命残废军人，但须“其确因家境困难、缺乏劳动力者，得酌予代耕”。③ 再者，就是供给制（包干制）的国家机关工作人员家属，“如果因为缺乏劳动力或没有劳动力，生产生活上特别困难，个别的也可以酌情给代耕”。④ 最后，有的地方还对病故革命军人或病故革命工作人员的缺乏劳动力的家属也给予代耕优待，但条件是病故的革命军人或病故革命工作人员必须“有特殊功绩或工作历史在‘八年’（军人）‘十年’（工作人员）以上确因积劳病故者，部队经师、地方经省（市）以上人民政府批准，得称烈士”。⑤ 除此以外，有的地方还规定：“转业回乡的革命残废军人，如果因伤口复发死亡，他的家属劳动力不足生活又困难的，也应酌情给予代耕。”⑥

经过革命战争时期的实践，新中国成立之初的代耕已创立了多种方式。北京地区实施了包耕制、包粮制、固定代耕制、包干制、包工制和转租制等多种方式的代耕，其中工票制和固定代耕制应用相对广泛。工票制又称资耕制，主要有两种形式：以乡或村为单位，按代耕所需工数折米统筹，

① 《认真做好优抚代耕工作》，中南人民出版社1951年版，第65页。
② 《怎样做好优抚工作》，西北人民出版社1953年版，第11页。
③ 《认真做好优抚代耕工作》，中南人民出版社1951年版，第65页。
④ 《怎样做好优抚工作》，西北人民出版社1953年版，第11—12页。
⑤ 《认真做好优抚代耕工作》，中南人民出版社1951年版，第66页。
⑥ 《怎样做好优抚工作》，西北人民出版社1953年版，第12页。

由烈军属领米后自由雇工耕种；根据代耕工数，印代耕工票，发给代耕人，让其凭票向乡政府领粮。固定代耕制主要分为小包耕、大包耕两种。小包耕，又称包工制、小包干或固定户，主要由代耕者承包工数和亩数，但不包产量。另一种固定代耕则叫大包耕，又称大包干、农耕或包量制，即烈、军属被代耕的土地，不但代耕户、组得以固定，还包产量。乡政府，烈、军属和代耕者订立包干合同，秋收后，代耕户、组按合同向烈、军属交粮。

除此以外，北京地区还试行了临时派工制，又称拨工制，即由村政府按农时拨劳力为烈军属干活。另外就是租佃制和互助帮工制。所谓的租佃制，就是将烈、军属有劳力困难的土地进行出租，使其依靠租地生活。而互助帮工制主要由群众自愿，参加代耕。但总起来讲，这三种代耕方式并没有获得较大的推广。

抗美援朝战争爆发后，国家一再强调代耕优待制度的重要性，并加以全面推广。“对于革命烈军属、革命残废军人的生活、工作等问题的解决，应从长期着眼，主要的是组织生产或介绍职业，帮助其安家立业。在农村，他们的主要困难是缺乏劳力畜力不能按时耕作，因此对他们的帮助应以帮耕或代耕为主。事实证明，凡是代耕或帮耕工作做得好的地方，他们的困难便可适当解决，发生的问题就少，否则，问题就多。”①1951 年 1 月，中央内务部发出了《关于加强代耕工作的指示》，要求：“凡已有代耕工作的地区，应总结去年经验，检查所用办法之得失，使今年的布置更妥当周密；新区应依据地区特点，布置建立这项工作；灾区春耕应着重解决革命烈士家属、革命军人家属的困难，组织群众与革命烈士家属、革命军人家属的互助。”②

这一时期，北京地区也根据国家对代耕工作的具体要求，逐步出台了一些代耕政策。

事实上，早在国家正式颁布《暂行条例》之前，北京地区就已开展了代耕工作。1950 年初，就曾依据土改完成的情况颁布了《关于郊区代耕

① 《认真贯彻优抚政策》，《人民日报》1950 年 12 月 14 日。

② 《中央人民政府内务部关于加强代耕工作的指示》，《人民日报》1951 年 1 月 27 日。

暂行办法》，要求为无劳动力或少劳动力的优抚对象代耕土地，其中“有 1868 户享受了代耕，占 34.45%，共代耕土地 5993 亩”。①

抗美援朝战争爆发后，根据中央的指示精神，北京市进一步加强了代耕工作。1952 年 6 月，北京市政府发出《关于郊区代耕工作指示》；次年春天，又根据华北局《关于加强代耕工作的指示》精神，拟定了《北京市加强代耕工作的方案》，强调：“代耕工作对鼓舞士气，支援抗美援朝，巩固国防及社会主义经济建设的意义，同时鼓励烈、军、工属参加生产。”②除了北京市政府，北京各区还不断下达有关代耕通知和指示。比如，1953 年 1 月，北京的大兴区则下发了《关于加强代耕工作指示》；同年 6 月 5 日，海淀区则下发了《检查春耕代耕工作的通知》要求：“希即结合当前村中生产工作对代耕土地进行检查为要！”③1954 年 3 月，北京市又相继发布了《一九五四年整顿代耕工作指示》和《北京市郊区代耕工作暂行办法》，来进一步加强和整顿抗美援朝后期北京地区的代耕工作。

整个抗美援朝期间，代耕优待制度在北京地区得到了广泛的推行，“在郊区，当地政府大力开展代耕运动。一千八百六十多户缺乏劳动力的烈属和军属的六千多亩土地，都给人代耕了”④，以 1950—1953 年北京市郊区代耕优待情况一览表为例。⑤

年　份	享受代耕户数	代耕地亩数	占烈军属耕地比率
1950	1868	5993.18	—
1951	1860	6606	11.7%
1952	3665	17675	27.6%

① 《北京志·政务卷·民政志》，北京出版社 2003 年版，第 145 页。

② 《北京志·政务卷·民政志》，北京出版社 2003 年版，第 146 页。

③ 《海淀区政府关于春耕代耕的指示》（1953 年 6 月 5 日），北京市海淀区档案馆，档案号：2—105—13。

④ 《北京市优抚工作成绩很大》，《人民日报》1951 年 10 月 25 日。

⑤ 参见《北京志·政务卷·民政志》，北京出版社 2003 年版，第 146 页。

续表

年　份	享受代耕户数	代耕地亩数	占烈军属耕地比率
1953	2811	10873	20.67%

但事实上，代耕在北京地区实施的过程中也存在一些不足。首先，代耕制度使一些烈军属出现了依赖、不愿劳动的思想。代耕是“为了补偿农村烈军属因无劳力或缺少劳力造成生活困难而依靠群众给予物质优待”，① 但有些烈军属优待户产生了依赖思想，“该村尚有一户军属好吃懒做（如毛郭说：毛主席领导的，生活提高了，有生产就得吃好的），对群众影响不好”②，针对这些情况，国家也一再强调：“教育革命烈士家属、革命军人家属自立生产，凡有劳动力能自行耕种者，不应享受代耕，以便集中力量代耕无劳力的贫苦革命烈士家属、革命军人家属的土地。”③ 其次，代耕制度的实施也给农民带来了较重的负担。代耕制度实质上就是社会负担，“一般以村为单位，由从事农业生产的劳力和畜力负担”，④ 其推行使一些地方“代耕负担较重”⑤，以当时北京海淀区农村的情况就可看出，“现在所存在的各村负担严重现象（每劳动力平均玉米有 18 斤、15 斤、10 斤、5 斤、4 斤、2.5 斤、2 斤，一等）”；⑥ 再者，有些地方存在代耕工作被忽略的情况。为了搞好代耕工作，国家和北京地方都一再强调代耕的重要性，“现在，我们督促各级人民政府并号召全国人民继续加强优抚工作，继续研究改进介绍职业与组织生产和代耕等办法，求得每个烈士家属和军人家

---

① 多吉才让主编：《优抚保障》，中国社会出版社 1996 年版，第 47 页。

② 《海淀区西钓鱼台村军属代耕工作初步总结》（1953 年 5 月 19 日），北京市海淀区档案馆，档案号：2—105—49。

③ 《中央人民政府内务部关于加强代耕工作的指示》，《人民日报》1951 年 1 月 27 日。

④ 多吉才让主编：《优抚保障》，中国社会出版社 1996 年版，第 47 页。

⑤ 《认真加强优抚工作》，《人民日报》1951 年 11 月 17 日。

⑥ 《十三区优抚工作报告》（1951 年 10 月 9 日），北京市海淀区档案馆，档案号：2—103—42。

属及革命残废军人的生活不低于当地群众一般的水平"①，并且不断对群众"进行抗美援朝爱国主义的思想教育提高群众的政治觉悟使群众自觉自愿的拥军优属"②，但是事实上不然，"个别村干部及代耕户，对代耕工作未引起足够的重视，村代耕工作不深入，互助组不愿代耕，只好搁在村干部的组里。特别是对当前代耕地普遍存在缺苗一成至二成和病虫害的情况，疏忽麻痹"。③ 因此，针对代耕工作这些问题，国家要求，"代耕工作中，提高烈士家属、军人家属的土地产量和增施肥料，是检查的重点。对于优待烈士家属、军人家属的模范，代耕模范，烈士家属、军人家属和革命残废军人的模范，要给予适当的表扬，号召群众向他们学习。对于因代耕不好的，要给予批评教育"。④

（二）城市就业优待制度

在农村，社会担负起了烈军属、残废军人的代耕任务；在城市，则担负起了其就业任务。一方面是《优待暂行条例》的规定，"对烈、军属生活的照顾……在城市，应尽可能地帮助其谋得职业，组织其进行各种手工业或其他副业生产"；⑤ 另一方面也是现实优抚任务的决定。在繁重的就业任务面前，政府显得力不从心，"全国约有革命烈士家属、革命军人家属及革命工作人员家属三千余万人，革命残废军人七十余万人（不包括在职的），政府有责任拿出一定的力量来解决他们的困难，但单靠政府的力量是很不够的"。⑥ 因此，1951 年 3 月《人民日报》便呼吁："应由政府提倡

---

① 《内务部谢觉哉部长春节广播讲话　慰问烈属军属和革命残废军人》，《人民日报》1951 年 2 月 5 日。

② 《海淀区西钓鱼台村军属代耕工作初步总结》（1953 年 5 月 19 日），北京市海淀区档案馆，档案号：2—105—49。

③ 《北京市海淀区人民政府关于检查春耕代耕工作的通知》（1953 年 6 月 5 日），北京市海淀区档案馆，档案号：2—105—13。

④ 《春节前后普遍检查优抚工作》，《人民日报》1952 年 1 月 11 日。

⑤ 《民政工作文件汇编》（一），地质出版社 1984 年版，第 208 页。

⑥ 《认真发动社会力量做好经常的优抚工作》，《人民日报》1951 年 3 月 15 日。

指导和发动组织社会的力量，共同进行这一工作……在城市，发动社会力量来解决革命烈士家属、革命军人家属和革命残废军人的就业问题，动员私营工商业给予和他们熟识的或有亲戚关系的革命烈士家属、革命军人家属以工作岗位。”[①]1951 年 10 月 24 日，中国人民政治协商会议第一届全国委员会第三次会议通过的《关于抗美援朝工作的决议》再次强调，“加强优待军人家属、烈士家属的工作”。[②]

《人民日报》1952 年 1 月 11 日进一步指出，保障烈军属的就业是城市社会优待工作的重点，“在农村中要着重检查代耕工作，在城市中应着重烈士家属、军人家属的就业与生产问题。……在城市优抚工作中，要检查组织烈士家属、军人家属生产就业工作中的偏差和缺点。克服那种只注意实物补助，不积极组织他们生产的做法；批判那种急于求成，搞大生产，嫌小生产和临时副业生产的错误思想；提倡那种简便易学、能与家庭生产相结合的生产方式”。[③]

针对城市“有相当大一部分烈属、军属、革命残废军人的生产、生活困难，未获解决”[④]的实际情况，1953 年 9 月，内务部在《关于四年来工作的检查总结和今后工作意见的报告》中再次强调了组织优抚对象就业的重要性，“对于优抚工作的要求不仅在于解决烈属、军属、革命残废军人、复员专业军人的生活困难，而在于帮助他们‘生产建家’”。[⑤]

在这种情况下，北京社会各界便以各种形式帮助烈军属进行就业。“在城市里，由于正确执行了‘介绍职业与组织烈属、军属生产为主结合实物

---

① 《认真发动社会力量做好经常的优抚工作》，《人民日报》1951 年 3 月 15 日。

② 《人民政协第一届全国委员会第三次会议关于抗美援朝工作的决议》，《人民日报》1951 年 10 月 25 日。

③ 《春节前后普遍检查优抚工作》，《人民日报》1952 年 1 月 11 日。

④ 《向中央所作重要报告请示汇编》（第 1 辑），政务院政治法律委员会党组秘书处编印 1954 年编印，第 31 页。

⑤ 《向中央所作重要报告请示汇编》（第 1 辑），政务院政治法律委员会党组秘书处编印 1954 年编印，第 31 页。

补助’的优抚工作方针，烈属、军属的生活基本已获得保障的改善。北京市人民政府为使烈属、军属就业方便，特组织他们参加文化和技术训练班学习”。① 到 1952 年时北京各单位共接受了 1050 名优待对象就业。② 但事实上，“对革命残废军人、复员专业军人的安置工作做得不够，……因为困难得不到适当解决，常来找政府”。③

二、提高烈军属社会地位

新中国成立之初，国家为了尊重并提高烈军属社会地位，专门在《优待暂行条例》中作出了这样的规定：“尊重并提高烈、军属社会地位，予以精神的安慰，如：贺功贺喜、挂光荣匾、重要节日慰问、开会设烈军属席等。”④

这是因为，一方面新中国成立以前长期的革命战争使数以千万计的军人死伤，这些军、烈属及残废军人理应获得国家和社会的尊重；另一方面政治优待能够更好地弘扬烈士革命精神和调动民众的爱国热情。概括起来，抗美援朝时期的政治优待主要包括这样几种方式：设立烈军属席、挂光荣匾、节日慰问等。

设烈军属席，成为各种会议的一种普遍优待方式。根据《优待暂行条例》的规定，北京在拥军优属工作中要求设有烈军属席。1953 年 2 月 3 日，北京市海淀区下发的《北京市海淀区春节期间进行拥军优属工作指示》就明确规定：“各村街镇政府与派出所联系，主动邀请当地驻军及驻军首长于正月初一开始以村为单位召开军民联欢会，设烈军属席，会上除请军队

① 《拥军优属已经成为全国人民自觉的行动》，《人民日报》1951 年 10 月 25 日。

② 参见《北京志·政务卷·民政志》，北京出版社 2003 年版，第 149 页。

③ 《向中央所作重要报告请示汇编》（第 1 辑），政务院政治法律委员会党组秘书处 1954 年编印，第 33 页。

④ 《革命烈士家属革命军人家属优待暂行条例》，《民政工作文件汇编》（一），地质出版社 1984 年版，第 208 页。

首长作时事报告外，由村报告一九五二年优抚工作及代耕工作情况，如有娱乐节目可在大会上演出。”① 因此，根据要求，各区甚至乡镇在开会时设立烈军属专席。

贺功贺喜这种政治优待方式一般包括开会和登门拜访两种方式。国家要求在拥军优属会议上都要对烈军属贺功贺喜。1950 年 12 月 25 日，北京市在发出关于新年及春节期间将展开拥政爱民和拥军优属运动的指示中，就明确要求：“积极准备在新年或春节，结合抗美援朝运动，分别召开军属座谈会、联欢会，并邀请地方驻军、荣誉军人、复员军人参加，在会上应慰劳军属，向立功家属庆功贺喜，报告组织军属生产，建立家务和就业的情况，奖励生产模范。”②1953 年 2 月 3 日，北京市海淀区在发出的《北京市海淀区春节期间进行拥军优属工作指示》中要求：“发动群众组织锣鼓队给烈军属庆功贺喜、拜年、送光荣灯、匾，免费游园放电影（开始放映时间、地点，另行通知，游园票由区印发各村）。” ③

给烈军属挂光荣匾也是一种常用的社会政治优待方式。挂光荣匾也是一种普遍采用的政治优待方式。国家一再提倡给烈军属和残废军人挂光荣匾。1950 年 12 月，中国人民保卫世界和平反对美国侵略委员会发出关于春节慰问中国人民志愿军家属运动的通告，要求：“依据各地的风俗习惯，采取不同的方式，使志愿军家属欢度一个热闹的春节，例如贺年、送礼、挂光荣匾、悬光荣彩以及举行联欢晚会，招待看电影、看戏等等。” ④与此同时，《人民日报》也在 2 月 1 日发出了号召，要求给予烈军属以各种精神慰问，“各地在展开这一运动的时候，可根据各地的风俗习惯，通

① 《北京市海淀区春节期间进行拥军优属工作指示》（1953 年 2 月 3 日），北京市海淀区档案馆，档案号：2—105—49。

② 《认真开展拥护军队优待军属运动》，《人民日报》1951 年 1 月 1 日。

③ 《北京市海淀区春节期间进行拥军优属工作指示》（1953 年 2 月 3 日），北京市海淀区档案馆，档案号：2—105—49。

④ 《我保卫和平反对美国侵略委员会通告春节慰问志愿军家属》，《人民日报》1951 年 2 月 1 日。

过各种不同的方式，进行物质慰劳与精神慰问，如送礼，挂光荣匾，挂光荣灯，送贺年片，以及招待看电影、看戏，召开各种小型娱乐晚会等。不论运用何种方式，总之要使志愿部队家属感到：因为他们的子女参加了光荣的志愿部队，全国人民对于他们都十分的感谢和尊敬。”① 于是，1951 年春节期间，北京的革命烈士家属、人民解放军和人民志愿军以及革命干部的家属，就感到了无上的安慰和光荣，譬如，“旧历除夕前的小街胡同前都不断出现拥军优属的队伍，敲打着锣鼓去给军属送春节礼物，贴对联和挂光荣匾”。② 而事实上这种挂光荣匾以此提高烈军属的政治地位的积极作用也在很大程度上调动战士的爱国热情。正如一名战士在感谢首都人民的信中所写的那样：“过去一年来，首都人民政府和首都的父老兄妹们，对烈属、军属的关怀是无微不至的。我接到的家信里常常写道：‘首都人民对烈属、军属都很照顾，很尊敬。逢年过节，政府首长亲自来慰问，大家来挂光荣匾和光荣灯，来送补助金和各种实物。青年朋友们、少年儿童们唱着歌来祝贺。我们的政治地位提高了，参加了街道工作，享受着各种优先权利。’这不论对我或是其他同志都是极大的鼓舞。我决心这样来回答首都人民：提高自己的文化、政治水平，练好本领，坚守保卫祖国的岗位！”③

节日慰问也是被广泛采用的一种优待方式，尤其抗美援朝期间的春节、“八一”建军节、国庆节、中秋节、清明节、端午节、“六一”儿童节等节日都要开展慰问活动。

在春节期间，国家发出一系列的拥军优属慰问通知是必不可少的。1950 年 12 月 20 日，中央人民政府内务部和人民革命军事委员会发出了“新旧年拥政爱民拥军优属”的指示。1951 年 1 月 31 日，中国人民保卫世界和平反对美国侵略委员会也发出了拥军优属通告，要求：“慰问志愿

① 《展开对中国人民志愿部队家属春节慰劳运动》，《人民日报》1951 年 1 月 21 日。
② 《北京人民欢度春节》，《人民日报》1951 年 2 月 9 日。
③ 《读者来信》，《人民日报》1952 年 7 月 30 日。

军家属运动应与一九五〇年十二月二十日中央人民政府内务部和人民革命军事委员会所发出的‘新旧年拥政爱民拥军优属’的指示密切结合起来进行，一切革命烈士家属都应受到同样的尊重和优待。”以及要“依据各地的风俗习惯，采取不同的方式，使志愿军家属欢度一个热闹的春节，例如贺年、送礼、挂光荣匾、悬光荣彩以及举行联欢晚会，招待看电影、看戏等等。”[①] 与此同时，中央人民政府华北事务部向华北五省二市发出了“关于新年及春节期间贯彻执行拥军优属工作的指示”，要求“贯彻中国人民政协全国委员会第三次会议‘关于抗美援朝工作的决议’和华北第一次县长会议‘认真加强优抚工作’的决议，开展群众性的拥军优属运动，以进一步加强群众的爱国主义教育，继续发扬优良传统，克服某些不关心优抚工作的现象，切实做好拥军优属工作”。[②] 北京市团市委响应内务部关于开展拥军优属活动的号召，向广大学生发出了号召：“在春节期间，要积极响应人民政府所号召的拥军优属运动。要去慰问烈、军属，特别要去慰问站在最光荣的岗位上的中国人民志愿军的家属和参加军事干部学校的同学们的家属，向他们致敬。”[③]1953年春节前，北京市民政局和优抚委员会对城、郊各区的优抚组织及有关单位发出了“新年到春节期间进行拥军优属”的通知，要求“对烈属、军属及在京的中国人民解放军休养员和中国人民志愿军休养员进行慰问和实物慰劳。组织群众挨门挨户慰问烈属和军属。组织各电影院和电影放映队放映有关抗美援朝的影片，组织各公园择定日期免费优待烈属和军属游园。各机关、团体、企业中，凡烈属、军属和有残废军人身份的职工较多的单位，应召开座谈会进行慰问。同时，发动军属及各界人民给中国人民志愿军写慰问信，向志愿军报告祖国建设的

① 《我保卫和平反对美国侵略委员会通告春节慰问志愿军家属》，《人民日报》1951年2月1日。

② 《中央人民政府华北事务部关于新年及春节期间贯彻执行拥军优属工作的指示》，《人民日报》1951年12月22日。

③ 《京市青年学生进入寒假团市委市学联发表告同学团员书号召参加学习、拥军优属及文娱和合同》，《人民日报》1951年2月27日。

伟大成就，人民生活好转的情况，鼓舞志愿军指战员的战斗情绪，并尽可能与前方部队建立和保持经常的通信联系。”①

在发出春节慰问通知的同时，政府都要到烈军属及残废军人家里直接慰问。以北京市海淀区为例，“于正月初二组织本区区级各机关 45 人及各大军华北行政委员会有重点的到驻地附近各个村庄对烈军属进行慰问，以表示对军属尊重”。②

评选优抚模范代表则是一种优待激励方式。1950 年 1 月，北京市民政局致烈军属的慰问书中就提出了，“为了解决我们军属的长期生活问题，只有参加劳动生产，克服困难，不但要做军属模范，还要做首都生产事业的模范”。③

随着优抚工作的开展，1952 年 7 月 1 日，内务部在发出的《关于评选烈属、军属、革命残废军人、复员军人模范及拥军优属模范的指示》中要求：“决定自一九五二年秋收以后，至一九五三年春节前后，在全国进行一次评选优抚模范的运动”，④ 并规定了评选的具体办法：优抚模范先在乡（村）评选，在参照优抚工作的基础上通过召开烈属、军属座谈会，听取烈、军属意见确定模范人物并终由乡人民代表会议讨论通过；县一级的模范是在各乡评选基础上，由县烈属、军属会议或劳动模范代表会议上通过；省一级的模范则由各省自行决定。对于评选的优抚烈军属、伤残军人及复员军人模范，国家给予奖章、奖状、锦旗名誉奖励和牲畜、农具、日用品等物质奖励。⑤

---

① 《市民政局和优抚委员会发出通知做好新年至春节期间拥军优属工作》，《北京日报》1953 年 1 月 26 日。

② 《北京市海淀区春节期间进行拥军优属工作指示》（1953 年 2 月 3 日），北京市海淀区档案馆，档案号：2—105—49。

③ 《欢庆胜利后第一个新年感谢光荣的革命军属　北京市人民政府民政局致书慰问烈军属》，《人民日报》1950 年 1 月 1 日。

④ 《中央人民政府内务部关于评选烈属、军属、革命残废军人、复员军人模范及拥军优属模范的指示》，《人民日报》1952 年 7 月 23 日。

⑤ 《中央人民政府内务部关于评选烈属、军属、革命残废军人、复员军人模范及拥军优属模范的指示》，《人民日报》1952 年 7 月 23 日。

就这样，全国规模的评选烈军属模范代表的活动在 1952 年全面展开。正是由于“几年来各地优抚工作有很大成绩，广大人民与烈属、军属、革命残废军人、复员军人的政治觉悟和工作积极性，有显著的提高，涌现出不少的模范人物与事例，创造了很多好的制度和办法，许多地方召开了乡的烈、军属座谈会和县以上的烈属、军属模范代表会议（包括革命残废军人、复员军人与拥军优属模范），在会议上检查工作，交流经验，相互评比，选举模范，收到了很好的效果”，① 到 1953 年 2 月，北京市又召开了全市优抚模范代表大会，检查工作，交流经验，评选出市烈属、军属、革命残废军人和复员转业军人模范八十三人。“大规模评模号召这样就在全区范围内初步展开了爱国代耕比赛热潮。”② 为了做好评选优抚对象模范工作，国家再次强调了评选活动的意义，“培养烈属、军属模范和优抚工作的模范，对于改进优抚工作的领导又有着重要的作用”，③ 同时还强调了奖励原则，“要开展烈军属劳动模范评奖运动，妥善发放优抚粮”，④ 还要“对于优待烈士家属、军人家属的模范，代耕模范，烈士家属、军人家属和革命残废军人的模范，要给予适当的表扬，号召群众向他们学习。”⑤

北京也在 1952 年开始了烈军属、残废军人和复员军人等优抚模范的评选活动。“这次评模工作对提高军属政治觉悟生产积极情绪及作为会给全区优抚工作所起的作用是很大的，正黄旗评比时军属白玉贞的处处为军属为群众着想，感动得群众说：‘要没白玉贞，我们村不能有这个样子。’西柳村军属侯秀英的积极钻研生产技术用全心全意为军属为群众服务的典

① 《中央人民政府内务部关于评选烈属、军属、革命残废军人、复员军人模范及拥军优属模范的指示》，《人民日报》1952 年 7 月 23 日。

② 《海淀区 52 年代耕工作总结》(1952 年 12 月 12 日)，北京市海淀区档案馆，档案号:2—104—67。

③ 《注意培养烈属军属模范和优抚工作的模范》，《人民日报》1952 年 1 月 6 日。

④ 《中央内务部发出通报表扬察哈尔省优抚工作》，《人民日报》1951 年 8 月 26 日。

⑤ 《春节前后普遍检查优抚工作》，《人民日报》1952 年 1 月 11 日。

型事迹，大家一致认为侯秀英真是为军属，得向她学习”。[①]

三、国家全方位的物质优待

在社会担负起了主要的优待责任情况下，国家还实施了补助、医疗费用减免等方面的优待措施。

关于烈军属、残废军人所享有的补助优待，《优待暂行条例》就有明确的规定，“对个别生活极端困难之烈军属，其不能自养之人口得分农村、城市每月予以实物补助之。（一）家居农村者每月最多不得超过食粮十五市斤；（二）家居城市者每人每月最多不得超过二十市斤；（三）军龄在五年以上其家属生活特别困难者，得酌情增发补助粮，但最多不得超过本条一、二两项规定的四分之一；对无依无靠而又无生产能力之鳏、寡、孤、独的烈、军属，经村人民代表大会或村人民政府证明，报请县（市）以上人民政府批准，酌情加发补助粮，以能维持相当于一般群众生活为限”。[②]依据规定，北京在 1950 年对 9425 户、25091 人进行了补助，共计发优待粮食 1223937 斤。[③]

国家开始扩大补助的实施范围，重点加强对老根据地优抚对象实施补助。“为贯彻政务院‘关于加强老根据地工作的指示’”[④]和依据烈军属等优抚对象的实际生活状况，1952 年 1 月 31 日，内务部发出了《关于加强老根据地工作指示的通知》，对优待补助提出了一些补充措施，“一、对贫苦的烈属、军属除按照优抚条例的规定补助实物以外，如有特殊必要酌情加发；二、对无房住、无衣穿、无农具的烈属、军属的救济；三、对遭灾

① 《评选村烈军属、荣军、复员军人及拥军优属模范工作总结》（1952 年 10 月 24 日），北京市海淀区档案馆，档案号：2—104—67。

② 《民政工作文件汇编》（一），地质出版社 1984 年版，第 208—209 页。

③ 参见《北京志·政务卷·民政志》，北京出版社 2003 年版，第 136 页。

④ 《中央人民政府内务部发出通知贯彻政务院关于加强老根据地工作的指示》，《人民日报》1952 年 2 月 6 日。

害的烈属、军属的救济；四、对重病者营养补助的救济；五、对妇婴生活营养方面的救济；六、烈士遗骸安葬费的补助”。[①] 事实上，这些措施就是临时补助。

1953 年 4 月，国家再次对补助进行了调整，开始实施定期定量补助。内务部、财政部下发通知，规定了实施补助的范围及基本的标准。“对大中城市不超过烈、军属总人口 12%，小城镇人口及乡村不超过烈、军属总人口 8%的困难对象实行补助”，并规定了补助标准：“城市按每人每月平均 60 万元（旧币，相当于新币 60 元）计算，农村按应补助人口平均每人每年 24 万元（旧币，相当于新币 24 元）计算。对烈士、军人子女入学有困难的也给予补助，补助标准按每人每月平均 5 万元（旧币，相当于新币 5 元）计算，农村按每人每月 2.5 万元（旧币，相当于新币 2.5 元）计算。”[②]

这一时期，正是由于补助政策的实施，“对于烈属、军属中老、弱、残、疾和暂时不能就业而又生活贫苦以及无生产资金的，人民政府则进行实物补助或贷款”。[③] 实际上，国家在实施补助的过程中也出现了一些问题，“主要是比较普遍存在着平均使用的倾向，致使一些生活困难的烈军属，问题得不到很好的解决，同时积压、挪用现象比较严重”。[④]

国家和地方推出的另一项重要优待措施就是对烈军属进行医疗优待，集中出台了一些减免医疗费用的政策。

1952 年 7 月 23 日，卫生部和内务部下发了《关于发送“革命烈士家属革命军人家属诊治疾病优待暂行办法”的联合通知》，规定了医疗费用的减免标准：“（一）家庭贫困而无生产能力之鳏、寡、孤、独，诊费全免，

① 《中央人民政府内务部发出通知贯彻政务院关于加强老根据地工作的指示》，《人民日报》1952 年 2 月 6 日。

② 多吉才让等主编：《优抚保障》，中国社会出版社 1996 年版，第 54 页。

③ 《全国各地优抚工作成绩显著烈属、军属的生活有了很大改善》，《人民日报》1953 年 2 月 13 日。

④ 多吉才让等主编：《优抚保障》，中国社会出版社 1996 年版，第 54 页。

医疗费及住院费全免，但伙食费以自备为主；（二）家庭生活能维持而无担负医疗费者，诊费全免，医药费及住院费减免二分之一，伙食费自备；（三）家庭生活优裕者，医药、伙食费及其他一切费用，应照章缴纳。”①

北京也颁布了对军烈属、现役军人及残废军人医疗优待政策。1952 年 9 月，北京市民政局和公共卫生局联合制定了《北京市优待革命烈士家属、革命军人家属诊治病暂行规定》，规定凡革命烈士家属、革命军人家属（包括烈士和军人直系血亲、配偶和依靠军人生活 16 岁以下弟妹，或军人自幼曾依靠其抚养长大，现在又必须依靠军人生活的亲属）获病或受伤（包括生产中受伤），可持区、县人民政府的证明，到指定的医院治疗，享受就诊、住院优先权。②1952 年 12 月，北京还制定了《北京市带病回乡转业军人医疗暂行办法》，规定凡带病回乡转业军人由区人民政府介绍到公立医疗机构诊病时一律免费挂号。从部队带回的医疗费不足或家庭确实困难，经区人民政府证明，可酌情减免医疗费等。③ 到了 1953 年，北京市又颁布了《北京市免费医疗实施办法》。规定：贫苦的烈、军属，尚未就业的回乡转业军人等，均可享受免费医疗。④ 这些医疗优待政策使烈军属等优抚对象充分享受了医疗待遇，以北京海淀区 1952 年执行的医疗优待费统计情况就可以看出，“全区免费看病 255 人，每人平均 4 次，共 1020 次，每人平均免费 18.335 元，合 4695425 元，折合小米 4431 斤”。⑤

在《革命烈士家属、革命军人家属诊治疾病优待暂行办法》实施的过程中一些地区出现了违反规定的现象。“有的地区不分贫苦程度一律介绍免费医疗，或不分急性病与慢性病一律收容住院；有的地区对不属于烈军属范围的亲属（如侄子）皆予以烈、军属减免医疗待遇费；有些医疗机

① 《革命烈士家属革命军人家属诊治疾病优待暂行办法》，《民政工作文件汇编》（一），地质出版社 1984 年版，第 294—295 页。
② 参见《北京志 · 政务卷 · 民政志》，北京出版社 2003 年版，第 137 页。
③ 参见《北京志 · 政务卷 · 民政志》，北京出版社 2003 年版，第 137 页。
④ 参见《北京志 · 政务卷 · 民政志》，北京出版社 2003 年版，第 138 页。
⑤ 《优抚工作情况》（1952 年 9 月 28 日），北京市海淀区档案馆，档案号：2—104—92。

关用药浪费，大量使用不必需的贵重药品，造成了经费使用上的浪费”[①]等。以北京为例，“但数字是比较大的，单香山一个军属住院免费前后共达七百多万元，普通住院即需一、二百万元”。[②]为了制止这些由医疗优待带来的消极现象，1953年9月12日，卫生部和内务部联合下发了《关于贯彻执行“革命烈士家属、革命军人家属诊治疾病优待暂行办法”的联合通知》，要求，“对于不同经济情况的烈军属分别予以全免、半免或不免医药费的待遇。一般疾病应以门诊治疗为原则，急性病及重病可以收容住院”。[③]同时，内务部又通过《关于革命烈士、革命军人家属优待范围问题的批复》，对医疗优待对象的范围作了进一步规定。

除了以上的优待以外，国家还实施了减免烈军属子女上学费用、解决住房困难等的优待措施。比如，1951年7月13日，北京市民政局作出了关于解决烈军属住房困难问题的决定：

> 在新建的公房中解决一部分；将寺庙空房加以修缮，解决一部分；清管局出租公房可尽先照顾；房产交易所出租房屋时尽先照顾；教育房主在自愿的原则下，匀出房屋租与烈军属。以上措施使得当时烈军属住房困难的局面得到缓解。另外，现役军人家属的单位分配住房时，将现役军人计算到家庭人口内，使现役军人的配偶享受双职工的分房待遇。现役军人家属住房因建设拆迁时，把现役军人亦计入其家庭人口数内予以安置。农村户口的优抚对象申请建房用地时，符合批准条件的，予以优先供应，建房资金确有困难者，当地财政部门给予适当补助。[④]

---

① 卫生部、内务部：《关于贯彻执行“革命烈士家属、革命军人家属诊治疾病优待暂行办法”的联合通知》（53）卫医内联字第1813号，1953年9月12日。

② 《优抚工作情况》（1952年9月28日），北京市海淀区档案馆，档案号：2—104—92。

③ 卫生部、内务部：《关于贯彻执行“革命烈士家属、革命军人家属诊治疾病优待暂行办法”的联合通知》（53）卫医内联字第1813号，1953年9月12日。

④ 《北京志·政务卷·民政志》，北京出版社2003年版，第151页。

显然，在抗美援朝的特殊时期，各项优待制度的实施发挥了战时体制的重大作用。

优待政策使烈军属的基本生活得到了保障，体现了优抚保障制度的根本性质。战争使烈属家庭失去了劳动力，也给残废军人带来了很大的生活不便，但这些优待措施使这些优抚对象的生活得到了一定程度的改观。比如，代耕优待的实施保障了农村烈军属的基本农业收成，“各代耕组都先后订了计划，都保证做到深耕细作、保苗、抗旱、准备药品防病虫害，并按照不同的土质来种不同作物，如山坡地种花生（容易抗旱）低坡地种黍子（容易抗涝），使军属多收粮”。① 而这种代耕优待的广泛推行，使烈军属等优抚对象享受的优待更为普遍。

调动了人民参军参战的积极性，为抗美援朝的胜利提供了人力保障。“通过爱国主义教育，群众拥军优属的积极性大大提高。人民认识到‘做好优抚工作，就是抗美援朝的一项具体行动’。……各地人民对立功的军人和他们的家属，更表现了高度的热爱和崇敬，如帮助烈属、军属及革命残废军人生产就业、代耕、……各地群众都自觉自愿地争先去做。这样就使拥军优属工作形成了社会运动”。②“十三区肖家河村张淑珍白淑珍发动了 14 个给两家军属拔了 10 多亩麦子，军属穆老太太说‘我雇人拔麦子也没有这么干净，我一定写信给儿子让他安心打仗’”。③

第二节　助伤抚亡

新中国成立之初，伤残抚恤是整个优抚制度的核心内容，伤残抚恤

① 《海淀区西钓鱼台村军属代耕工作初步总结》（1953 年 5 月 19 日），北京市海淀区档案馆，档案号：2—105—49。

② 《爱国主义教育提高了群众的政治热情全国优抚工作获很大成绩》，《人民日报》1952 年 2 月 17 日。

③ 《北京市抗美援朝运动资料汇编》，知识出版社 1993 年版，第 224 页。

政策的制定和实施不仅关系到参加抗美援朝军人的抚恤，也关系到新中国成立以前革命者的抚恤待遇，所以，这对新中国抚恤制度的发展具有重要意义。

一、抚恤体系的建立

（一）抚恤法规、政策确立

在整个优抚体系中，抚恤政策的一个基本要求就是“优待殉国战士的遗族，优待残废军人”。[①] 新中国成立之初，国家制定了一些抚恤政策、法规体系，对基本的优抚内容作了规定。

制定基本的抚恤法规。1950 年 12 月，内务部颁布了《革命残废军人优待抚恤暂行条例》《革命军人牺牲、病故褒恤暂行条例》《革命工作人员伤亡褒恤暂行条例》及《民兵民工伤亡抚恤暂行条例》，主要规定了抚恤的条件、标准及范围等方面。这几个抚恤条例确立了新中国成立之初抚恤制度的基本内容，是新中国抚恤制度的发端。为了更好地贯彻和执行《革命残废军人优待抚恤暂行条例》，1952 年 4 月 29 日，内务部颁布了《关于执行〈革命残废军人优待抚恤暂行条例〉注意事项》重点阐述了关于暂行条例在执行中的几个问题：一、检查评定残废等级，二、如何换发证件，三、重评等级后的待遇问题，四、关于因公致残者的具体执行问题。

关于军人伤病治疗问题的法规、政策。1952 年 3 月 13 日，针对当时一些伤残军人旧伤复发的问题，内务部下发了《革命残废军人、革命残废工作人员、民兵、民工伤口复发治疗办法》的通知。次年 1 月 29 日，内务部则针对东北行政委员会民政局关于伤残军人公费医疗问题的咨询，给

---

① 《毛泽东选集》第 3 卷，人民出版社 1991 年版，第 1064 页。

予了《内务部关于革命残废军人享受公费医疗问题的公函》的回复，明确了二等以上的伤残军人可以享受公费医疗等问题。紧接着，1953 年 4 月 1 日，内务部又对二等以上残废军人的旧伤复发的各项开支作出了规定，即《卫生部、内务部关于二等以上革命残废军人的伤口复发治疗手续及各项费用开支的规定》，并联合下发至各省。到了 6 月 11 日，内务部又针对伤残军人的公费医疗问题下发了《内务部、卫生部关于企业、团体、机关不享受公费医疗的革命残废军人伤口复发仍应享受公费医疗的批复》。

而北京市也针对抗美援朝及革命战争中的伤员情况制定了一些地方规定。1952 年 9 月北京市民政局和卫生局制定了《北京市优待革命烈士家属、革命军人家属诊治疾病暂行规则》，同年 12 月，制定了《北京市带病回乡转业军人医疗暂行办法》。1953 年又颁布了《北京市免费医疗实施办法》，其规定了免费医疗范围：贫苦的烈、军属；尚未就业回乡转业军人；享受救济的贫苦市民等。

关于抚恤内容的补充政策。1953 年 11 月 11 日，内务部对贵州省民政厅作了《关于革命牺牲军人曾立小功等功能否折算大功问题的批复》，指出不能折算。1953 年 12 月 10 日，内务部又对西南行政委员会民政局作了《关于事业单位工作人员及其所属学校训练班教职员工等抚恤问题的批复》，要求事业单位自行制定其抚恤的问题。

这一时期很多抚恤政策是针对伤残军人伤病治疗的，当时革命战争年代的遗留问题和抗美援朝的发生起了决定作用。同时这些抚恤制度的实施奠定了国家抚恤制度的基础，尤其是《革命残废军人优待抚恤暂行条例》《革命军人牺牲、病故褒恤暂行条例》《革命工作人员伤亡褒恤暂行条例》和《民兵民工伤亡抚恤暂行条例》等一系列抚恤条例，为以后新抚恤条例产生奠定作了准备。

（二）伤残抚恤内容

基本的伤残抚恤项目。在 1950—1952 年，整个伤残抚恤费主要分为四类：残废金、抚恤粮、优待金、优待粮。残废金主要是给予那些因参战负伤后并参加工作的人；而因战负伤复员回家的则发给残废金和抚恤粮；因公致残的军人并且有工作的则发给优待金；同时那些因公致残负伤后复员回家的则会发给优待粮；还有民工民兵则负伤以后国家也给予抚恤粮，只不过相对比较少。而事实上到了1953年，国家在推行残废抚恤时，主要发给两个种类即残废抚恤金、残废优待金。

具体的抚恤对象。与此同时，抚恤的对象也相对更为广泛，包括广大伤残、牺牲的军人，警察，政府工作人员以及民兵和民工等。就评残方面来讲，广大军人是评残的重点。“凡人民解放军及人民公安部队之指战员，因参战负伤或因公而致残废者，均称革命残废军人，一律享受本条例之优待与抚恤。”① 不仅是受伤，同样对于牺牲的军人也要享受抚恤的待遇，“凡人民解放军及人民公安部队之一切取得军籍的人员牺牲、病故，依本条例之规定褒恤之。”② 同样这些条例还专门为民兵和民工制定了褒恤条例，其中规定：“凡革命工作人员因公伤亡者，依本条例之规定褒恤之。”③

关于最初的评残标准。根据1950年11月25日的《革命残废军人优待抚恤暂行条例》规定，对于残废标准进行了规定，主要分为：特等残废、一等残废、二等甲级残废和乙级残废、三等甲级残废和乙级残废。

特等残废标准的规定：

> 甲、失去三肢以上（包括三肢以上伤后完全失去作用）者；乙、三肢以上瘫痪者；丙、具有一等的和二等甲级的各一种情形者；丁、

---

① 《革命残废军人优待抚恤暂行条例》，《民政工作文件汇编》（一），地质出版社1984年版，第210页。

② 《革命军人牺牲、病故褒恤暂行条例》，《民政工作文件汇编》（一），地质出版社1984年版，第217页。

③ 《革命工作人员伤亡褒恤暂行条例》，《民政工作文件汇编》（一），地质出版社1984年版，第219页。

上肢或下肢全部失去，不能安装假腿假臂者。①

一等残废标准的规定：

甲、两肢部分失去，或伤后完全失去作用者；乙、双目失明者；丙、脊髓神经受伤，致下肢瘫痪者；丁、脑神经受伤，致成痴呆或经常发生严重癫痫者；戊、咀嚼及语言机能均全废者；己、手指完全失去者；庚、具有二等甲级两种情形，或二等甲级的和乙级的各一种情形者；辛、重要脏腑或其他部分受伤相当于上列各款之伤残者。②

二等甲级残废的标准：

甲、一腿或一足、一臂或一手失去，或伤后完全失去作用者；乙、两肢以上伤后部分强直，尚能勉强动作者；丙、两耳全聋且哑者；丁、两眼角膜受到损伤或烧伤及眼底出血或混浊视力高度障碍（仅能看见一米突近之物体），且根本不能恢复者；戊、生殖器损伤，失去生殖机能者；己、大便或小便失禁，漏屎或漏尿者；庚、咀嚼机能全废者；辛、重要脏腑或其他部分受伤相当于上列各款之伤残者。③

二等乙级残废的标准：

① 《革命军人牺牲、病故褒恤暂行条例》，《民政工作文件汇编》（一），地质出版社 1984 年版，第 218 页。

② 《革命军人牺牲、病故褒恤暂行条例》，《民政工作文件汇编》（一），地质出版社 1984 年版，第 218—219 页。

③ 《革命残废军人优待抚恤暂行条例》，《民政工作文件汇编》（一），地质出版社 1984 年版，第 211 页。

甲、一肢骨折伤后强直或一肢关节僵直，致运动受重大障碍者；乙、两手拇指全失或一手拇指失去，兼有其他三指以上折断或全失者；丙、失去全部足趾或足之一部者；丁、语言全废者；戊、口腔负伤致牙齿脱落大部，不能安装假牙，致咀嚼发生困难者；己、一目失明，另一目视物不清；或双目视物不清，仅能看见两米突近之物体，且短期不易恢复者；庚、头部或腰部因伤致运动发生较重障碍、且不易恢复者；辛、重要脏腑或其他部分受伤相当于上列各款之伤残者。①

三等甲级残废的条件：

甲、一目失明或双目失明视力均有障碍不易恢复者；乙、鼻子脱落者；丙、两耳全聋者；丁、一手拇指失去，或一手拇指自第一指骨处断离兼有食指或其他二指以上折断者；戊、足趾失去过半，或足蹠关节强直者；己、伤筋伤骨动作不便者；庚、其他相当于上列之伤残者。②

三等乙级残废的条件：

甲、语言障碍不清者；乙、听觉有重大障碍者；丙、一手拇指自第一指骨处折断，或其他一指以上折断者；丁、足趾失去两个以上者；戊、关节筋肉因伤伸缩不便者；己、一侧睾丸摘去者；庚、伤愈后精神有障碍者；辛、其他相当于上列之伤残者。③

① 《革命残废军人优待抚恤暂行条例》，《民政工作文件汇编》（一），地质出版社 1984 年版，第 211—212 页。

② 《革命残废军人优待抚恤暂行条例》，《民政工作文件汇编》（一），地质出版社 1984 年版，第 212 页。

③ 《革命残废军人优待抚恤暂行条例》，《民政工作文件汇编》（一），地质出版社 1984 年版，第 212 页。

伤残抚恤标准（抚恤粮及残废金）。参加工作者，除在其所参加部门应享受之生活待遇外，另发残废金（每年于一、七月份分期折款发给，每期发给半数）。其规定如下：

一等、每年发给残废金粮食三百斤；二等甲级、每年发给残废金食粮二百市斤；二等乙级、每年发给残废金食粮一百五十斤；三等甲级、每年发给残废金食粮一百市斤；三等乙级、每年发给残废金食粮八十市斤。①

复员回家或安家者，发给抚恤粮及残废金的标准如下：

特等，每年发给残废金食粮三百市斤，抚恤粮一千三百市斤，供给终身；一等，每年发给残废金食粮二百市斤，抚恤粮一千市斤，供给终身。二等甲级，每年发给残废金食粮一百五十市斤，供给终身，每年发给抚恤粮九百市斤，二年后减半供给终身；若其家庭很困难无法维持生活者，可由省以上人民政府批准，酌情延长其全部供给年限。二等乙级，每年发给残废金食粮一百市斤，供给终身；每年发给抚恤粮六百市斤，二年后减半供给终身。三等甲级，发给残废金食粮四百市斤，抚恤粮六百市斤，均一次发清。三等乙级：发给残废金食粮三百市斤，抚恤粮四百市斤，均一次发清。②

同时规定了住革命残废军人教养院或学校之革命残废军人，除享受其规定之生活待遇外，并按下列规定发给残废金，发给时间办法与参加工作

① 参见《革命残废军人优待抚恤暂行条例》，《民政工作文件汇编》（一），地质出版社1984年版，第213页。

② 参见《革命残废军人优待抚恤暂行条例》，《民政工作文件汇编》（一），地质出版社1984年版，第213—214页。

者如下：

特等，每年发给残废金食粮三百市斤；一等，每年发给残废金食粮二百市斤；二等甲级，每年发给残废金食粮一百五十斤；二等乙级，每年发给残废金食粮一百市斤；三等甲级，每年发给残废金食粮八十市斤；三等乙级，每年发给残废金食粮六十市斤。①

同时还规定因公致残的革命残废军人，对于那些参加工作或住革命残废军人教养院或学校的：

特等，每年发给优待金食粮三百市斤；一等，每年发给优待金食粮二百市斤；二等甲级，每年发给优待金食粮一百五十市斤；二等乙级，每年发给优待金食粮一百市斤；三等甲级，每年发给优待金食粮八十市斤；三等乙级，每年发给优待金食粮六十市斤。

相对于那些复员回家或安家者：

特等，每年发给优待粮一千五百市斤，供给终身；一等，每年发给优待食粮一千一百市斤，供给终身；二等甲级，每年发给优待粮九百市斤，二年后减半供给终身；特别困难者，可经省以上人民政府批准，酌情延长其全部年限；二等乙级，每年发给优待粮六百市斤，二年后减半供给终身；三等甲级，一次发给优待粮六百市斤；三等乙级，一次发给优待粮四百市斤。②

---

① 参见《革命残废军人优待抚恤暂行条例》，《民政工作文件汇编》（一），地质出版社1984年版，第214页。

② 参见《革命残废军人优待抚恤暂行条例》，《民政工作文件汇编》（一），地质出版社1984年版，第214—215页。

（三）牺牲、病故抚恤内容

在条例里面，军人死亡抚恤主要有牺牲、病故抚恤两种类型，而对于牺牲、病故的一次性抚恤有着不同的规定。

关于军人死亡抚恤的类型。依据《革命军人牺牲、病故褒恤暂行条例》的规定，军人的死亡抚恤分为两类，即牺牲和病故抚恤。军人的牺牲是指：革命军人因参战、公干牺牲（被俘不屈慷慨就义或被特务暗杀等）称为烈士，其家属称为烈属，对其实施抚恤的标准要按照牺牲抚恤的标准给予。在实施牺牲抚恤标准的同时，《暂行条例》还规定：部队团以上的政治机关要填具“革命军人牺牲证明书”发至原籍县（市）人民政府换发《革命牺牲军人家属光荣纪念证》。军属拥有了《革命牺牲军人家属光荣纪念证》才能享受牺牲抚恤的相关规定。为了能够更好地体现《暂行条例》的抚恤精神，该条例还规定：“凡牺牲已久之革命军人，其家属无法取得原部队证明书者，经其他有关方面证明，由县（市）以上人民政府批准，亦得按烈属优待之。”①

而对于病故的革命军人，《暂行条例》规定其不能称为烈士，家属也不能成为烈属。对于发放的抚恤是由所在部队团以上政治机关填发“病故革命军人证明书”，并由其原籍县（市）人民政府凭证发给一次性抚恤。但是“病故革命军人对革命有特殊功绩或工作历史在八年以上因积劳病故者，经其所在机关、部队申请，师以上政治机关批准”，② 其家属可以享受烈士家属的抚恤待遇。

关于牺牲、病故的一次性抚恤规定。《暂行条例》对一次性牺牲抚恤标准是：战士级，食粮六百市斤；班排连长级，食粮八百市斤；营团长级，

---

① 《革命军人牺牲、病故褒恤暂行条例》，《民政工作文件汇编》（一），地质出版社 1984 年版，第 218 页。

② 《革命军人牺牲、病故褒恤暂行条例》，《民政工作文件汇编》（一），地质出版社 1984 年版，第 218 页。

食粮一千市斤；旅长级以上人员，食粮一千二百市斤。[①]《暂行条例》对一次性病故抚恤的规定则是：战士级，食粮四百五十市斤；班排连长级，食粮六百市斤；营团长级，食粮七百五十市斤；旅长级以上人员，食粮九百市斤。[②] 同时对于烈士或病故军人抚恤粮的领取顺序，《暂行条例》也作出了规定：父母；夫妻；子女；十六岁以下的弟妹；抚养已故革命军人长大而现在又需依靠已故革命军人生活的其他军属。[③]

二、救助伤残

国家在伤残抚恤工作开展过程中主要集中在三个方面：提高伤残抚恤标准和给予伤残军人的医疗、教育优待。

（一）三次伤残抚恤标准的提高

战争带给伤残军人的生理残疾和新中国成立之初的特殊战时阶段，决定了国家需要对伤残军人给予抚恤优待的必要，因此，在抗美援朝战争期间，国家先后三次提高了伤残军人的抚恤标准。

第一次，1950 年 12 月至 1951 年，国家分别对在乡、在职的伤残军人提高抚恤标准。

在乡伤残军人的标准是：因战特等抚恤费是粮食 1600 斤，因公的是 1500 斤粮食；一等因战是粮食 1200 斤，因公是 1100 斤；二等甲级因战的是粮食 1050 斤，因公的是粮食 900 斤；二等乙级的因战是粮食 700 斤，因公的是 600 斤；三等甲级的因战是粮食 1000 斤，因公的是粮食 600 斤；

① 参见《革命军人牺牲、病故褒恤暂行条例》，《民政工作文件汇编》（一），地质出版社 1984 年版，第 217 页。

② 参见《革命军人牺牲、病故褒恤暂行条例》，《民政工作文件汇编》（一），地质出版社 1984 年版，第 217—218 页。

③ 《革命残废军人优待抚恤暂行条例》，《民政工作文件汇编》（一），地质出版社 1984 年版，第 213 页。

三等乙级的因战是粮食700斤，因公的是粮食400斤。

关于在职伤残军人的抚恤标准是：特等因战是粮食每年400斤，因公是300斤；一等因战是粮食300斤，因公是粮食200斤；二等甲级因战是粮食是200斤，因公是150斤；二等乙级因战是粮食150斤，因公是100斤；三等甲级因战是粮食100斤，因公是80斤；三等乙级因战是粮食80斤，因公是粮食60斤。

而对残废民兵民工实行的标准则是：特等是1000斤粮食；一等是800斤粮食；二等甲级是600斤，二等乙级是500斤；三等甲级是600斤，三等乙级是400斤。”①

第二次，1952年，国家进行了第二次伤残抚恤调整工作。

在乡残废军人的抚恤标准：特等因战是3300斤，因公是2800斤；一等因战是2800斤，因公是2400斤；二等甲级因战是2400斤，因公是2200斤；二等乙级因战是2200斤，因公是2000斤；三等甲级因战是1700斤，因公是1200斤；三等乙级因战是1300斤，因公是1000斤。

在职的残废军人标准：特等因战是500斤，因公是400斤；一等因战是400斤，因公是320斤；二等甲级因战是300斤，因公是240斤；二等乙级因战是250斤，因公是200斤；三等甲级因战是150斤，因公是120斤。

残废民兵民工的标准：特等是1800斤；一等是800斤；二等甲级是1100斤，乙级是900斤；三等甲级是1000斤，乙级是800斤。②

第三次，1953年，国家又进行了第三次伤残抚恤标准调整。

“在乡伤残军人的标准是：特等因战是390元，因公是360元；一等因战是330元，因公是300元；二等甲级因战是168元，因公是150元；二等乙级因战是125元，因公是115元；三等甲级因战是200元，因公是160元；三等乙级因战是150元，因公是130元。

---

① 参见《山东省志·民政志》，山东人民出版社1992年版，第48—49页。

② 参见《山东省志·民政志》，山东人民出版社1992年版，第48—49页。

在职伤残军人的标准：特等因战是66元，因公是53元；一等因战是53元，因公是42元；二等甲级因战是40元，因公是33元；二等乙级因战是33元，因公是27元；三等甲级因战是27元，因公是21元；三等因战是20元，因公是16元。

伤残民兵民工的抚恤标准：特等是350元；一等是280元；二等甲级是150元；二等乙级是100元；三等甲级是130元；三等乙级是100元。①

连续三年，国家对伤残军人及民兵、民工进行了伤残抚恤标准的调整，一方面说明，国家对伤残优抚对象工作的重视；另一方面表明国家通过提高伤残抚恤标准来处理大量的伤残军人问题。而就在整个伤残抚恤标准提高过程中，国家是将在职和在乡的残废军人待遇分开的，比较而言，在农村的伤残军人的标准要高；作为非正式军人的民工民兵的待遇标准则相对低。

（二）伤残治疗工作的完善

伤残军人的遗留病症救治是一个重要的抚恤问题。针对这一问题，内务部及其他部门联合制定了一些医疗优待政策，很大一部分集中于治疗费的减免。

对伤残军人、革命残废工作人员等伤口复发的治疗费用的减免。1952年3月13日，内务部颁布了《革命残废军人、革命残废工作人员、民兵、民工伤口复发治疗办法》，规定：

> 1. 甲、在乡革命残废人员，由所在县（市）以上人民政府审查批准，负责介绍，其医药费、住院费及住院期间之伙食费，由医院暂行垫支。乙、革命残废军人学校、教养院之学员与在机关、团体工作

① 参见《山东省志·民政志》，山东人民出版社1992年版，第48—49页。

之革命残废人员伤口复发，原机关医务部门无法治疗者，由所在校、院、机关、团体负责首长审查批准，负责介绍，其日常供给，仍由原机关领取，并须按照原灶别标准，向医院交纳伙食费（薪金制者，比照供给制灶别及伙食标准交纳）。其医药费、住院费及伙食不足部分，由医院暂行垫支。2. 革命残废人员就医路费在校、院与在职者，均由所在机关行政费开支；在乡者，由负责介绍之县（市）以上人民政府核发之，列入优抚事业报销。3. 医院在接受治疗中垫支之各项费用，可开具清单，经就医者本人签名盖章，加具领据，并附住院之原介绍信，经向所在地之县（市）以上人民政府部门报领。4. 在乡之特、一等革命残废人员，患有严重疾病（性病除外），或长期工作中积劳成疾之革命人员退休后旧病转重，须住医院治疗而本人无力负担医药费用时，得按本办法第二条甲项之规定适当处理之。属于慢性病须长期疗养者，不得援用。[①]

二等以上残废军人医疗费用的减免。1953 年 1 月 29 日，内务部向东北行政委员会民政局发送了《关于革命残废军人享受公费医疗问题的公函》，再次就医疗费用的问题作了规定：

（一）依据国家工作人员公费医疗预防实施办法第二条第四项享受公费医疗的预防的革命残废军人，只包括“受长期抚恤的在乡革命残废军人”，亦即二等乙级以上者。……（二）在乡二等乙级以上残废军人因病到城市就医的旅途路费、伙食费，以个人负担为原则，个别特备困难者，可由优抚事业费内酌予补助。至办理公费医疗手续费，如医疗证上的相片费用，应由个人负责。（三）原系规定参战民兵、民工及回乡革命工作人员持有二等乙级以上残废证、优待证者，

① 内务部：《革命残废军人、革命残废工作人员、民兵、民工伤口复发治疗办法》政务院政审字第 21 号批复修正内优（52）字第 246 号通知，1952 年 3 月 13 日。

亦可享受公费医疗……①

二等以上革命残废军人的伤口复发治疗费用减免。1953年4月，卫生部、内务部又下发了《关于二等以上革命残废军人的伤口复发治疗手续及各项费用开支的规定》，针对在乡二等以上革命残废军人的医疗费用作了如下规定："一、凡是在乡二等以上革命残废军人伤口复发，须住院治疗者，由县人民政府卫生科检查，并由县人民政府负责介绍至附近公立医院治疗。须到外地住院者，报请省人民政府卫生厅审核批准，并负责介绍住院。二、治疗费、手术费和医药费，由医院统一按照公费医疗办法报销。住院期间之伙食费由医院垫支，按月开具领据经本人签署后，报经原介绍住院之卫生行政部门转向同级民政部门领取归垫。……三、革命残废军人在住院期间，自一九五三年起不再扣除其住院期间应领之抚恤金。"②就在乡二等残废军人的治疗费用问题，卫生部、内务部在1953年5月13日向山东、松江省卫生厅作了同样的批复，"一、通知内规定在乡二等以上革命残废军人之疾病治疗，已列入公费医疗范围，其伤口复发治疗问题，自应统一按照公费医疗办法办理，即一切医疗费用统包括公费医疗在内。二、关于二等乙级以上革命残废军人住院期间的伙食费，按第二条规定，住院期间伙食费，由医院事业费垫支，按月向当地民政部门领取归垫"。③

不享受公费医疗的单位也须给予二等以上残废军人公费待遇。事实上，有的残废军人不再享受公费医疗的单位，但到了1953年6月时，内务部、卫生部对江西省民政厅作了《关于企业、团体、机关不享受公费医

① 内务部：《关于革命残废军人享受公费医疗问题的公函》内优（53）字第273号，1953年1月29日。

② 卫生部、内务部：《关于二等以上革命残废军人的伤口复发治疗手续及各项费用开支的规定》内优卫（53）字第915号，1953年4月1日。

③ 卫生部：《关于（53）内优卫字第915号联合通知中有关问题的批复》（53）卫医字第701号，1953年5月13日。

疗的革命残废军人伤口复发仍应享受公费医疗的批复》，“二等乙级以上革命残废军人，不论在乡在职统一实施公费医疗预防。其在不享受公费医疗的企业、团体、机关中的二等以上革命残废军人，亦应根据这一原则享受公费医疗”。[①] 二等乙级以上残废军人是国家医疗优抚减免的重点。

（三）伤残抚恤对象的教育优待

伤残军人不仅可以享受乘车、分地等多种优待，还可以享受教育的优待。1952 年 7 月，中央人民政府政务院通过了《关于加强革命残废军人学校正规教育的决定》，对伤残军人的教育优待作了具体规定：

> 一、革命残废军人学校是为培养与提高革命残废军人的文化与科学知识，使能继续深造，成为国家各种建设人才而设立的。此种学校在中华人民共和国学制中相当于工农速成中学和工农速成初等学校。现有的尚未进行正规教育的革命残废军人学校，应根据本决定加以改革，使其能担负教育培养革命残废军人的责任。二、革命残废军人学校，应由省（行署）人民政府办理，大行政区人民政府（军政委员会）视情况需要亦可设立。其领导关系，由民政部门负行政领导之责，教育部门负责协助并指导其教学业务、审定材料及升学转学等事宜；关于师资配备，应由人事部门教育部门适当调整解决。三、革命残废军人学校之现有学员，与尚未办理回乡转业之革命残废军人，除不适宜正规学习之重残废应送入革命残废军人教养院教养外，不分性别、年龄、职别，经省以上人民政府民政部门批准，均得按文化程度编入正规的革命残废军人学校中之适当班次。此种学校的修业年限和教学计划应按照中央人民政府教育部关于工农速成中学和工农速成初等学校的规定办理。学员毕业后，按国家建设需要与个人志愿分别升学深

① 内务部、卫生部：《关于企业、团体、机关不享受公费医疗的革命残废军人伤口复发仍应享受公费医疗的批复》内优卫（53）字第 1561 号，1953 年 6 月 11 日。

造，其适于工作者，统一由人事部门分配工作。四、革命残废军人学校之学员，在学习期间，一般不宜抽调，但在获得一定的文化知识时，经领导批准，得转入适当的技术学校或专业训练班，使能早日就业，以适应国家建设的需要。各部门办理技术学校及专业训练班招生时，在同等条件下应优先录取。五、革命残废军人学校，采用校长负责制。设校长一人，主持全校工作，必要时得设副职。视工作需要可设教导与总务两部门，分别主持教导与总务工作。正副校长与教导、总务主任之人选，由民政部门商同人事部门教育部门委任之。学校的组织机构可参照工农速成中学和工农速成初等学校的编制，并应配备一定质量与数量的政治工作人员。六、革命残废军人学校的经费，暂由优抚事业费项内开支，学员生活及教学经费供给标准，以适应正规教学需要为原则，具体标准由中央人民政府内务部商同财政部制定之。七、各大行政区人民政府（军政委员会）的民政部应根据本决定并参酌各地实际情况，制定具体实施办法，报经中央人民政府内务部批准施行。①

这些伤残抚恤制度的实施使伤残军人及革命烈士家属的权益得到了一定保障。比如，抚恤费用标准的确定为广大伤残军人提供了基本的生活保障，不因身体的残缺而带来生活的困难；再就是，对广大的伤残军人提出的一些医疗抚恤优待措施，能保证基本治疗费用，既减轻了伤残军人的身体痛苦又使身体能够得以康复。

三、安抚亡灵

革命烈士对新中国的成立和抗美援朝战争的胜利都献出了生命，显然

① 《中央人民政府政务院关于加强革命残废军人学校正规教育的决定》，《人民日报》1952年7月31日。

做好牺牲后的抚恤工作具有重要的意义，因为这不仅关系到对烈士亡灵的告慰，也关系到对烈士家属的生活保障问题。然而，在新中国成立之初这些问题的解决更多地体现在了一次性抚恤标准的实施上，为此，国家先后两次调整革命烈士的一次性抚恤标准。

对牺牲、病故革命军人和革命工作人员的一次性抚恤，开始于战争年代，但各个根据地和解放区的一次性抚恤标准并不一致。新中国成立后，内务部在 1950 年 12 月通过公布《革命军人牺牲病故褒恤暂行条例》《革命工作人员伤亡褒恤暂行条例》和《民兵、民工伤亡抚恤暂行条例》三大条例，分别对牺牲病故革命军人、伤亡革命工作人员和民兵民工的一次性抚恤标准作了统一规定。这样国家就有了最初的死亡抚恤标准，其具体的规定如下：

革命军人因战、因公牺牲被称烈士者，参战民兵民工级给食粮 500 斤；战士（勤、警人员）级给食粮 600 斤；班排连长（区长、县科长）级给 800 斤；营团长（县长）级给 1000 斤；旅长（专员）级以上人员 1200 斤。革命军人病故者，民兵民工级因病给食粮 500 斤；战士（勤、警）级给食粮 450 斤；班排连长（区长、县科长）级给 600 斤；营团长（县长）级给 750 斤；旅长（专员）级以上给 900 斤。牺牲、病故革命军人，曾立一次以上大功者，增发四分之一抚恤粮。①

到了 1952 年，国家基于财政状况初步好转、抚恤标准较低等实际原因的需要，作出了第一次一次性死亡抚恤性标准的调整，关于具体的标准如下：

参战民兵民工级给食粮因公 500 斤，因病 500 斤；战士（勤、警

① 参见《北京志 · 政务卷 · 民政志》，北京出版社 2003 年版，第 162 页。

人员）级给食粮因公 1200 斤，因病 900 斤；班排连长（区长、县科长）级因公 1800 斤，因病 1350 斤；营团长（县长）级因公 3000 斤，因病 2250 斤；旅长、师长（专员）级以上人员因公 4800 斤，因病 3600 斤。[①]

紧接着，到了 1953 年由于经济的继续发展和抚恤抗美援朝期间死亡的军人家属，国家再次作出了提高一次性抚恤标准的决定，并开始折为货币。

参战民兵民工级给钱因公 140 元，因病 110 元；班长、战士（勤、警人员）级因公 140 元，因病 110 元；排连长（区长、县科长）级因公 210 元，因病 160 元；营长（县局长）级因公 350 元，因病 260 元；团长（省级处科，副县长）级因公 350 元，因病 260 元；旅长、师长（专员）级以上人员因公 550 元，因病 410 元。[②]

应当说，在抚恤制度建立的初期，国家在较短的时间内进行了两次一次性死亡抚恤标准的提高，显示了国家对死亡抚恤工作的重视，使死亡军人家属得到了一定的生活保障，但实际上仍存在保障水平过低的状况，这主要体现在两个方面：

一方面就是死亡抚恤的方式单一，因为除了一次性死亡抚恤之外，几乎没有其他的抚恤途径，这显然在经济状况相对比较贫乏的新中国成立初期给死亡军人家属生活带来了很大困难。另一个方面就是一次性抚恤金额总体过低，甚至带来很多问题。“烈士的抚恤过低（一九五〇年规定战士牺牲抚恤米六百斤，现已改为一百四十万元（旧币））和对牺牲已久的烈士未曾抚恤未曾抚恤者来给予应有的抚恤，致引起烈属很大的不满；对烈属、军属生活困难不能自给的人口的实物补助，不但规定标准过低（每月每人至多不超过十五斤），而且有些地区应享受补助的烈属、军属，因地

① 参见《四川省志·民政志》，四川人民出版社 1996 年版，第 147 页。
② 参见《四川省志·民政志》，四川人民出版社 1996 年版，第 147 页。

方粮被其他开支占用，根本未能得到补助；中央下拨的补助费又因没有掌握重点分配的原则，致使一些特殊照顾的老区的烈属、军属的建立家务问题，也未很好得到解决”。[①]

第三节　褒扬英烈

一、条例与政策

由于牺牲军人对中国革命作出了特殊贡献，“中国人民所以能够打倒帝国主义、封建主义、官僚资本主义，取得人民民主革命的伟大胜利，是与无数革命先烈革命战士的流血牺牲，英勇战斗分不开的。他们有功于人民，人民应当尊敬他们，爱护他们。各地人民常说的‘吃水忘不了淘井的人’这句话，充分表现了人民对自己的解放者的深挚怀念。因此，革命烈士的英勇事迹应该得到褒扬”，[②] 为此，国家和北京地方都制定了一些褒扬条例对其革命事迹进行宣传。

新中国成立之初，国家制定和颁布了统一的褒扬条例。1950 年 12 月，内务部公布了《革命军人牺牲、病故褒恤暂行条例》、《革命工作人员伤亡褒恤暂行条例》《民兵、民工伤亡抚恤暂行条例》。这三个条例奠定了国家烈士褒扬制度的基础。北京市民政局在 1951 年 1 月 11 日进行了转发，要求各区遵照执行。

国家还制定了专门的烈士褒扬办法，加强烈士遗物的管理工作。为了更好地保管好烈士的遗物，邮电部和中央人民革命军事委员会通信部共同

① 《中央人民政府内务部党组关于四年来工作的检查总结和今后工作意见的报告》，《向中央所作重要报告请示汇编》（第 1 辑），政务院政治法律委员会党组秘书处编印 1954 年编，第 32 页。

② 《认真贯彻优抚政策》，《人民日报》1950 年 12 月 14 日。

制定了《烈士遗物免费邮寄办法》，规定："凡革命军人阵亡（或在职亡故），其生前所有遗物得按本办法之规定交由邮局免费邮寄。"①

北京市则是为了做好烈士的安葬还专门制定了《关于革命公墓安葬暂行规则》，使得烈士的安葬有了统一的规定。1952年3月11日，北京市向在京的各院、会、部及本市各机关、人民团体，下发了《关于革命公墓安葬暂行规则的通知》，要求各单位遵照执行。

与此同时，内务部还对褒扬烈士的方式，评定烈士的条件及范围以及革命公墓的修建等方面都作了详细的规定。

《革命军人牺牲、病故褒恤暂行条例》规定了褒扬的基本形式是"为对烈士瞻悼景仰，各地得建立烈士纪念碑、塔、亭、林、墓等。省（市）以上人民政府应组织烈士事迹编纂委员会，负责搜集、编纂烈士英勇事迹"②。同时该《暂行条例》的第二条也作出了相应的规定："革命军人牺牲或病故后，由所在部队妥为安葬，并用砖石镌刻或用木牌书明其姓名、籍贯、年龄、职务等，竖立在墓前以志纪念，其名单交葬地村人民政府登记保存，并按时扫墓。"③

在1950年12月颁布的《革命军人牺牲、病故褒恤暂行条例》中就明确规定，通过修建烈士纪念碑、墓等来瞻悼烈士，同时还规定"葬棺费在缺乏木材地区得在不超过食粮八百市斤，在不缺乏木材地区得在不超过食粮六百市斤内实报实销"④。对此，1952年3月11日，北京市人民政府颁布通过下发《关于革命公墓安葬暂行规则的通知》，对革命墓地建设作了

---

① 邮电部、中央人民革命军事委员会通信部：《烈士遗物免费邮寄办法》邮业字第6547号，1951年9月20日。

② 《革命军人牺牲、病故褒恤暂行条例》，《民政工作文件汇编》（一），地质出版社1984年版，第219页。

③ 《革命军人牺牲、病故褒恤暂行条例》，《民政工作文件汇编》（一），地质出版社1984年版，第217页。

④ 《革命军人牺牲、病故褒恤暂行条例》，《民政工作文件汇编》（一），地质出版社1984年版，第217页。

较为详细的规定：

县以上干部和革命军人团级以上干部，由原服务单位开具证明，经市民政局核准后始得安葬和修建墓穴。其用地规定为：县级以上干部及革命军人团级以上干部的墓穴用地，为长 12 市尺、宽 6 市尺，或长 12 市尺、宽 12 市尺；省级以上干部及部队军及以上干部的墓穴用地，为长 18 市尺、宽 18 市尺，或长 24 市尺、宽 24 市尺；对有特殊功绩的，墓穴用地另行核定。对修建扩建墓规格的规定是：县团级以上干部的墓盖，长不过 6.5 市尺，宽不过 4 市尺，或墓上可做平面月台，长不过 12 市尺、宽不过 12 市尺、高不过 1.5 市尺，月台上的墓盖长不过 7.5 市尺、宽不过 5 市尺、高不过 2 市尺，墓后石碑由月台起高不过 4—5 市尺、宽不过 5 市尺；省军级以上干部的墓上做月台，长、宽均不过 14 市尺，高不过 2 市尺。月台上做墓盖长不过 8 市尺、宽不过 5 市尺、高不过 2 市尺。墓后做石碑，由月台起高与宽均不过 5 市尺。或墓上做月台的，长与宽均不过 24 市尺、高不过 2 市尺，墓上月台的墓盖，长不过 8.5 市尺、宽不过 5.5 市尺、高不过 2 市尺，墓后石碑，由月台起高不过 6 市尺、宽不过 5 市尺；对革命有特殊功绩者，另行核定。安葬妥善后，不得随便迁移，如有因特殊情况必须迁葬的，须经北京市民政局批准。①

《革命军人牺牲、病故褒恤暂行条例》对烈士资格是这样规定的，“革命军人因参战、公干牺牲（被俘不屈慷慨就义或被特务暗杀等）均得称烈士”；“凡牺牲已久之革命军人，其家属无法取得原部队证明书者，经其他有关方面证明，由县（市）以上人民政府批准，亦得按烈属优待之”；“病故革命军人对革命有特殊功绩或工作历史在八年以上因积劳病故者，经其

① 《北京志·政务卷·民政志》，北京出版社 2003 年版，第 200—201 页。

所在机关、部队申请，师以上政治机关批准”[①]亦可称为烈士，但实际上没有对评定烈士的资格和条件作出详细的规定。同时还有对革命烈士家属的范围规定也是不够明确，以致“使某些革命烈士家属、革命军人家属不大满意”。为此，内务部特专门发出通知给予解释，“革命烈士家属、革命军人家属优待暂行条例第三条：‘本条例所称革命军人家属系与军人同居之直系血亲、配偶及依靠军人生活之十六岁以下的弟妹，或军人自幼曾依靠其抚养长大现在又必须依靠军人生活的其他亲属。’……革命烈士、革命军人家属优待暂行条例第三条，是规定对革命烈士、革命军人家属优待的范围，而不是规定‘亲属法’”。[②]

显然，《革命工作人员伤亡褒恤条例》《民兵民工伤亡褒恤条例》为以后褒扬条例的制定奠定了基础，其规定的具体褒扬方式也为以后长期使用。

二、各种活动

这一时期的褒扬活动主要围绕着对革命烈士的追功授予、各种纪念活动开展和烈士纪念建筑物的修建等方面进行。

首先，国家加大了对新中国成立前革命烈士的追功授予工作。1950年7月召开的全国战斗英雄代表会议和全国工农兵劳动模范代表会议就提出：“在解放战争中曾出现了一些为完成某项战斗任务而舍身与敌同归于尽的英雄烈士，……足为全军模范，为了表彰此种壮烈行为，并借以发扬我军战斗意志，应请政府明令褒奖，并规定纪念办法。对烈士家属则给予必要的照顾。”[③]

---

① 《革命军人牺牲、病故褒恤暂行条例》，《民政工作文件汇编》（一），地质出版社1984年版，第218页。

② 《中央人民政府内务部发出通知解释革命烈士、革命军人家属的范围》，《人民日报》1952年2月12日。

③ 《中央人民政府人民革命军事委员会总政治部关于全国战斗英雄代表会议的总结》，《人民日报》1950年12月22日。

褒扬条例公布之前的革命烈士身份认定。内务部在 1950 年 10 月就对过去牺牲的军人给予了烈士身份认定：

（一）辛亥革命中因参加反对满清统治而牺牲的烈士。辛亥革命后在军阀混战中死亡者不在内。（二）一九二四年至一九二七年因参加东征和北伐战争而阵亡的烈士。一九二七年四月十二日及七月十五日蒋介石及汪精卫公开叛变革命后在军阀混战及反共战争中死亡的国民党军官兵不在内。（三）一九二七年至一九三七年因参加国内革命战争和武装起义而牺牲的烈士和工农红军官兵。（四）一九三二年一月淞沪抗日战役、一九三三年三月长城抗日战役、一九三三年夏察北抗日战役、一九三六年冬绥远抗日战役中牺牲的官兵和东北抗日义勇军抗日联军牺牲的官兵。（五）一九三七年至一九四五年因参加抗日战争牺牲的八路军、新四军及其他人民抗日部队官兵。国民党军官兵（包括空军）确因抗日阵亡者也包括在内，但在此期间因参加反共内战而死者不在内。（六）在人民解放战争中牺牲的人民解放军指战员。起义后因参加人民解放战争而牺牲的原国民党军官兵也包括在内。（七）一九一九年五四运动以来因参加各种革命斗争被帝国主义和国内反动派杀害的烈士，因参加革命斗争入狱病死者也包括在内。①

1950 年 10 月，内务部将对过去革命战争中牺牲的军人及革命工作者进行烈士评定，其中包括：（一）辛亥革命中因参加反清朝统治而牺牲的；（二）1924—1927 年因参加东征和北伐而阵亡的；（三）1927—1937 年参加国内战争和工农红军官兵；（四）淞沪会战、长城抗战、东北义勇军等；（五）1937—1945 年参加抗战牺牲的八路军、新四军以及国民党军官；（六）人民解放战争期间牺牲的解放军；（七）五四运动以来被杀害的革命者。②

① 《关于革命烈士的解释》，《人民日报》1950 年 10 月 15 日。

② 参见《山东省志 · 民政志》，山东人民出版社 1992 年版，第 60 页。

内务部又开展了对革命战争年代中共党员村干部和群众被杀的烈士认定工作。1951 年 9 月 24 日，内务部就河北省民政厅所提出的关于七七事变前和抗日时期中共党员村干部和群众被敌杀害是否可评为烈士的问题进行了回复："一、七七事变前，中共党员因积极工作被反动政府逮捕壮烈牺牲者，应按'革命工作人员伤亡褒恤暂行条例'第五条之规定办理。二、抗日时期，不脱离生产的村干、党员、民兵、民工，因工作积极，暴露目标被敌人抓捕或执行抗日任务被捕后英勇牺牲者，可援照'民兵、民工伤亡抚恤暂行条例'之规定办理。三、村干、民兵、民工因公误伤致成残废或牺牲者（如走火、运埋地雷不慎爆炸伤亡等）只能视其家庭生活情况，酌情予以照顾。四、个别群众或堡垒户被敌逮捕而壮烈牺牲足资楷模者，如负有一定的革命工作任务进行革命工作，可援照'民兵、民工伤亡抚恤暂行条例'之规定办理；如并未负有工作任务进行革命工作，则应以受害群众论，其家属贫苦者，应优先给予适当照顾。"① 显然，这一时期的烈士评定工作主要是针对革命战争年代牺牲的革命者进行的。

内务部还追认了一批抗美援朝战斗英雄。1952 年 6 月 19 日，中国人民志愿军司令部、政治部追认志愿军铁道部队的杨连第副连长为一级人民英雄，并命名杨连第所在的连队为"杨连第连"，"并号召全军指挥员、战斗员学习杨连第烈士伟大的爱国主义、国际主义和革命英雄主义精神"；②1952 年 12 月，中国人民志愿军政治部追授因抢救朝鲜人民财产而牺牲的王永维烈士，给予了"二级模范"和"模范团员"的光荣称号等。

显然，以上烈士追认工作既有利于革命烈士英勇事迹的宣传，也有利于发扬爱国主义教育。"'褒扬烈士，教育群众'，具体地来说，就是通过弘扬革命烈士的崇高精神，来教育广大群众特别是青少年一代，树立起正

① 内务部：《关于七七事变前和抗日时期中共党员村干部和群众被敌杀害应否按烈士抚恤的批复》内优字第 172 号，1951 年 9 月 24 日。

② 《中国人民志愿军司令部和政治部通令追认杨连第烈士为一级人民英雄》，《人民日报》1952 年 6 月 21 日。

确的理想、信念和价值观，感染和激励人们为祖国的富强和人民的幸福积极奉献和顽强奋斗”。①

其次，各种悼念活动常常被用来缅怀烈士。每当重大节日，中央和北京地方政府都要组织一些重要的悼念和扫祭活动以缅怀革命烈士。“发动人民尊敬和学习烈士风气。可定期举行烈士纪念会，宣扬烈士的英勇事迹”。②

节日的悼念活动。依据中国人的传统习俗，清明节是一个重要的悼念活动节日。每当清明等重要节日时内务部及北京地方政府就要发出通知，进行组织扫祭活动。例如，1950 年 3 月，内务部就对东北、西北、华东、中南各大行政区及各省市人民政府发出通知，“旧历清明节日将届，为纪念革命先烈，各地可适应群众清明祭扫的习惯，纪念烈士，慰问烈士家属，对烈士坟墓勘验添土，立烈士碑，在烈士陵园增植树木，并广泛搜集烈士史料、遗物、遗著等”③。紧接着，1950 年 3 月 20 日，北京市人民政府就发出了《关于在清明节纪念烈士的通令》，要求各区、县人民政府在清明节期间，祭扫烈士墓，为陵墓添土立碑，增植树木，搜集烈士事迹慰问烈士家属。④ 抗美援朝期间，国家更加重视对革命烈士及在朝鲜战场上牺牲的革命军人进行扫祭活动，在 1952 年 3 月清明节即将到来时，中央人民政府内务部下发通知，要求：“（一）清明节各地可适应群众扫祭习惯纪念革命烈士，并结合抗美援朝、反细菌战举行小型追悼会，以提高群众的政治觉悟，更进一步地尊重革命烈士家属。（二）在清明节前应普遍检查一次革命烈士的坟墓，进行修补添土，整理烈士碑牌，各乡（村）政府应负责登记清理，加以保护。（三）烈士陵园、公墓及周围可以植树的烈士墓，应增植树木。”⑤1953 年 4 月 5 日清明节这一天，中央人民政府朱德

---

① 多吉才让等主编：《优抚保障》，中国社会出版社 1996 年版，第 94 页。

② 《认真发动社会力量做好经常的优抚工作》，《人民日报》1951 年 3 月 15 日。

③ 《内务部通令各级人民政府清明节纪念革命烈士》，《人民日报》1950 年 4 月 3 日。

④ 《北京志 · 政务卷 · 民政志》，北京出版社 2003 年版，第 197—198 页。

⑤ 《中央内务部发出通知清明节纪念革命烈士》，《人民日报》1952 年 4 月 3 日。

副主席和中共中央办公厅、中共中央华北局、华北行政委员会、北京市人民政府及中央、华北、北京市机关团体代表共三百多人，前往北京革命烈士公墓致敬并献花圈。①

对革命烈士的专门悼念活动。这种悼念活动的对象主要有两类：一是新中国成立前牺牲的革命先烈；另一类就是抗美援朝牺牲的革命军人。

对新中国成立前牺牲的革命先烈进行的悼念活动。1950 年 11 月 24 日，中央和北京市对范鸿劼烈士的八宝山革命公墓举行了公祭大会。清明即将来临，1952 年 3 月 27 日，北京市组织有关机关及人民团体，给革命烈士李大钊、任锐、马骏等烈士扫墓；同时郊区组织群众为本区管界内的所有烈士扫墓，开纪念会、致祭添土、修整墓碑等。1953 年 4 月 5 日清明节，中央人民政府副主席、中央人民革命军事委员会副主席朱德，带领中央军政代表 60 余人、德意志民主共和国友人 21 人及中央、华北、北京的党政机关、团体、工厂、学校等 50 人单位及北京市的烈属、军属代表共 600 人，到八宝山革命公墓祭扫。1953 年 9 月 14 日，北京市民政局为烈士方伯务、张启东、陈宝仓举行了公祭大会。1953 年 10 月 27 日，中央和北京市又组织了对任弼时墓地进行扫祭的活动。

悼念抗美援朝烈士。1951 年 6 月 2 日，北京市举行追悼大会，悼念赴朝鲜慰问中国人民志愿军而牺牲的廖向禄、常宝坤、程树棠、王利高 4 位烈士。

再者，修建烈士纪念建筑物成为一种永久的纪念方式。在抗美援朝时期，国家为了纪念革命烈士修建了一系列的革命烈士公墓，包括特殊英雄革命烈士人物的公墓、革命集体公墓等。

关于革命烈士集体公墓的修建。为了纪念革命烈士，中国人民政治协商会议第一届全体会议决议，在天安门前建立一座纪念碑，以永久纪念在革命中牺牲的人民英雄。当天下午，毛泽东、周恩来、朱德及全体政协委员来到天安门广场，为纪念碑奠基。

---

① 参见《全国各地清明节祭扫革命烈士陵墓》，《人民日报》1953 年 4 月 7 日。

为了纪念革命烈士，北京当地政府也修建了一些重要的革命烈士墓。1950 年 5 月 29 日，政务院批准北京市人民政府可以修建西郊革命公墓。1951 年 6 月，北京市在朝阳门外日坛修建马骏烈士墓，竣工后，由郭沫若题写了“回民烈士马骏之墓”的墓碑。1951 年 7 月 15 日，北京市将闻一多烈士迁至北京西郊八宝山革命烈士公墓地，并举行安葬仪式；同时李济深、黄炎培、郭沫若等参加了公祭仪式。

最后，保管烈士遗物则成为褒扬烈士事迹的一条重要途径。“烈士遗物应随同牺牲证书一并发至其原籍县（市）人民政府转交其家属或烈士馆陈列，以志纪念。”[①] 为了保管好烈士遗物，邮电部和中央人民革命军事委员会通信部在 1952 年 11 月下发了《烈士遗物免费邮寄办法》，对烈士的遗物邮寄作了较为详细的规定：

三、烈士遗物如为遗物器皿等类物品，应分别性质，按邮政包件之规定，封装妥善后按包件手续寄递，如所寄遗物仅为笔记本、照片、遗属等物，可按挂号函件手续寄递（该项物品亦得与衣物等混封一起作包件交寄）。……四、烈士遗物邮件封面上须将收件人姓名、地址及寄件机关或部队名称地址详细注明。并在正面明显处及包件详情单各联注明“烈士遗物”字样，邮局收寄后，均掣给收据存查。五、烈士遗留之现款，可按汇兑或保价信函办理。按汇兑办理时，除免缴汇费外，其寄装汇票之挂号信函亦得凭处理机关之证明文件免费收寄。按保价信办理时，除免缴保价费及应纳之邮费外，保价信封由寄件机关购用。六、烈士遗物倘为金、银饰物或其他贵重物品，应作保价包件交寄。免收保价费及邮费，但金饰物每人不得超过一市两，银饰物不得超过四市两，超过者不予收寄。七、烈士遗物邮件每件体积及重量限度，与一般邮件同。惟包件不得超过十五公斤，超过者由寄件机关

① 《革命军人牺牲、病故褒恤暂行条例》，《民政工作文件汇编》（一），地质出版社 1984 年版，第 218 页。

分开寄递。烈士遗款票或保价信函，其每张或每件款额限度以不超过邮局之规定为限。烈士遗物保价包件的保价限额，亦以不超过邮局之规定为限，如有超过，由寄件机关分开交寄。八、邮局处理烈士遗物邮件时，所有有关单据均须注明“烈士遗物”字样以便查核。九、交寄烈士遗物之证明文件，应随原件寄发(如系包件，应随详情单寄发)，以便由投递邮局与各有关单据一并存档备查。十、邮局处理烈士遗款开发汇票时，应在汇票及核对据与凭条上注明“烈士遗物”并在随发汇票登记簿底份一并归档。十一、烈士遗物有遗失毁损，除人力不可抗拒者外，须由责任局分别逐级报告邮政总局及军邮总局会商处理。①

显然，这一规定对烈士遗物的保护和保存起到了非常重要的作用，也体现出了对烈士的敬重。但就整个褒扬工作来讲，这一时期褒扬工作存在两个不容忽视的问题：对烈士的编纂工作不足，导致了很多烈士材料的失散；管理制度上的缺失使工作处于某种程度上的无序状态。

第四节　拥军优属运动

优抚制度建立之初正是抗美援朝战争的发生时期，国家为了最终实现抗美援朝战争的胜利，发动了全国范围的拥军优属运动。

一、全民参与

国家上下把拥军优属运动搞得轰轰烈烈，真正实现了全民参与的效果。在春节、“八一”建军节、抗美援朝纪念日、“六一”儿童节及中秋节

① 邮电部、中央人民革命军事委员会通信部：《烈士遗物免费邮寄办法》邮业字第6547号，1951年9月20日。

等重大节日，国家都要组织内容丰富的拥军优属活动，对烈军属、志愿军和残废军人等优抚对象进行慰问，各级政府部门下发拥军优属通知和慰问信。由于“拥军优属和拥政爱民，已经成为我国革命军民的优良传统，在每年庆贺新年和迎接春节的时期，全体军民在亲切地感到自己的斗争换得了一年比一年更幸福的生活的时候，就很自然地一年比一年更热烈地来开展这个‘拥爱运动’”，[①] 因此，国家都要下达节日拥军优属慰问和组织通知，对具体的活动内容进行指导。

1950 年 12 月 20 日，中央人民政府内务部和人民革命军事委员会发出了“新旧年拥政爱民拥军优属”的指示。1951 年 1 月，中央人民政府华北事务部向华北五省二市也发出了“关于新年及春节期间贯彻执行拥军优属工作的指示”，要求“贯彻中国人民政治协商委员会第三次会议‘关于抗美援朝工作的决议’和华北第一次县长会议‘认真加强优抚工作’的决议，开展群众性的拥军优属运动，以进一步加强群众的爱国主义教育，继续发扬优良传统，克服某些不关心优抚工作的现象，切实做好拥军优属工作”。[②]1951 年 1 月 31 日，中国人民保卫世界和平反对美国侵略委员会发出了响应中央人民政府内务部和人民革命军事委员会拥军优属的通告，要求：“慰问志愿军家属运动应与一九五〇年十二月二十日中央人民政府内务部和人民革命军事委员会所发出的‘新旧年拥政爱民拥军优属’的指示密切结合起来进行，一切革命烈士家属都应受到同样的尊重和优待”，以及要“依据各地的风俗习惯，采取不同的方式，使志愿军家属欢度一个热闹的春节，例如贺年、送礼、挂光荣匾、悬光荣彩以及举行联欢晚会，招待看电影、看戏等等。”[③]1952 年 12 月 29 日，内务部和人民革命军事委员会总政治部

① 《认真开展新年春节期间的拥军优属和拥政爱民工作》，《人民日报》1953 年 1 月 1 日，第 3 版。

② 《中央人民政府华北事务部关于新年及春节期间贯彻执行拥军优属工作的指示》，《人民日报》1951 年 12 月 22 日。

③ 《我保卫和平反对美国侵略委员会通告春节慰问志愿军家属》，《人民日报》1951 年 2 月 1 日。

再次发出了《关于一九五三年新年至春节期间进行拥军优属和拥政爱民工作的指示》，要求："一九五三年新年春节期间，地方人民政府应领导当地人民群众进行拥护人民军队和优待烈、军属及革命残废军人的工作；同时，在中国人民解放军的全体人员中，应进行拥护人民政府和爱护人民的工作。"①

而北京市也响应国家号召，下发各种拥军优属活动指示。1951年春节时，北京市团市委为了响应内务部关于开展拥军优属活动的要求，向刚刚进入寒假期的北京市的广大学生，发出号召："在春节期间，要积极响应人民政府所号召的拥军优属运动。要去慰问烈、军属，特别要去慰问站在最光荣的岗位上的中国人民志愿军的家属和参加军事干部学校的同学们的家属，向他们致敬。"②为了响应内务部和人民革命军事委员会总政治部的要求，在1953年北京市民政局和优抚委员会向城、郊各区的优抚组织及各单位下发了《做好新年至春节期间拥军优属工作》的通知，要求："各区应分片召开时事座谈会，举办军民联欢会，并由各区和驻军首长或劳动模范、拥军优属模范等在会上作报告……对烈属、军属及在京的中国人民解放军休养员和中国人民志愿军休养员进行慰问和实物慰问。组织群众挨门挨户慰问烈属和军属。组织各电影院和电影放映队放映有关抗美援朝的影片。组织各公园择定日期免费优待烈属和军属游园。各机关、团体、企业中，凡烈属、军属和有残废军人身份的职工较多的单位，应召开座谈会进行慰问。同时，发动军属及各界人民给中国人民志愿军写慰问信"。③

事实上，除了春节期间下发拥军优属的通知外，在"八一"建军节时

① 《中央内务部和人民革命军事委员会总政治部——关于一九五三年新年至春节期间进行拥军优属和拥政爱民工作的指示》，《人民日报》1953年1月1日。

② 《北京市青年学生进入寒假团市委市学联发表告同学团员书号召参加学习、拥军优属及文娱和合同》，《人民日报》1951年2月27日。

③ 《市民政局和优抚委员会发出通知做好新年至春节期间拥军优属工作》，《北京日报》1953年1月26日。

国家各部门也会发出各种指示，要求开展拥军优属活动。

1953 年 7 月 10 日，内务部下发《关于纪念“八一”建军节加强优抚工作的通知》，要求“各级人民政府除向干部、群众宣传建军节的意义及进行‘饮水思源’与优抚政策的教育外，应配合驻军开好‘八一’纪念会，或军民联欢会，并慰问驻军，伤病员，革命残废军人，革命烈士、革命军人家属，和写信慰问中国人民志愿军”。[①]1953 年 7 月 14 日，华北行政委员会给北京各级政府下发了在“八一”建军节前后做好拥军优属工作的通知，“要结合检查，认真解决烈士、军人家属和革命残废军人生产、生活中急待解决的具体困难问题，及时发放优军粮，同时应发动工人、农民、学生以及烈士、军人家属给前方战士写信，报告祖国建设和烈、军属的生产、生活情况。……可在农事闲暇季节，以县或乡为单位，分别召集烈士、军人家属，革命残废军人，转业军人的代表会议，在会上讲解国家的优抚政策，听取他们的批评和意见，表扬模范事迹，以鼓励他们的生产积极性”。[②]1953 年 7 月 21 日，中国人民抗美援朝总会则向各大行政区总分会各省市分会发出了慰问志愿军全体伤病员和革命残废军人的通知，指示“各地分会选派代表，携带当地政府与人民所写的慰问信，至伤病员所在医院、荣军学校、疗养院、教养院及荣军农场、牧场向伤病员和残废军人等人员进行慰问”，并要求“各地分会应与各有关部门积极协助贯彻中央人民政府内务部关于优抚工作的通知，并委托各地伤病员医院、荣军学校、荣军疗养院、教养院、荣军农场牧场等机关向伤病员、革命残废军人和休养员等人员每人发给人民币五万元。”[③]

显然，拥军优属活动的广泛开展，这与当时通知的及时下发是密不可

---

① 《中央人民政府内务部发出通知纪念“八一”建军节加强优抚工作》，《人民日报》1953 年 7 月 15 日。

② 《华北行政委员会通知各级人民政府“八一”前后结合生产与普选检查优抚工作》，《北京日报》1953 年 7 月 26 日。

③ 《抗美援朝总会发出通知慰问解放军志愿军伤病员和革命残废军人》，《人民日报》1953 年 8 月 1 日。

分的。

在节日期间，国家还要给志愿军发慰问电。1952年元旦时，北京市长聂荣臻在电台向驻军、烈、军、工属及荣军、伤病员广播，祝贺春节，表示慰问。1953年2月7日，人民政协第一届全国委员会第四次会议就给朝鲜前线的志愿军发去了慰问电，“你们和朝鲜人民军并肩作战，获得了连续不断的辉煌胜利，遏止了美帝国主义的凶残侵略，保卫了祖国的安全，给祖国增强了从事经济建设和政治建设的条件，同时鼓舞了全世界爱好和平的人民的斗争意志。”① 同样在5月11日，中国工会第七次全国代表大会闭幕时向志愿军进行了慰问，“亲爱的同志们，由于你们的英勇战斗，打击了美帝国主义的狂妄的侵略阴谋，保卫了祖国的安全，使我们伟大的祖国在抗美援朝运动中，完成了经济恢复工作的艰巨任务，进入有计划的经济建设的新时期”。②

给志愿军人、烈军属等写慰问信。在1952年的春节来临时，抗美援朝总会给志愿军伤病员和烈属军属发了慰问信。“同志们，你们曾光荣地直接参加了或积极地鼓励了你们的亲人参加抗美援朝的正义战争，给予美国侵略者以沉重的打击，保卫了祖国的安全与世界和平。全国人民对于你们是非常感激的。……已号召全国人民，认真做好拥军优属工作，尽一切可能切实帮助你们克服医疗上、休养上以及生活上、工作上的困难”。③

北京许多工厂的职工给志愿军写了大量的春节慰问信。“春节前，职工们纷纷写信给志愿军。北京电业局职工一共给志愿军写了三百二十封信，……北京人民印刷厂职工一共给志愿军写了八百九十六封信……北京电车公司环行路赵光犀小组给黄继光的母亲写了一封非常亲切的信，表示愿意做她的儿女”。④

---

① 《致中国人民志愿军电》，《北京日报》1953年2月8日。

② 《向中国人民志愿军致敬电》，《北京日报》1953年5月12日。

③ 《写信慰问志愿军伤病员和烈属军属》，《北京日报》1953年2月14日。

④ 《春节前开展抗美援朝宣传工作》，《北京日报》1953年2月14日。

同样北京的青年学生也给志愿军写慰问信。“元旦以来，本市学生响应北京市抗美援朝分会号召，纷纷写信慰问中国人民志愿军。到现在为止，寄出的信件已有两万七千多封，还有不少信件正源源不断地从全市各学校里发出来，准备送到前线去”。① 很多中学生向志愿军汇报成绩。“春节前，各校掀起了给志愿军写慰问信的高潮。截至二月十日，光是师大附中一部就写了二百四十多封信。在很多信里，同学们把自己一学期来的学习成绩汇报给志愿军，很多人把成绩单也寄过去了”。② 以清华大学为代表全国高校的大学生不断给志愿军发送慰问信。“清华大学生热情地和志愿军通信，从去年年底到现在，已寄出的信件达两千五百多封。给志愿军写信已经成为同学生活中不可或缺的一部分”。③ 而到了“六一”儿童节，很多小学生也会给志愿军写信以示敬意。比如，很多小学生就表达了对战斗英雄王海的敬意。“她是多么高兴啊！她在信上要求王海和志愿军叔叔们多多消灭那些给孩子们带来灾难的美国飞机”，④“她在信上告诉王海，当她听老师讲了报纸上刊载的王海大队的战斗故事后，回家就忙着写信给王海祝贺”。⑤ 东八角小学第二中队队员则向志愿军表达道：“亲爱的志愿军叔叔们：当我们高高兴兴地迎接‘六一’国际儿童节的时候，不由得就要想到叔叔们。我们今天能这样安静的环境里学习，能愉快地过自己的节日，还不是由于有叔叔们在朝鲜为保家卫国保卫世界和平进行英勇斗争才能得到的吗？”⑥

除了学生外，广大教师也给“最可爱的人”写了很多节日慰问信。“一两个月来，清华大学的教师们写了很多信慰问志愿军……一位六十七岁的老教授也写信告诉志愿军：‘我还有几天就要六十八岁了，但是我要向你

① 《全市学生纷纷写信慰问志愿军》，《北京日报》1953 年 1 月 20 日。
② 《本市各校春节开展抗美援朝宣传活动》，《北京日报》1953 年 2 月 17 日。
③ 《清华大学学生和志愿军通信》，《北京日报》1953 年 2 月 5 日。
④ 《热爱志愿军空军英雄的祖国儿童们》，《北京日报》1953 年 6 月 1 日。
⑤ 《热爱志愿军空军英雄的祖国儿童们》，《北京日报》1953 年 6 月 1 日。
⑥ 《少年儿童队员热爱志愿军》，《北京日报》1953 年 5 月 31 日。

们保证：我要继续翻译苏联文学，要努力学习政治，搞好教学'"。[①]

可见，社会各界给志愿军写信进行慰问是非常积极的，"但我们的通信工作是有缺点的，有些慰问信内容空洞，流于一般化、口号化、公式化、缺乏具体生动的内容"，[②] 以致北京市抗美援朝分会要求"今后应提倡写本市、本区、本单位各种建设的生动事实及个人的生产、工作和学习情况。文字要通俗易懂，善于表达感情，篇幅不宜太长"。[③]

事实上，这些书信来往的良性社会互动，增进了军民之间的感情，激发了广大人民自觉参战的积极性。"看人家戴着大红花多光荣，我要写信给前方的儿子，教他向功臣学习。""我们要写信给我们的子女，要他们继续立功，立更大的功，来答谢毛主席和共产党的培养和教育。"[④] 同时更是激发了广大志愿军保家卫国、不怕牺牲的精神。"本市有许多人给志愿军写了慰问信后，不断收到中国人民志愿军从朝鲜前线寄过来的回信，回信上说祖国人民的慰问信是他们最需要的精神食粮之一，这些信对他们起了极大的鼓舞作用。一个志愿军同志在信上写道：'当祖国人民的信寄到我们的阵地时，吃饭的人放下了饭碗，休息的人也跳了起来，都争先恐后地抢着看。'……战士赖辉映等同志在信上表示他们的恳切希望，说'祖国的每一项成就都会使我们增加无穷的力量和勇气，祖国就如同我们的母亲。'"[⑤] 正如志愿军致电抗美援朝总会和全国人民中说的那样："两年来，我们在祖国人民的大力支援和热情鼓舞下，已经粉碎了敌人的一切大小进攻，在三八线附近建立起一条牢固防线，在战斗中消灭敌军六十六万一千多人，使美国侵略者的兵员和物资遭到严重的损失，……我们一定继续英

---

① 《清华大学教师写信慰问志愿军》，《北京日报》1953 年 2 月 4 日。

② 《北京市召开抗美援朝代表会议通过关于继续加强抗美援朝工作的决议》，《人民日报》1953 年 1 月 29 日。

③ 《北京市召开抗美援朝代表会议通过关于继续加强抗美援朝工作的决议》，《人民日报》1953 年 1 月 29 日。

④ 《东四区人民政府举行庆功大会》，《北京日报》1953 年 2 月 24 日。

⑤ 《志愿军热烈欢迎首都人民的慰问信》，《北京日报》1953 年 6 月 13 日。

勇战斗，不断给侵略者以更沉重的打击，把抗美援朝的神圣事业进行到底，并为保卫亚洲和世界和平而奋斗！”①“千千万万小朋友们正在亲爱的毛主席抚育下过着幸福美好的日子。我们不能让美国强盗屠杀朝鲜小朋友和破坏我国小朋友们的幸福生活。”②

文艺汇演也是一种重要的慰问方式。为了纪念抗美援朝两周年，1952 年 10 月期间，北京的各区及街道办决定举行一系列的文艺演出和活动，“本市各区、各街道的优抚组织，为了纪念中国人民志愿军抗美援朝两周年，对志愿军家属表示崇敬和拥戴，决定在二十五日前后，分别举行志愿军家属联欢会”。而朝阳区更是在“二十五日，在朝阳门外人民游艺社和新声剧院演戏招待军属”③。

春节期间，许多单位都要进行文艺汇演。在 1953 年 2 月 13 日的 20 点 30 分到 23 点期间，中央人民广播电台专门为志愿军开办了春节节日专栏，“中央人民政府人民革命军事委员会总政治部文化部长陈沂向全国边防部队讲话，工业劳动模范‘毛泽东号’机车司机郭树德和北京市农业劳动模范殷维臣向边防部队说祝贺春节，著名的京剧演员郝寿臣、马连良和李少春等特别为边防部队演唱京剧‘盗御马’‘打渔杀家’和‘将相和’”。④

很多学校开展了文艺慰问演出活动。“除夕晚上，很多学校结合抗美援朝举办了文娱晚会。北京农业大学的‘春节大联欢’中，有各种结合抗美援朝的生动事迹，也有表明我们消灭敌人数目和敌机数目的鲜明图表。”⑤

工厂也组织文艺慰问演出。“在春节前，许多单位举行了抗美援朝晚会，和志愿军修养总联欢。北京市百货公司的职工还组织了一百五十多人

① 《志愿军全军致电抗美援朝总会和全国人民报告出国作战两年来的辉煌胜利》，《北京日报》1952 年 10 月 25 日。

② 《志愿军英雄们写信向祖国小朋友贺新年》，《北京日报》1953 年 1 月 4 日。

③ 《纪念志愿军抗美援朝两周年各区热烈慰问志愿军家属》，《北京日报》1952 年 10 月 24 日。

④ 《为中国人民志愿军等播送专门节目》，《北京日报》1953 年 2 月 13 日。

⑤ 《本市各校春节开展抗美援朝宣传活动》，《北京日报》1953 年 2 月 17 日。

的慰问团，两次携带礼物，前往某地慰问志愿军伤病员，他们的京剧组、曲艺组、歌咏组、舞蹈组轮流为伤病员、休养员演出”，① 而“另由市总工会、市文联、市学联组织联欢游园大会”。②

在“八一”建军节期间，北京地区还要对志愿军进行各种文艺慰问演出。1953 年 7 月，海淀区的优抚科为了迎接“八一”建军节组织了文艺汇演，“凡有驻军之乡村，由乡村政府主动配合驻军召开‘八一’军民联欢晚会，联请烈军属及二年以上荣军参加，在会上由乡长除讲解‘八一’建军节的意义，及进行饮水思源的教育，并报告本乡工作的情况及今后的意见。……在海淀镇召开规模较大的军民联欢晚会除由党政军首长及军属代表优抚模范讲话外，会后由文化站、区政府俱乐部、海淀镇、军队、演出娱乐节目”。③

在端午节期间，各区也要举办文艺汇演。“好几个区和很多派出所举行了招待军属的联欢会。第八区以派出所为单位，联合管界内驻军、机关、工厂、市民分别召开了十六个拥军优属同乐晚会。第一第九等区则举行了全区军属联欢会”。④

社会各界对烈军属和志愿军战士进行物质慰问，发送各种慰问物品。在春节期间，北京市政府给烈军属发送大量的实物，“拨优待粮五十三万斤，于春节前发放给贫苦烈军工属。以其中一部购猪牛羊肉发给全市一万九千一百五十三户烈、军、工属。每户一二人者发猪肉一斤，三、四人者二斤，五人以上者三斤。为对烈士家属、立功家属、二等以上荣军和在朝鲜作战的中国人民志愿部队家属表示特别关怀，按上述标准加一人计算”。⑤

① 《春节开展抗美援朝宣传活动》，《北京日报》1953 年 2 月 14 日。

② 《首都及华北、中南各地人民热烈展开春节拥军优属运动》，《人民日报》1951 年 2 月 5 日。

③ 《纪念“八一”建军节计划》（1953 年 7 月 29 日），北京市海淀区档案馆，档案号：2—105—49。

④ 《北京市各区人民端午节慰问烈属军属》，《人民日报》1951 年 6 月 15 日。

⑤ 《首都及华北、中南各地人民热烈展开春节拥军优属运动》，《人民日报》1951 年 2 月 5 日。

同时很多北京学校组织学生慰问队，专门发送慰问品。“春节期间，许多学校都组织了慰问队给学校里的军属、烈属或学校附近的军属、烈属拜年……北京地质学院、北京机械制造工业学校和北京钢铁工业学校的师生给在校的军属、烈属拜年，根据各军、烈属的需要送了很多慰问品”。[①]大学很多教师也给志愿军购买了节日礼品，“为了商量买什么慰问品最适合志愿军的需要，教师们时常在一起商量。有人想到志愿军在开展文娱体育活动时需要球，就买了足球，有人听说志愿军在学文化，就买了识字小字典”。[②] 事实上，在当时经济较为匮乏的情况下，北京有的地区就直接以现金的方式进行慰问，给予烈军属等实际的生活照顾，比如，海淀区的慰问就以现金的方式进行，“在春节期间对烈军属及残废军人发放了23601000元的慰问现金”。[③]

在国庆节和中秋节时，北京市人民政府、民政局和市优抚工作委员会也会慰劳全市烈军属、伤残军人。“各区人民政府，各区优抚工作委员会，已展开慰劳工作。这次慰劳款共七亿元，根据烈、军属具体情况，分别送给不同的慰劳品，以表示对他们的敬意。各区在慰劳烈、军属时，都组织慰问对分别到‘光荣之家’进行慰问。”[④]

同样，在端午节时北京市的各级优抚机构也要进行物质慰问活动。“北京市各区公所和各界人民在端午节热烈地慰问了全市烈属、军属和荣誉军人，各区由军属代表、派出所民政干事、区人民代表会议代表、区公所工作人员，以派出所为单位组成慰问小组，亲切地慰问烈属、军属、荣誉军人，并挨户赠送粽子等礼物。第五区各小学校师生三千余人参加该区慰问，携带腰鼓队穿街过巷，由小学生献‘军属光荣’的大红花，少年儿童队热烈向烈属、军属致敬。第三区由于军属工厂生产收益较多，提出一

① 《本市各校春节开展抗美援朝宣传活动》，《北京日报》1953年2月17日。

② 《清华大学教师写信慰问志愿军》，《北京日报》1953年2月4日。

③ 《八一中秋节优抚工作计划总结、代耕、抚恤标准》（1953年3月），北京市海淀区档案馆，档案号：2—105—49。

④ 《中秋节慰劳烈、军属》，《北京日报》1952年10月3日。

部分盈利，给每一户烈属、荣誉军人赠送肉二斤。第一区很多卖粽子商人，知道区公所买粽子慰问军属时，即自动减价，二百元一个的粽子只卖一百六十元，他们说：卖给军属，不赚一个钱。”①

召开各种座谈会和表彰会则又是一种对优抚对象的重要优待方式。在抗美援朝期间，每当重大节日时各级政府都要组织各种对志愿军和烈军属的座谈会和表彰会，既要对优抚对象进行慰问，还要布置各种拥军优属任务。

纪念抗美援朝的座谈会。为了纪念抗美援朝两周年，1952 年 10 月 24 日，北京大学的学生会宣传部举行了抗美援朝座谈会。“参加座谈会的有该校读书的志愿军、朝鲜人民军、解放军干部和战士……一致表示感谢志愿军”；② 同一天，宣武区在华北戏院召开了纪念志愿军赴朝作战两周年及庆功大会，“将对该区二十户立功志愿军家属报喜庆功，由少年儿童队向家属致敬献花；区政府对家属馈赠礼品。最后将演唱评戏和杂技。二十五日，再召开全区志愿军家属座谈会，征求家属们对于进一步做好优抚工作的意见”。③ 与此同时，北京的东单区也在 25 日晚上演习招待志愿军家属；前门区则在 24、25 日连续两天召开志愿军家属座谈会；西单则是“把最近前方寄来的十六位志愿军立功的喜报，用精致的镜框镶起来，准备召开庆功会时，送给立功的志愿军家属”。④

在 1953 年春节来临之际，北京市海淀区召开了一次 60 人参加的军队、拥军优属模范代表座谈会。“会上报告了一年的优抚工作后，除讲了目前形势外对本区的优抚工作军队代表表示满意，认为本区的优抚工作对军队是一个很实际教育”。⑤

---

① 《北京市各区人民端午节慰问烈属军属》，《人民日报》1951 年 6 月 15 日。

② 《北京大学生举行座谈会感激志愿军使他们过着和平日子》，《北京日报》1952 年 10 月 25 日。

③ 《纪念志愿军抗美援朝两周年各区热烈慰问志愿军家属》，《北京日报》1952 年 10 月 24 日。

④ 《纪念志愿军抗美援朝两周年各区热烈慰问志愿军家属》，《北京日报》1952 年 10 月 24 日。

⑤ 《海淀区春节拥军优属总结》（1953 年 3 月 17 日），北京市海淀区档案馆，档案号：2—105—49。

这些节日拥军优属活动的开展，一方面使烈军属和残疾军人的生活得以照顾，并感到满意，“对他们的照顾很周到，在过去做梦也想不到感动的样子”；[①] 另一方面也激励了后方养伤志愿军继续参战的热情。“在祖国千百万的人民的热爱和关怀下，我们以衷心感激的心情写了这封信，告诉祖国的父母兄弟姐妹们，我们已经快要恢复健康了。……‘我们一定要打垮敌人，使你们永远过幸福生活’……这些亲切热烈的祝福和委托，使我们更加感到自己责任重大”。[②] 一位在后方养伤的志愿军战士参加完小学生的中队日后，就表示：“亲爱的小朋友们！我要回朝鲜战场去了。我爱你们，我希望天天能和你们在一起。然而也正是为了你们，我要战斗得更坚决。你们安心地学习吧！你们幸福地生活吧！志愿军决不让美帝国主义的炮弹落到祖国的土地上来的。”[③] 在东四区召开的庆功大会上，休养的志愿军战士崔建国也表达了同样的想法，“人民政府对我们军人家属照顾得太好了，我们非常感谢政府，我现在还在休养，但我要早日把身体养好，重返前线，消灭敌人，为人民立更大的功”。[④]

二、帮助军属解决困难

除了在重大节日进行内容丰富的拥军优属活动外，北京市在日常也开展了细致的拥军优属工作，并以解决烈军属和残废军人的实际生活困难为目标。

社会各界帮助烈军属做各种家务。广大学生积极为烈军属服务。“十几个小朋友进了屋子，一个说：‘刘大爷，您水缸里没有水啦，我给您抬去。’……但他的话还没有说完，孩子们已经一个个地干起活来。有的抬

① 《八一中秋节优抚工作计划总结、代耕、抚恤标准》（1953 年 3 月），北京市海淀区档案馆，档案号：2—105—49。

② 《志愿军休养员们感谢人民的慰问》，《北京日报》1953 年 1 月 3 日。

③ 《“志愿军叔叔好！”》，《北京日报》1953 年 5 月 31 日。

④ 《东四区人民政府举行庆功大会》，《北京日报》1953 年 2 月 24 日。

水，有的扫院子，有的擦桌子，有的擦玻璃，有的劈柴。”[1]很多妇女也为烈军属家庭做家务。“全院自从把拥军优属作为爱国公约的一项内容以后，两年来大家一道对王桂荣照顾得无微不至。……王桂荣家里的活，就由街坊们分工去做：黄太太负责看管四个孩子，白玉珍替她家做饭，刘太太给她拾掇屋子。”[2]还有军属互帮。“罗怀萍自己是军属，可是她用女儿对待父亲一样的心情，亲切照顾同院（宣武区椅子圈胡同一号）七十三岁的军属张针南。张针南年老体弱，行动不便，罗怀萍每天给他做饭，经常为他拆洗衣服，一年来一直是这样。”[3]

社会还为烈军属提供各种免费服务。“巧炉匠董振华正在细心地焊一个洋铁壶……原来这些活不是别人的，是他给军属免费做的。……虽然这样，但是董振华还觉得做得不够，他又单独向军属代表要求说：‘我愿意给你们多干点活，以后只要需要焊壶、补锅，你们就交给我做，可不要客气呀！’”[4]

社会帮助烈军属解决各种生活困难。北京的很多工人就自发地帮助烈军属解决生活困难。“京西矿区门头沟机电厂职工，在爱国公约中订有‘每周慰问军属一次，保证帮助军属解决困难’。两年来他们一直坚持这项制度。王鸿宝、张二小两个小组的工人们，到军属胡振东家里慰问时，看见烧煤不多了，就马上到山下买来二千斤煤送到胡家。工人范元子发现胡振东的屋门不大结实，就把自己家里多余的一扇门拿来给换上。军属张清民住的屋子没有窗户，觉得挺憋气，瓦工茅铁道、木工李全桂小组的工人们就利用业余时间，给张清民屋子开了窗户”。[5]而在农村，很多农民也积极帮助烈军属解除各种困难。“东郊区黄军营村民政委员张凤翔的拥军优属行动，给全村军属留下了不可磨灭的印象。去年夏天有一次大雨，田里积水很深，他立刻想起军属的庄稼来，怕给淹坏了，他就冒着大雨把本村

① 《东教场小学少先队员热爱军属》，《北京日报》1953 年 1 月 17 日。

② 《拥军优属模范大院》，《北京日报》1953 年 1 月 16 日。

③ 《认真做好拥军优属工作》，《北京日报》1953 年 1 月 1 日。

④ 《巧炉匠董振华免费为军属焊活》，《北京日报》1953 年 1 月 15 日。

⑤ 《门头沟机电厂职工帮助军属解决困难》，《北京日报》1953 年 1 月 6 日。

军属地里的水都放干了”。①

三、赴朝前线慰问

为了鼓舞前线战士的作战士气和表达广大人民群众对志愿军的关怀，国家组织了几次较大规模的赴前线慰问活动。就整个过程来讲，前后有三次大规模赴朝的慰问活动，这都是由当时的中国人民保卫世界和平反对美国侵略委员会，又称中国人民抗美援朝总会，进行组织的。

1951 年 4 月至 5 月间，中国人民抗美援朝总会组织了第一次赴朝慰问活动。慰问团由全国各民主党派、人民团体、各地区等的代表组成，共 575 人，团长由廖承志担任。慰问团带去了全国赠送的 1093 面锦旗、420 万慰问现金、2000 余箱的慰问品及 1.5 万封慰问信。

1952 年中国人民抗美援朝总会组织了第二次赴朝慰问，组建了 9 个慰问分团，共 1097 人，但最后 8 个分团到朝鲜前线慰问，1 个慰问分团留在国内慰问志愿军伤病员。9 月 18 日，慰问队伍从北京出发，到 12 月 5 日结束。在慰问过程中，慰问团开展了送慰问信、慰问品、举行各种样式的座谈会等多样的方式活动。应当说，该次的赴朝慰问活动在规模上超出了第一次，对鼓舞前方战士士气起了作用。“有力地鼓舞了中国人民志愿军战士保卫祖国保卫和平的坚强意志……我一定把红旗插上敌人的阵地，来回答祖国人民。”②

随着 1953 年 7 月《朝鲜停战协定》的签订，朝鲜战争结束。1953 年 10 月至 12 月间，中国人民抗美援朝总会组织了第三次赴朝慰问活动。该次慰问活动是三次慰问活动中规模最大的一次，由贺龙担任总团长，5448 人组成。而且举行的慰问方式也有所变化，主要以慰问大会的方式。1953

---

① 《认真做好拥军优属工作》，《北京日报》1953 年 1 月 1 日。

② 《赴朝慰问文艺工作团在前线进行慰问演出受到志愿军广大指挥员和战斗员热烈欢迎》，《人民日报》1953 年 7 月 19 日。

年 10 月 4 日，慰问团从北京出发，13 日就在平壤举行盛大的慰问大会。慰问团还分别到志愿军各部队进行慰问演出。“赴朝慰问文艺工作团第一团三个多月来在前线各地先后为中国人民志愿军部队和朝鲜人民演出六百多场。”① 这其中不乏常香玉等著名艺术家的表演，“有一次在演出时呕吐了，她吃完药之后，仍认真地坚持着把戏演完”。② 慰问团在演出的同时还举行了一系列的报告会和座谈会，“演员们还访问了许多英雄连队、医院、高射炮阵地和机关，和战斗英雄、人民功臣举行了座谈会”。③12 月 18 日，慰问团完成任务回到北京。

除了上前线进行慰问外，国家还在不断地慰问那些在后方的志愿军伤病员。1953 年 6 月 1 日，中国人民抗美援朝总会的宣传部副部长朱世论率领慰问团就到东北进行了专门的伤病员慰问。“慰问团携带了抗美援朝总会给被遣返的病伤人员的慰问信和慰问金。慰问团还带来一个电影队，为被遣返的伤病员们放映电影。”④

显然，“中国人民赴朝慰问团和中国人民志愿军归国代表团和归国的战斗英雄们，在前线和后方各地普遍进行了慰问和传达报告，对于提高前方的士气和后方人民的爱国热情起了重大的作用”。⑤ 这些慰问活动“鼓舞了中国人民志愿军和朝鲜人民军的战争意志”；⑥ 还鼓舞了各行业生产者努力生产，“我个人决心要在 1954 年把合金钢焊条研究成功，以供应国防

---

① 《赴朝慰问文艺工作团在前线进行慰问演出受到志愿军广大指挥员和战斗员热烈欢迎》，《人民日报》1953 年 7 月 19 日。

② 《赴朝慰问文艺工作团在前线进行慰问演出受到志愿军广大指挥员和战斗员热烈欢迎》，《人民日报》1953 年 7 月 19 日。

③ 《赴朝慰问文艺工作团在前线进行慰问演出受到志愿军广大指挥员和战斗员热烈欢迎》，《人民日报》1953 年 7 月 19 日。

④ 《慰问被遣返的志愿军病伤人员》，《北京日报》1953 年 6 月 6 日。

⑤ 《关于抗美援朝保家卫国运动的报告——一九五一年十月二十四日在中国人民政治协商会议第一届全国委员会第三次会议上的报告》，《人民日报》1951 年 10 月 25 日。

⑥ 中共北京市委党史研究室编：《北京市抗美援朝运动资料汇编》，知识出版社 1993 年版，第 262 页。

上的需要，支援抗美援朝，并以这个小小贡献回答同志们”。①

四、保障与实施

拥军优属的开展离不开各种拥军优属机构的组织和领导。中央一级设立了很多拥军优属机构，领导拥军优属运动的具体开展，包括内务部及内设的优抚局，中国人民保卫世界和平反对美国侵略委员会等。

作为领导机构的内务部，负责制定和实施拥军优属政策，发布节日活动的通知。1950 年 12 月，内务部就颁布了具有指导作用的《革命烈士家属革命军人家属优待暂行条例》，规定了拥军优属的基本内容。内务部的另一重要工作就是下发各种拥军优属具体指示。比如，1953 年 12 月 29 日，内务部和中央军事委员会总政治部联合下发指示，要求“各级人民政府领导广大人民群众，在一九五三年新年到春节期间，热烈开展拥护人民军队和优待烈属、军属及革命残废军人的工作”。②

中国人民保卫世界和平反对美国侵略委员会也是一个重要的拥军优属机构，经常发布一些拥军优属通告。1951 年 1 月 31 日，中国人民保卫世界和平反对美国侵略委员会就发出了关于春节慰问中国人民志愿军家属运动的通告，要求：“依据各地的风俗习惯，采取不同的方式，使志愿军家属欢度一个热闹的春节，例如贺年、送礼、挂光荣匾、悬光荣彩以及举行联欢晚会，招待看电影、看戏等等。”③

就北京地方而言，直接负责和组织拥军优属活动的机构也是数量众多，这包括了北京市民政局、拥军优属委员会、优抚委员会、街道优抚小组等。

---

① 中共北京市委党史研究室编：《北京市抗美援朝运动资料汇编》，知识出版社 1993 年版，第 269 页。

② 《认真开展新年春节期间的拥军优属和拥政爱民工作》，《北京日报》1953 年 1 月 6 日。

③ 《我保卫和平反对美国侵略委员会通告春节慰问志愿军家属》，《人民日报》1951 年 2 月 1 日。

民政局是北京地方拥军优属活动的主要领导机构，其中内设的及各区分设的优抚科则是具体的负责机构。比如，为了做好 1952 年的“八一”建军节拥军优属工作，海淀区民政科就制定了《庆祝“八一”建军节检查优抚工作拟意》，对具体的优抚工作作了规定，包括改选区村优抚委员会，召开烈军属座谈会等。①

北京市于 1951 年 2 月 1 日成立了拥军优属委员会，同时各区分别成立拥军优属分会。“京市拥军优属委员会并决定自二月六日至二月二十日（即旧历正月初一日至十五日）为京市春节拥军优属运动双周。二月五日将由市拥军优属委员会中各单位组织两个慰问团，分别到地坛疗养院、陆军医院慰问伤病员。在这期间并以区为单位，召开军民联欢会、座谈会，举行春节团拜，庆功贺喜，赠送锦旗，表扬生产模范”。②

北京市及各区的优抚委员会也组织和负责拥军优属工作。以海淀区的优抚委员会为例，在平时，“委员会每两月开一次，主任会一月二次，每村委员每半月向其附近副主任汇报工作一次，副主任同时向区汇报一次，会议内容是讨论执行上级布置任务、掌握情况和工作研究”。③ 在节日时，市及各区的优抚委员会将会组织更大规模的拥军优属活动。“在国庆节和中秋节慰劳全市烈、军属。各区人民政府、各区优抚工作委员会，已展开慰劳工作。这次慰劳款共有七亿元，根据烈、军属具体情况，分别送给不同的慰劳品，以表示对他们的敬意”。④

北京市的很多街道还成立了街道优抚小组，进行基层的拥军优属慰问工作。“街道优抚小组在不同时间分别到各户向家属们进行慰问，讲述朝

① 《“八一”春节优属工作计划》（1952 年 9 月 25 日），北京市海淀区档案馆，档案号:2—104—92。

② 《首都及华北、中南各地人民热烈展开春节拥军优属运动》，《人民日报》1951 年 2 月 5 日。

③ 《区优抚委员会成立大会工作报告》（1951 年 8 月 11 日），北京市海淀区档案馆，档案号：2—103—42。

④ 《中秋慰劳烈、军属》，《北京日报》1952 年 10 月 3 日。

鲜反侵略战争的胜利形势”。①

显然，这种分层设置的拥军优属机构行成了一个多层次的保障体系，保证了各项指示的传达和活动的有效组织。

为了开展拥军优属活动，国家利用媒体、创建各种宣传组织等方式进行了拥军优属活动宣传和动员。

利用报纸、广播等各种传媒进行宣传，其中《人民日报》《北京日报》等发挥了重要作用，以《人民日报》为例，宣传的内容丰富多彩。

首先，《人民日报》通过刊登各种拥军优属的模范事迹，以达到宣传效果。譬如，1952 年 1 月，《人民日报》就发表了有关刘德有拥军优属模范的事迹，“刘德有不光是帮助了金庆，对别的军属和民工家属也很关心。比如，一九五〇年冬天周福中要去朝鲜前线抬担架，他的妻子怕没人照顾就拖后腿。刘德有就耐心地去劝她，并答应她解决困难。这年春节，村里老乡都有‘淘米’蒸饽饽的习惯，周福中家淘不上米，刘德有知道了，马上就送给她半斗黄米。像这种事情，刘德有是常作的。他总是热情地帮助烈属军属解决生产上和生活上的困难”。②

其次，《人民日报》则介绍包括北京在内的全国各地的拥军优属政策的执行情况，以便各地查找不足。“首都各界青年，在春节中热烈响应人民政府的号召，积极参加了拥军优属工作。他们协助人民政府在一两天内把价值三十万斤小米的礼品，送到本市一万九千余户烈、军属家里，并给他们拜年。七十兵工厂、北京机器厂的青年工人们同其他工友一道给参加军事干部学校的同志们的家属送去毛主席像、春联及其他礼品。仅住在三区的中国人民大学、中央团校等校就有三千多学生给烈军属拜年。燕京大学近二百人到郊区农村去慰问烈军属。很多大、中学的师生都和空军、海军、炮兵、公安部队等举行了联欢会。这些活动给学生们以深刻的教

① 《纪念志愿军抗美援朝两周年各区热烈慰问志愿军家属》，《北京日报》1952 年 10 月 2 日。

② 《优属模范刘德有》，《人民日报》1952 年 1 月 6 日。

育。……据河南、湖南、广东三省和苏北、海南两行政区以及武汉、南京、济南三市人民政府的不完全统计，春节前共发给贫苦的烈士家属、革命军人家属优抚粮一千四百万斤和大批的鱼、肉、年糕、白糖等春节礼物；并送给他们象征荣誉的光荣灯或光荣匾。南京市的各国营专业公司并减价售货优待烈士家属和军人家属。原工农红军的烈士家属受到人民政府的特别优待，湖南省已拨粮食一百九十万斤救济平江、浏阳等老革命根据地的烈士家属。"①

再者，《人民日报》还介绍各地的经验、做法，以便推广。1951 年 4 月 1 日，《人民日报》介绍了郑州公安局第十九派出所普及拥军优属内容宣传教育的经验，"二、组织学生春节宣传队。春节时共动员了二十八个学生，成立了宣传队，排演短剧，写黑板报。演剧之前，学生先作时事宣传；写黑板报之后，根据发表的消息，组织市民进行讨论。以上两种方法，收效均很大。三、通过居民组长联席会进行宣传。全所辖区共有一百一十五个居民小组。春节期间召开的拥军优属居民小组长联席会上，讲解了时事，并说明做好拥护军队，优待革命军人家属工作，也就是抗美援朝。会上，大家进行了讨论，组长纷纷表明态度，并相互展开挑战"。②1951 年 7 月 23 日，《人民日报》又介绍了北京为迎接"八一"建军节所做的各项拥军优属活动，"西板桥大成磨坊里七位工友，想出个拥军优属好办法：每天多磨些粮食，不收加工费和运费，按成本卖给本派出所的四十个烈属、军属。他们征得资方同意后，便制订了一种'优属购粮证'，烈属、军属每户发一张，凭证购粮。又为了长期坚持，他们在爱国公约上添了这样的一条：'帮助烈军属解决困难，照成本优待售粮'。北京郊区农民以作好代耕工作来拥军优属。西郊何各庄村何振堂互助组，除保

① 《向人民解放军和烈属军属致敬致问全国展开春节拥军优属运动》，《人民日报》1951 年 2 月 10 日。

② 《怎样在城市居民中宣传抗美援朝？——介绍郑州市公安局第十九派出所的经验》，《人民日报》1951 年 4 月 1 日。

证使军属刘淑英的地不荒一分外，还要做到深耕细作，挂锄后沤绿肥两车一千六百斤。工商界也自动制订优待烈属、军属的办法：全市各电影院自七月份起，每家每月义务放映一次早场，招待烈属、军属，直至抗美援朝结束为止。三区、四区、七区理发、油盐、药铺等行业，也都订出九五扣或八扣等优待烈属、军属的办法。"①显然，这为各地拥军优属工作提供了更多的经验和借鉴。

利用基层组织进行拥军优属思想动员和宣传。在抗美援朝期间，北京一些地方民众自发成立拥军优属政策宣传组织。比如，北京市第二区第九派出所的市民宣传队，就以胡同（街道）为单位，创设了每周日定期集会的"抗美援朝日"。集会时主要由各胡同的市民宣传队员主持召开群众会，由水平较高的宣传队员在会上讲解时事、政策及当前的中心工作，有时还聘请当地的机关宣传员、干部、中学教员、大学教授和大、中学生等去作报告。例如，"小沙果胡同的'抗美援朝日'，曾进行有关西藏和平解放、朝鲜停战谈判、反对美英单独对日媾和等问题的宣传，又宣传过镇压反革命、修订爱国公约、捐献、拥军优属、成立治安保卫委员会、卫生、防火等中心工作"。②

通过召开各种拥军优属会议，进行经验交流。为了推广各种拥军优属工作，国家和北京市经常召开各种优抚工作会议。1953 年 2 月 22 日，北京市民政局和市人民优抚工作委员会召开全市优抚模范代表大会，"将总结本市的优抚工作，交流军属生产和拥军优属的工作经验，研讨本市今后的优抚工作方针，并评选及奖励市级优抚模范"。③同时，在拥军优属工作会议上烈军属也会发表拥军优属工作的意见，推动拥军优属工作的开展。1953 年春节前，海淀区召开军烈属、拥军优属模范座谈会，会上

---

① 《东北军民热烈迎接"八一"北京人民定出各种办法优待烈军属　庆祝中国人民解放军伟大的建军节!》，《人民日报》1951 年 7 月 31 日。

② 《北京市第二区第九派出所的"抗美援朝日"》，《人民日报》1951 年 10 月 28 日。

③ 《全市优抚模范代表大会昨日开幕》，《北京日报》1953 年 2 月 23 日。

“军属 *** 认为政府对他们照顾很周到，……拥军优属模范在会上报告了一九五二年代耕成绩，与五三年代耕计划”①。评选模范是抗美援朝时期推动拥军优属运动开展的一项重要保障工作。

早在 1951 年 9 月的华北县长会议上，内务部长谢觉哉就初步提出了评选拥军优属模范的想法，“除了经常进行政治教育外，应该发动竞赛和评比，表扬和奖励代耕模范”②。

1952 年 7 月，内务部就正式下发了《关于评选烈属、军属、革命残废军人、复员军人模范及拥军优属模范的指示》，决定“自一九五二年秋收以后，至一九五三年春节前后，在全国进行一次评选优抚模范的运动”，③并对拥军优属模范的评选作了详细规定。该《指示》规定拥军优属模范的评选有集体与个人两种：集体为模范乡（村）、模范代耕组；个人为模范干部与模范群众。其基本的评选原则，“在干部与群众方面，应是对拥军优属工作有正确的认识，能够经常帮助烈属、军属等解决生产与生活中的困难，有实际的表现与成绩，而为群众所公认者”；④还规定了评选程序，“优抚模范首先在乡（村）评选。要通过选举模范来检查今年的优抚工作，在检查优抚工作中更好地培养模范；召开烈属、军属座谈会，听取烈、军属意见；在评选运动中应发挥优抚工作委员会的作用，整顿与巩固这一组织。乡的模范人物的确定，应由乡人民代表会议讨论通过。县应在各乡评选完毕后，召开县烈属、军属代表会议，或在召开劳动模范代表会议时，吸收各乡优抚模范代表人物参加，在此会议上产生县一级的模范人物、村庄和代耕组。并向县人民代表会议报告通过。城市模

---

① 《海淀区春节拥军优属总结》（1953 年 3 月 15 日），北京市海淀区档案馆，档案号：2—105—49。

② 《认真加强优抚工作》，《人民日报》1951 年 11 月 17 日。

③ 《中央人民政府内务部关于评选烈属、军属、革命残废军人、复员军人模范及拥军优属模范的指示》，《人民日报》1952 年 7 月 23 日。

④ 《中央人民政府内务部关于评选烈属、军属、革命残废军人、复员军人模范及拥军优属模范的指示》，《人民日报》1952 年 7 月 23 日。

范产生办法，可参照县、乡办法办理”；[①] 同时规定了对拥军优属模范的奖励形式，“各级人民政府应分别给予各种模范以名誉和物质奖励，名誉奖可发奖章、奖状、锦旗等，物质奖可发牲畜、农具、日用品等。奖励费由各省人民政府本节约而实际的原则规定数目，在优抚事业费预算内报销”。[②]

随即，北京根据指示精神在各区开展了拥军优属模范个人和村的评选工作，以北京市海淀区为例，拥军优属模范就不断涌现。“这次评模是以工作组为单位，通过工作组来进行工作，由于大量拥军优属模范的出现，使我们评模数目超出原来民政局所规定的六名，如再加上一个模范村，即可超过七名，这些模范都是通过军属及人民代表大会、群众大会或扩大干部会议产生，然后再以工作组为单位评比产生，因此都带有群众基础”。[③] 显然这样的评模“对提高军属政治觉悟、生产情绪及作好全区优抚工作所起的作用是很大的……由于是群众选举的，因此发现了一些以前为我们所不完全了解的积极分子”[④]，“使群众自觉自愿的拥军优属”[⑤]。

就整个抗美援朝时期的拥军优属开展来讲，产生了积极的社会影响，不仅使烈军属等优抚对象得以照顾，也激发了志愿军英勇战斗的爱国精神，更鼓舞了各行业为祖国努力工作的奉献精神。

---

① 《中央人民政府〈关于继续开展评选、奖励烈属、军属、革命残废军人复员建设军人模范和拥军优属模范工作的指示〉》，《内务部通讯》1954 年第 10 期，1954 年 10 月 20 日，第 2 页。

② 《中央人民政府〈关于继续开展评选、奖励烈属、军属、革命残废军人复员建设军人模范和拥军优属模范工作的指示〉》，《内务部通讯》1954 年第 10 期，1954 年 10 月 20 日，第 2 页。

③ 《评选村烈军属、荣军、复员军人及拥军优属模范工作总结》（1952 年 10 月 24 日），北京市海淀区档案馆，档案号：2—104—67。

④ 《北京市海淀区人民委员会民政科烈军属荣复军人优待、代耕、转业工作总结、计划、意见》（1952 年 10 月 24 日），北京市海淀区档案馆，档案号：2—104—67。

⑤ 《海淀区西钓鱼台村军属代耕工作初步总结》（1953 年 5 月 19 日），北京市海淀区档案馆，档案号：2—105—49。

拥军优属活动的开展使产业工人在深受感动的同时，决心搞好生产。“你们的辉煌战绩鼓舞着全国人民。我们丰台工务段的工人们在你们的鼓舞下，生产上取得了很大的成绩……为了更好地支援你们，我们正在火热地投入今年的大生产运动中。”① 北京电信局全体职工在给志愿军的信中也表达了努力生产的想法，“‘比起最可爱的志愿军同志们，我们对国家的贡献太小了。’我们向你们保证，一定要不断努力提高技术业务水平，把伟大的祖国建设得更加美好。”② 当在1953年元旦前夕，私营金星笔厂北京分厂的工人们在收到志愿军给他们的回信时，不仅把信件贴到了壁报牌上，以方便广大的工人阅读，还决定以自己的实际生产行动向志愿军汇报，“笔杆部、装配部工人发出挑战书，一致要用保证提高质量、增加产量，来报答最可爱的人。……工人们除了给纪荣耀写回信保证提高质量，并附回一个好笔尖和二千元以外，还普遍掀起给志愿军写慰问信、送纪念品的热潮”。③

拥军优属也激励了青少年学生努力学习、报效祖国的精神。东八角小学第二中队在给志愿军的信中写道：“我们常常想：拿什么报答叔叔们呢？……他就下定决心改正自己的缺点，一个星期以后，他把功课都补齐了，上课也专心听讲了，月考时算术得了一百分。全班月考时总平均分数也达到了八十分以上，比前一次月考进步了六点五分。但是我们并不满足这点进步，大家都说：在下次月考时，一定保证平均分数要在九十分以上。”④

优抚制度建立时深受抗美援朝战争的影响，在内容和实施的方式上具有鲜明的时代特点。

其一，以社会为主体的优待制度确立并推行。众所周知，抗美援朝时

---

① 《向志愿军报告生产成绩》，《北京日报》1953年2月14日。

② 《北京电信局全体职工写信给志愿军报告在生产战线上的胜利》，《北京日报》1952年10月25日。

③ 《志愿军的来信激起爱国热情——金星笔厂工人保证提高产品质量》，《北京日报》1953年2月7日。

④ 《少年儿童队员热爱志愿军》，《北京日报》1953年5月31日。

期发生时新中国刚刚建立，国家经济状况是一穷二白，“中华人民共和国成立初期，中央政府财政入不敷出。1949 年度的财政收支中，约有 1/2 的赤字依靠发行钞票来弥补”①，难以用财政方式支撑整个优抚制度。在这样的状况下，社会就成为负担优抚内容的一个主体。

当然，国家在实施整个优抚制度过程中，仍然承担了抚恤这部分费用。抚恤的费用主要分为伤残抚恤和死亡抚恤部分：伤残抚恤费用主要包括了抚恤粮、残废金及优待金；而死亡抚恤费用主要包括一次抚恤粮。应当说，这些费用都是由国家支付的，但这些抚恤费用仅仅是整个优抚事业的一小部分。

事实上，在当时整个优抚负担中最大的就是优待，尤其是针对广大烈军属及残废军人的日常生活，需要国家给予更多的待遇，但由于受限于自身的经济实力，国家根本无法给予物质和金钱上的优待，这种优待大多体现在了农村实施的代耕，通过对烈军属及伤残军人的代耕给予了一定的补偿。

其二，优待、抚恤与褒扬内容的紧密结合。就法规建设而言，这一时期优抚制度的一个最大特点就是优待、抚恤及褒扬内容的紧密结合，这一点在立法建设上表现得尤为突出。

1950 年 12 月，国家分别颁布了《革命烈士家属革命军人优待暂行条例》《革命残废军人优待抚恤暂行条例》《革命军人牺牲、病故褒恤暂行条例》《革命工作人员伤亡褒恤暂行条例》及《民兵民工伤亡抚恤暂行条例》等五个条例。《革命残废军人优待抚恤暂行条例》中就将残废军人的优待和褒恤内容紧密结合在了一起，譬如，该条例规定了评残的基本条件及按等级进行抚恤的待遇，同时又规定了残废军人享受的优待措施，其中就包括“已复员之革命残废军人伤口复发时，经县（市）以上人民政府介绍至公立医院治疗，医药费及伙食费由医院供给，按期向所属省（市）以上人

① 从树海等：《新中国经济发展史（1949—1998）》（中），上海财经大学出版社 1999 年版，第 21 页。

民政府凭据报销”①。

同样，《革命军人牺牲、病故褒恤暂行条例》《革命工作人员伤亡褒恤暂行条例》及《民兵民工伤亡抚恤暂行条例》这三个条例都将褒扬和抚恤内容结合在一起。例如，《革命军人牺牲、病故褒恤暂行条例》规定的褒扬内容有：“为对烈士瞻悼景仰，各地得建立烈士纪念碑、塔、亭、林、墓等。省（市）以上人民政府应组织烈士事迹编纂委员会，负责搜集、编纂烈士英勇事迹。”②同样条例对牺牲军人作了分级的抚恤规定：“（一）战士级，食粮六百市斤；（二）班排连长级，食粮八百市斤；（三）营团长级，食粮八百市斤；（四）旅长级以上人员，食粮一千二百市斤。”③当然还对病故军人的抚恤内容进行了相应的规定。

其三，多方参与的优抚活动全面开展，形成了国家的中央及地方、社会及个人共同参与的、多层次的优抚保障局面。

国家进行了各种方式的优抚活动。通过发出各种指示口号的方式进行优抚工作指导和动员，比如，1953 年八一建军节即将来临时，内务部发出了《关于纪念“八一”建军节加强优抚工作的通知》，要求：“各级人民政府除向干部、群众宣传建军节的意义及进行‘饮水思源’与优抚政策的教育外，应配合驻军开好‘八一’纪念会，或军民联欢会，并慰问驻军，伤病员，革命残废军人，革命烈士、革命军人家属，和写信慰问中国人民志愿军。”④同时国家组织人员直接慰问烈军属和残废军人并直接进行优抚活动，“北京市人民政府和北京市抗美援朝分会联合慰问团在‘八一’建

① 《革命残废军人优待抚恤暂行条例》，《民政工作文件汇编》（一），地质出版社 1984 年版，第 215 页。

② 《革命军人牺牲、病故褒恤暂行条例》，《民政工作文件汇编》（一），地质出版社 1984 年版，第 219 页。

③ 《革命军人牺牲、病故褒恤暂行条例》，《民政工作文件汇编》（一），地质出版社 1984 年版，第 217 页。

④ 《中央人民政府内务部发出通知　纪念“八一”建军节加强优抚工作》，《人民日报》1953 年 7 月 15 日。

军节，代表首都二百多万人民，慰问正在首都休养的中国人民志愿军和中国人民解放军战士。……除对休养员们作口头慰问、举行座谈会外，还组织了文娱晚会，发送了慰问金”。①

而作为当时的社会更是主动地慰问和优待烈军属，“各机关团体、工矿企业、学校、医院和各界人民都把作好优抚工作订入了爱国公约，实现了及时医疗烈军属的疾病、年节慰问、购物优待和解决其各种困难，提高了烈军属和革命残废军人的政治地位”。②

许多个人主动地优待烈军属，解决就业，提高生活。“北京市西四区羊房胡同派出所里的军属生产小组……这个生产小组，是北京市优抚模范黎梓梁克服了许多困难而组织起来的。……经常参加生产的有三、四十个人；锁缀部活多时，能吸收更多的人工作。从去年五月到十二月，全组收入了九千多万元，改善了军属们的生活”。③

其四，继承和发扬了革命战争年代的“拥军爱民”的优良传统。这一时期实施的优抚制度是对过去优待、抚恤等传统的继续和发扬。“在各个老解放区，在长期的革命战争中，政府和人民曾经共同努力，安置和照顾革命烈士家属、革命军人家属和革命残废军人，组织他们参加生产，给他们介绍职业，对于缺乏劳动力的革命烈士家属、革命军人家属以及革命残废军人，则大规模地组织了群众进行代耕。这种革命的优良传统，在全国解放以后，迅速推广到新解放的地区”④。

---

① 《全国各地热烈进行拥军优属活动》，《人民日报》1953 年 8 月 3 日。

② 《一九五二年的城市优抚工作和今后应注意的几个问题》，《人民日报》1953 年 2 月 14 日。

③ 《组织军属生产，关心军属生活——记北京市优抚模范黎梓梁》，《人民日报》1953 年 2 月 25 日。

④ 《必须做好优抚工作》，《人民日报》1951 年 7 月 22 日。

第二章　优抚制度的巩固与发展（1954—1966 年）

第一节　优待的变化

一、政策和机构的调整

在抗美援朝战争结束后，各级优抚部门依据《优待暂行条例》的规定，继续制定新的优待政策，并结合优抚工作的需要调整了优抚机构，使优待体系进一步完善。

这一时期，内务部继续制定一些针对烈军属、现役军人的医疗优待、补助等方面的优待政策。

关于针对烈军属优待对象的相关政策。1954 年 1 月 23 日，内务部作出了《关于优抚条例中所定革命烈士、革命军人弟妹年龄计算标准的批复》，到了 3 月 18 日，卫生部和内务部联合下发了《关于烈、军属疾病治疗仍应按“革命烈士家属革命军人家属诊治疾病优待暂行办法”执行的联合通知》。到了 1962 年 5 月 7 日，内务部又下发了一个解决农村优待对象的土地问题，即《内务部关于烈士能否计算在家庭人口以内分给一份自留地的问题的批复》，同年的 11 月 8 日，内务部再次就山西省民政厅的咨询作出了答复，即《内务部关于军人（或烈士）的生父母与继父母（或养父母）究竟何方应享受优待问题的复函》。1963 年 3 月 13 日，内务部向山东民政厅下发了《烈士子女成年以后是否享受物质优待的问题的复函》。1964

年 7 月 13 日，内务部又向广西等省民政厅作了《关于烈、军属中的地、富、反坏分子是否享受优待问题的综合批复》。

对于军属来讲，内务部也颁布了较多的物质和精神方面的优待政策。1955 年 6 月 15 日，内务部、最高人民法院、司法部及人民革命军事委员会联合颁布了《关于多年无音讯之现役革命军人家属待遇及婚姻问题处理办法》。1955 年 9 月，内务部优抚局又下发了《内务部优抚局关于部队军官改薪后的家属待遇等问题函》。1964 年 12 月 15 日，内务部还向云南民政厅下发了《内务部关于现役军人入赘到妻子家中的，军属优待应由何方享受问题的复函》。

关于现役军人的优待政策。内务部对现役军人颁布了这样一些物质优待政策：1955 年 5 月 31 日，国务院下发了《关于现役革命军人在征收农业税时如何计算农业人口的规定》；1961 年 6 月 23 日，国务院下发了《关于给现役士兵分配自留地的通知》。显然，这两个文件都是针对农村现役军人土地权益的优待。

关于复员、伤残军人及家属的优待政策。1953 年 6 月 13 日，内务部和卫生部联合下发了关于伤残军人旧伤复发享受公费医疗的问题，《关于企业、团体、机关不享受公费医疗的革命残废军人伤口复发仍享受公费医疗的批复》。1955 年 5 月 28 日，铁道部下发了《关于重新规定残废军人乘车优待暂行办法令》，对残废军人的乘车问题作了重新优待规定。1956 年 6 月 20 日，内务部和卫生部则下发了《关于二等以上革命残废军人的家属患病，因生活困难，可否减免医疗费用的批复》，到了 7 月 25 日，内务部和卫生部又下发了《关于介绍革命残废军人到省外医院治病的联合通知》。1966 年 2 月 17 日，财政部、内务部和卫生部联合下发了《关于复员军人、退伍义务兵医疗减免问题的复函》。

北京市地方政府也实施了一些新的优待政策。1954 年北京市政府颁布了《北京市革命烈士家属革命军人家属生活补助暂行办法》，决定对困难的烈军属实施定期和临时补助。而针对仍在实施的代耕制度，1954 年

11 月 30 日，北京市海淀区下发了《北京市海淀区关于代耕工作及发动烈军属参加互助合作运动的指示》，要求在实施代耕方式上进行转变。

根据优抚工作的需要，国家对优抚机构进行了调整。

1953 年 12 月，第二次全国民政会议决定："由于民政部门的优抚、救济工作都很繁重，必须适当加强主管此项工作的机构。"[①] 于是，内务部将优抚司改为局，成立优抚局。大区、省（市）、县民政部门及优抚机构增设编制人数，同时省（市）民政厅（局）一级设立和充实了优抚及救济机构（处或科），尤其是"（1）革命烈士家属、革命军人家属、革命残废军人占全县人口十分之一以上者；（2）革命烈士家属、革命军人家属、革命残废军人在三万人以上者；（3）灾情连年比较严重者"[②]，必须设立优抚救济科。北京民政局优抚科的一项重要工作就是帮助烈军属及复员军人介绍工作，为此专门设置了专职干部，"与各单位联系，每当了解到某单位需用人时，就找劳动局介绍适宜的烈属、军属就业。去年全市共介绍一千六百三十九人就业"。[③]

二、合作化运动下的社会优待劳动日和就业

随着农业合作化运动的发展，代耕制度逐渐被优待劳动日所代替；而在手工业合作化运动下，城市的就业政策也发生了明显的变化。

（一）优待劳动日

新中国成立之初，国家对农村烈军属实施了代耕优待政策，但农业合作化运动以后，"客观条件发生了变化。建筑在个体农业经济基础上的

① 《第二次全国民政会议决议》，《人民日报》1954 年 1 月 13 日。
② 《第二次全国民政会议决议》，《人民日报》1954 年 1 月 13 日。
③ 《全国各城市民政部门介绍烈、军属就业和参加生产的工作有成绩》，《人民日报》1954 年 2 月 18 日。

代耕方式，现在已经不能适应工作的需要了。……由于绝大多数烈属、军属参加农业生产合作社，他们的土地已经由合作社统一经营而不是单独经营，代耕的人已经不是单独劳动而是集体劳动，因此，沿用过去那种派工耕种和包耕土地的代耕办法已经不可能了。”① 显然，需要一种新的优待方式替代代耕已成为必然，尤其进入 1956 年农业合作运动高潮后。

1957 年春，北京市人民委员会为了推行优待劳动日制定了《北京市郊区优待烈属、军属劳动日暂行办法》，明确了可以享受优待劳动日的对象：一是烈士、军人（包括病故军人、失踪军人和现役军人）的直系亲属；二是依靠烈士（生前）、军人生活的 18 周岁以下的弟妹；三是烈士、军人自幼曾依靠其抚养长大的亲属；四是在乡的二等以上残废军人及其直系亲属。同时规定：对于长期患病或基本上丧失劳动能力、生活困难的在乡三等革命残废军人和复员军人，以及贫苦的供给制病故工作人员家属，可以酌情优待劳动日。

对于优待劳动日的具体执行，一般每年春耕前，生产队在制定生产计划时，对优待户的优待劳动日数进行逐户评定，列入生产计划。所优待的劳动日先由优待对象自报，全体社会大会或社员代表会议评定，队干部会议或有队干部参加的优抚小组审议后，报公社管理委员会复审同意，最后在队里张榜公布。优待标准根据一个经济核算单位（生产队或合作社）内的全体社员的收入水平与优待对象的生活状况和集体基础来确定。农业生产合作社成立后，优待数量按全社人口当年平均所得劳动日的数值来确定。如果优待对象全年自己出工的劳动日，加上其他收入仍低于全社人均收入的，或因疾病死亡等原因，家中劳动力发生变化而不能自做劳动日的，则由农业生产合作社给予补齐。每年八一建军节期间，结合拥军优属活动，对优待劳动日工作进行普遍检查，发现问题或有漏评和优待偏低的，要及时调整。生产队在年底对社员进行总分配时，要在优抚对象代表监督下落实兑现。此外，在安排优抚对象自作劳动日时，尽量优先安排工分高且较稳定的劳动。

---

① 《改善优抚工作方法》，《人民日报》1956 年 2 月 10 日。

正当北京等一些地方初步推行优待劳动日时，《人民日报》在1956年8月1日发表文章，肯定了优待劳动日的实施，“从去年和今年起，随着农业合作化的迅速发展，各地又对烈属军属实行了优待劳动日的办法。从已经实施的地区看，优待劳动日的办法是可行的。”① 紧接着，在1956年9月召开的中共八大会议上，内务部长谢觉哉就优待劳动日的实施这一问题给予了肯定，要求在全国推广，“除国家进行优抚工作外，还应该保持和发扬‘拥军优属’的优良传统；各地应该因地制宜地建立由代耕转到优待劳动日的一系列的办法”。②

内务部在号召积极开展优待劳动日的同时，也加强了对优待劳动日工作的指导，尤其注重春季、夏季及秋季的优待劳动日分配工作。1957年6月，内务部作出了《抓紧作好优待劳动日的夏收预分工作》的指示，“目前，夏收在望，农业社的夏收预分即将到来，有的地方已经开始，如果我们再不抓紧夏收预分时机，把优待劳动日迅速评定下去，做好优待劳动日的夏收预分工作，保证享受优待的烈属、军属也能够分到足够的夏粮，将会使他们的生活受到严重的影响，造成严重后果，因此，各级民政部门必须抓紧时间，切实把这一工作做好。”③1957年9月，内务部又下发了《关于做好优待劳动日的秋收分配工作的指示》，要求“在党政统一安排下去以后，县、市以上民政部门还应组织力量有重点地进行深入的督促检查，并帮助基层干部解决工作中所遇到的具体问题，教育基层干部和群众不仅要保证烈属、军属、残废军人在决分中分得应分的一份粮款和柴草，而且要保证和社员一样增加收入。”同时还强调“结合决分工作，要检查原确定的优待标准是保证烈属、军属和残废军人的生活达到一般社员的实际生活水平”。④

---

① 《保证烈属军属生活》，《人民日报》1956年8月1日。

② 《积极做好优抚、复员安置和救济工作》，《人民日报》1956年9月29日。

③ 《内务部通讯》1957年第6期，1957年6月5日，第14页。

④ 《内务部通讯》1957年第10期，1957年10月5日，第21页。

而北京市民政局在 1956 年 3 月就布置了各区试用优待劳动日的办法，并下发了《实行优待劳动日的通知》。到 1956 年 6 月时，北京地区“已经有八十六个乡、镇用优待劳动日的办法，帮助贫苦烈属、军属和二等以上革命残废军人解决生活困难问题”。①

为进一步开展优待劳动日工作，1957 年春，北京市人民委员会又制定了《北京市郊区优待烈属、军属劳动日暂行办法》，规定了优待劳动日实施的对象和具体的办法等内容，尤其重点强调了优待对象的生活保障，“农业生产合作社优待烈属、军属的劳动价值，应当按全社决算时的实际劳动日价值计算，以使他们能够随着一般社员生活水平的提高而提高。给予孤老无劳动力所得的报酬和社外其他收入的，一般可按优待标准增加 40%—50%。对于劳动力少的，家庭副业收入少的烈属、军属及二等以上的革命残废军人，也应增加优待劳动日。对于全社社员平均所得的劳动日超过原定优待计划的，优待对象劳动力发生变化或是自作劳动日被评得多而不能完成自作劳动日的，优待劳动日也应增加。”② 这样就从制度上保障了优抚对象的实际生活水平。应当说，“1957 年是全国各地农村对烈属、军属和残废军人由代耕办法改变为实行优待劳动日办法的第二年。实施这个办法的结果，烈属、军属、残废军人的生活更加有了保障。”③

1958 年 12 月 30 日，为了进一步减轻农民的负担，市民政局制定《关于人民公社化以后对烈属军属实行优待金办法》，规定“凡优待劳动日超过大队总劳动日数 1%的，超过部分由国家给予财政补贴”④。1962 年 6 月 23 日，北京市又颁布了《关于改变郊区农村优待烈属、军属劳动日负担过重补充办法》，进一步明确“所需补助部分的经费，各郊区、县从优抚

① 《优待烈属军属和革命残废军人八十六个乡镇实行优待劳动日办法》，《人民日报》1956 年 7 月 7 日。

② 《北京志·政务卷·民政志》，北京出版社 2003 年版，第 986 页。

③ 《去年优待劳动日工作做得很好　烈军属残废军人普遍得到关怀》，《人民日报》1958 年 2 月 19 日。

④ 《北京志·政务卷·民政志》，北京出版社 2003 年版，第 987 页。

事业费内支付”，[①] 确保了优待劳动日工作顺利进行。

就北京地区实施优待劳动日的结果看，1956 年至 1965 年全市郊区农村累计优待 59873 户，224934 人次，劳动日 8624.1 万个，平均每户每年可优待劳动日 1000 个左右，1965 年多达 2400 多个。比如，以种菜为主，工分值较高的海淀、朝阳、丰台区，每户能得到优待年均工分值 400 元—600 元左右；其次则是以种粮为主的平原各县社、队，每户可得 250 元—450 元左右；较少的是远郊山区、老区的社队，每户可得 250 元—450 元左右；较少的是远郊山区，老区的社队，一般在 100 元—300 元左右。[②] 但事实上，有的互助组却不愿意接受烈军属入社，“认为军属不好领导，劳动力差，影响社内生产怕拉垮了社”。[③]

（二）城市就业

这一时期国家继续推行就业优待政策，帮助烈军属和残废军人实现就业，但随着社会主义改造的完成，国家实施的优抚对象优待就业政策逐渐发生了变化。在抗美援朝时期，对城市烈军属和残废军人的就业优待更多的是由社会来负担，但后来国家逐渐担负起来主要的组织和实施工作。

1953 年 11 月，内务部召开第二次全国民政工作会议，要求“必须大力组织革命烈士家属，革命军人家属、革命残废军人中有劳动力或其他生产条件的积极参加各种生产。……在城市，应首先尽可能为他们介绍职业，认真贯彻关于他们有就业优先权的规定；对不能就业的，应协同有关部门组织他们从事各种可能的合作社的小型生产或家庭手工业”。[④]

根据第二次民政会议的要求，北京市布置了对烈军属、残废军人的就

① 《北京志 · 政务卷 · 民政志》，北京出版社 2003 年版，第 987 页。

② 参见《北京志 · 政务卷 · 民政志》，北京出版社 2003 年版，第 988 页。

③ 《北京海淀区 1954 年发动和组织烈军属参加互助合作组织及代耕工作总结》（1955 年 2 月），北京市海淀区档案馆，档案号：2—106—66。

④ 《第二次全国民政工作会议决议》，《向中央所作重要报告请示汇编》（第 1 辑），政务院政治法律委员会党组秘书处 1954 年编印，第 49 页。

业优待工作。1954年2月12日，北京市人民政府举行了烈军家属等优抚对象参加的会议，强调“北京市的优抚工作贯彻了以‘组织生产和介绍就业为主’的方针，在一九五三年内取得了不少成绩……根据全国第二次民政工作会议的决议，确定仍以组织生产就业为主，在城市作好就业工作”。①

制定和实施就业措施。针对烈军属、残废军人等的就业特点和实际状况，北京市政府主要采取了两项帮扶就业的措施：开展就业培训；创造就业岗位。

从技能和思想两个方面进行就业培训。北京市举办了各种生产技能培训班，提高烈军属、伤残军人的生产技能。“有的区组织他们学习会计、缝纫、装订或制盒等技术，解决了一百九十余人就业的困难”②，“在城区为了培养烈属、军属的就业条件，先后举办了五次政治和技术学习班，使一千六百多人找到了职业；对过去组织的二十四个军属生产单位进行整顿后，已有十八个转为生产合作社”。③北京市还组织政治教育学习班，提高烈军属、残废军人的思想自觉性。1954年北京市民政局为配合就业工作先后五次组织了烈军属、残废军人政治学习班，提高思想觉悟。“本市组织了五次军属政治学习班，参加学习的烈属、军属和革命残废军人共八百十六人。通过学习，他们加强了劳动光荣的观点，提高了政治觉悟”。④

对于就业岗位的创造，主要是从两个方面进行的：一是政府直接帮助联系就业单位；各城区组织各种生产小组，给优抚对象提供就业岗位。

---

① 《北京市人民政府举行烈属军属残废军人复员转业军人代表会议》，《北京日报》1955年6月3日。

② 《本市去年优抚工作获得不少成功》，《北京日报》1954年2月4日。

③ 《北京市人民政府举行烈属军属残废军人复员转业军人代表会议》，《北京日报》1954年2月13日。

④ 《本市去年优抚工作获得不少成功》，《北京日报》1954年2月4日。

市、区政府及各单位给烈军属、残废军人直接联系工作，创造就业机会。从1953年开始的我国大规模经济建设使“工矿企业大量增加，给烈属、军属就业创造了有利的条件”，[①] 在此情况下，北京市民政局优抚科等单位都设立了专职干部负责与各单位联系，了解到某单位需用人时，就找劳动局介绍烈属、军属就业，从而“使烈属、军属就业问题一般获得顺利”。[②] 从统计的资料看，在1953年北京的各级政府给烈军属“介绍一千六百三十九人就业”；[③] 在1954年则“介绍到各机关、工厂、企业、学校等部门工作的烈属、军属、革命残废军人共计一千六百五十三人（未包括劳动就业委员会介绍的数字），约使一千五百户达到了生产自给或改善了生活”。[④] 应当说，这是各级政府给烈军属等实施积极就业政策的结果，但事实上，有的区并未如此，以海淀区为例，“由五四年一月份至九月份，我乡只有南坞张玉喜受到工商科介绍去 *** 打石厂临时小工，由七月份已补长工每月四十余万元据本人反映上级对他不错，在工作岗位上表现也好”。[⑤]

另一种解决烈军属、残废军人的就业方式就是城区组织各种生产小组，保证优抚对象能够实现就业。根据1953年底的第二次全国民政会议的决定，北京城区又组织了一些烈属军属生产小组，从事各种生产。据1955年的统计，“城区各区现已组织起来的烈属、军属生产小组（包括与贫苦市民合办的）共有一百二十八个。参加生产的有二千一百六十二人（烈属、军属一千二百九十八人、贫苦市民八百六十四人），从事洗衣、缝

① 《全国各城市民政部门介绍烈、军属就业和参加生产的工作有成绩》，《人民日报》1954年2月18日。

② 《全国各城市民政部门介绍烈、军属就业和参加生产的工作有成绩》，《人民日报》1954年2月18日。

③ 《全国各城市民政部门介绍烈、军属就业和参加生产的工作有成绩》，《人民日报》1954年2月18日。

④ 《本市去年优抚工作获得不少成功》，《北京日报》1954年2月4日。

⑤ 《东冉乡关于生产救灾、社会救济及优抚工作的情况工作》（1954年10月24日），北京市海淀区档案馆，档案号：52—109—215。

纫、制盒、拔钉、糊口袋、打袼褙、拣煤、打线、打纲子、装订等二十九种生产。……有的需少数资金，亦多烈属、军属及群众自筹或个别由区辅助”[①]，“现在城内各区已有一百三十四个军属生产小组，参加生产的烈属、军属有一千四百多人。有一些生产小组现在已发展成了工厂。宣武区军属木工厂初成立时是一个只有十名军属加工劈柴的生产小组，现在已发展成为拥有一百二十多间厂房、二百九十多名职工的半机械化的木工厂了。军属张有亮刚参加生产时什么技术也不会，现在已能熟练地掌握修理缝纫机的技术，每月收入七十多万元。有一些军属参加生产后，已不需要政府补助”。[②]

北京实施的这些措施对烈军属、残废军人的就业发挥了积极作用，使就业量持续增加。“北京市一九五三年就扩建了二十二个工厂，新建了八个工厂。多一个国营工厂，就多一分社会主义的力量。革命烈士家属、革命军人家属、革命残废军人、复员转业军人已有许多人在工厂和矿山上做工，将来还要有更多的人去工厂和矿山上做工”[③]，“几年来城市优抚工作是有很大成绩的，目前绝大部分烈属、军属都已经就业或者组织起来从事生产”。[④] 虽然一些残废军人被单位接纳就业，但在实际工作中也遇到了一些困难。比如，“革命残废军人于德江腿上有残废，该厂故意调他做体力不能支持的筛砂工作，还要他和一般壮士的生产定额相同，逼他自己提出退休。以致很多革命残废军人和复员军人思想不稳定，被排挤退休的更感觉不光荣，他们都很痛心”。[⑤]

---

① 《北京市各区组织烈属、军属和贫苦市民生产的情况和经验》，《内务部通讯》1955 年第 1 期，第 6 页。

② 《北京举办优抚工作展览会》，《人民日报》1955 年 2 月 21 日。

③ 《中央人民政府内务部谢觉哉部长春节在北京市烈属、军属、残废军人、复员转业军人代表会议上的讲话》，《人民日报》1954 年 2 月 13 日。

④ 《全国优抚、复员工作会议结束着重研究了帮助烈属、军属、复员军人和残废军人参加农业合作社的问题》，《人民日报》1955 年 11 月 16 日。

⑤ 《民政科优抚抚恤工作报告》（1956 年），北京市海淀区档案馆，档案号：2—105—246。

就北京城区组织的各种生产小组的性质来讲，仍是社会性的生产组织，国家并不是主要管理者，但随着合作化运动的发展，国家必须加强对这些生产组织管理，以适应合作化运动发展的需要。

城市优待就业政策的转变与扩展。经过几年的发展，包括北京在内的各城市以生产小组、工程队、合作社和小型工厂等生产形式“组织了40余万烈军属和贫民参加了各种不同类型的生产”①，面对城市烈军属生产组织的快速发展及合作化运动高潮的到来，如何将这些生产组织纳入合作社成了一个急需解决的问题。于是，内务部在1956年7月发出了《关于整顿和组织城市烈属、军属和贫民生产的通知》，提出这样几个要求：

> 一、对现有的生产单位要加以适当的整顿。凡是主要由办劳力、辅助劳动、家庭妇女和老弱残疾人员组成的加工服务性生产和简单的手工业生产，民政部门应当继续领导下去，但对主要由整劳动力组成，而又适合国家经营的生产单位，则应当移交有关生产部门统筹安排。个别的生产单位，如果行业不符合国家和人民需要，或供产销存在严重困难，则应该加以收缩或转业。对决定收缩或转业的单位中的生产人员，有就业条件的介绍就业，无就业条件的重新组织其他生产或在其他生产单位内安排，同时要照顾其生活……三、民政部门所组织的烈军属和贫民生产，是一种社会救济福利事业，它的组织应该是互助合作性质的，因此，除了一些小型的、临时性的生产小组或工程队外，应当领导它们向合作社的方向发展，逐步建成合作社。②

---

① 《内务部关于整顿和组织城市烈属、军属和贫民生产的通知》，《民政法令汇编》（1956），中华人民共和国内务部办公厅编，1957年版，第326页。

② 《关于整顿和组织城市烈属、军属和贫民生产的通知》，《中华人民共和国国务院公报总目（1954—1990）》，《中华人民共和国国务院公报》编辑室1991版，第688—689页。

这次对烈军属兴办的生产单位进行的整顿在很大程度上是为了适应合作化发展的需要，事实上，“有些地方的民政部门为了甩‘包袱’，图清闲，把一些残、老、半劳力组成的烈、军属和贫民生产单位一律交了出去”，但“移交之后，由于这些生产单位无法符合一般工厂或合作社的经济核算要求，……致使有关部门在对这些单位进行整顿时，辞退了大批人员，使这些本来在生活上有了保障的人，又不得不重新走上坐吃救济的老路”。①

经过这些挫折之后，国家又开始重新扶持烈军属企业的发展。1957 年 1 月，内务部、财政部、中国人民银行下发了《关于城市烈属、军属和贫民生产单位的税收减免和贷款扶助问题的通知》，提出：

> 一、关于税收减免方面。由民政部门领导的烈属、军属和贫民生产单位，包括现有的和今后新组织起来的，一律免征工商业税。但对于应纳的其它各税，仍应当照章纳税。
>
> 二、关于贷款扶助方面。由民政部门领导的烈属、军属和贫民生产单位，包括现有的和今后新组织起来的，在生产和业务经营过程中，如果自有流动资金有困难，民政部门从优抚、救济费中给予解决仍有不足，银行可酌予贷款扶持。对生产性单位贷款可比照一般手工业合作组织贷款办法办理；对商业性单位贷款可比照小商小贩合作组织贷款办法办理。如有特殊困难，贷款期限可适当延长。申请贷款时，如有必要，应由当地民政部门负责审查，并监督其合理使用借款。贷款手续，由借款单位直接办理。此项贷款，属于生产性的应在手工业贷款指标范围内掌握贷放，属于商业性的应在合营商业贷款指标范围内掌握贷放。②

---

① 孟昭华：《中国民政通史》（下），中国社会出版社 2006 年版，第 1231 页。

② 内务部、财政部、中国人民银行：《关于城市烈属、军属和贫民生产单位的税收减免和贷款扶助问题的通知》，1957 年 1 月 21 日。

显然，这些措施使得福利生产开始回升。后来随着大跃进运动在全国的开展，内务部再次将烈军属、残废军人的福利生产推向了一个高潮。1958 年 5 月 26 日至 6 月 18 日，内务部召开的第四次全国民政会议就提出了“发动和组织烈属、军属，残废军人、复员军人、灾民、贫民等，鼓足干劲，力争上游，为建设社会主义作出最大的贡献”的要求，并强调“今后民政工作的重点是搞福利，福利事业应该大力开展，这一点应该肯定”。①

在第四次民政会议之后，“全国已掀起了大搞社会福利生产的浪潮。据今年 1 月到 4 月的统计，全国有二十三个省、市、自治区新建了社会福利生产单位五千七百多个。……许多城市苦干半月或者苦战几天就把优抚补助对象和社会救济对象中可以参加生产的人全部组织起来，参加社会福利生产，有些城市已经通过组织生产达到优抚补助和社会救济经费全部自给”。②

可见，在社会合作化运动的不断开展下，国家无论实施优待劳动日还是就业优待政策，其目的就是引导烈军属等优抚对象参加劳动生产。为此，国家还专门开展了评选优抚劳动模范的活动，调动优抚对象的生产积极性。1954 年 5 月，内务部在一九五四年工作计划要点中就提出，“各地应选择适当时机以县或区为单位召开一次革命烈士家属、革命军人家属、革命残废军人、转业建设军人的代表会议或评模会议”。③在 1954 年八一建军节即将来临时，内务部又发出了《关于纪念“八一”建军节做好优抚工作的通知》，要求开展评选优抚对象劳动模范活动，“第二次全国民政会议后，各地对动员组织烈属、军属、革命残废军人、复员建设军人参加社会主义建设，参加农业互助合作组织从事劳动生产的工作，都有很大开展

① 《把社会福利事业大大向前推进一步》，《内务部通讯》1958 年第 12 期，第 2 页。

② 《掀起大搞社会福利生产的浪潮第四次全国民政会议决定从四个方面贯彻总路线》，《人民日报》1956 年 6 月 30 日。

③ 《中央人民政府内务部一九五四年工作计划要点》，《向中央所作重要报告请示汇编》（第 1 辑），政务院政治法律委员会党组秘书处 1954 年编印，第 62 页。

并获得一定成绩，各省市除做好准备秋冬评选模范外，应通过报纸报道他们的生产模范事例和模范人物”。①

三、国家补助办法

由于对农村和城市的优待对象生活起到了重要保障作用，补助在这一时期仍被国家作为一项重要的优待措施实施。

对于烈军属的补助，《革命烈士家属革命军人家属优待暂行条例》就有明确规定，“对于个别生活极端困难之烈、军属，除依前两条优待外，其不能自养之人口得分别依下列规定给予实物补助”。② 但在补助措施的具体执行中并非如此，“对烈属、军属生活困难不能自给的人口的实物补助，不但规定标准过低（每月每人至多不超过十五斤），而且有些地区应享受补助的烈属、军属，因地方食粮被其他开支占用”。③

为了解决补助工作中的问题，1953 年 11 月，第二次全国民政会议专门强调了定期、定量补助的实施对象，“革命烈士家属、革命军人家属的实物补助费，除对没有劳动力的贫苦革命烈士家属、革命军人家属（尤其是革命烈士家属）予以定量、定期补助外，应着重用在老区和革命烈士家属、革命军人家属较多而又较贫的地区，以解决他们生活和生产上的实际困难”。④ 显然，这次会议强调的补助对象范围比原来规定的有所扩大。

1962 年，内务部又再次扩大了定期定量补助的实施对象。孤老的烈

---

① 《中央人民政府内务部关于纪念八一建军节做好优抚工作的通知》，《人民日报》1954 年 7 月 12 日。

② 《革命烈士家属革命军人家属优待暂行条例》，《民政工作文件汇编》（一），地质出版社 1984 年版，第 208—209 页。

③ 《向中央所作重要报告请示汇编》（第 1 辑），政务院政治法律委员会党组秘书处 1954 年编印，第 32 页。

④ 《向中央所作重要报告请示汇编》（第 1 辑），政务院政治法律委员会党组秘书处 1954 年编印，第 49 页。

属和孤老的病故、失踪军人家属；烈士、病故军人的遗孤和虽有亲属而无力抚养的烈士、病故失踪军人的未成年子女；已经失去劳动能力而其子女确实无力供养的烈士、病故军人的父母和配偶；生活有困难的在乡三等残废军人；生活困难的退伍军人、年老体弱丧失劳动能力生活经常有困难的复员军人；城市中家庭收入不足以维持一般市民生活水平的烈军属等①，都是固定的补助对象。

除了这些固定的补助对象外，国家还增加了临时补助对象，并根据临时补助的内容规定了不同的对象。比如，享受医药费补助的对象是贫苦烈属、军属患病无力就医的和因一次患病（不包括慢性病）需要医药费在五元以上的烈属、军属。葬费的补助对象是死亡的贫苦的烈属、军属；生育和缺奶补助的对象是凡享受定期补助或接近享受定期补助的贫苦烈属、军属因生育有困难的。获得书本费补助的对象是凡享受定期补助或接近定期补助的烈士、军人的妻子、子女及十六岁以下的弟、妹。随着国家对补助制度的推行，享受定期定量和临时补助的优抚对象的数量在不断增加。"十年来国家发给烈属、军属生活补助费达四亿二千多万元。每年享受政府定期定量补助的烈属约有七十五万人，享受临时补助的烈属、军属每年平均达四百二十多万人"。②

除了扩大补助对象外，国家还增加了补助内容，将补助分为定期补助和临时补助两大类。1955 年，北京市就颁布了《北京市革命烈士家属革命军人家属生活补助暂行办法》，详细规定了生活定期补助和临时补助。

定期补助是指按时获得补助，家住农村的烈属、军属，可享受定期补助或季节性补助，对于无土地、无生产能力的，享受定期补助，土地及其他收入不足维持全年生活的，在青黄不接时，给予季节性补助。其中规定对于补助的标准：对毫无收入和生活来源的贫苦烈军属，一口人每月补助

① 参见多吉才让主编：《优抚保障》，中国社会出版社 1996 年版，第 55 页。

② 《烈属、军属、荣誉军人、复员军人为祖国建设立下功勋优抚和复员安置工作遍地开花》，《人民日报》1959 年 9 月 26 日。

五至十元，二口人每月九至十七元，三口人以上每增一人增加四至六元。三周岁以下的儿童的补助标准减半，三周岁以上至七周岁的儿童一般应减三分之一。在对贫苦烈属的定期补助，在与军属同等条件下，一般可增加补助数目的百分之十至二十。①

而临时补助主要是指在平时能维持生活的及已享受定期补助或季节性补助的烈属、军属如遇灾害、疾病、死亡、生育、乳儿缺奶等困难问题，要给予临时补助，而这些临时补助主要分为：医药费补助、棺葬费补助、生育和缺奶补助、书本费补助等，而且每一种临时补助都要具备一定的条件，比如，享受医药费补助的条件是这样规定的：

> （1）凡享受定期补助的或接近享受定期补助的贫苦烈属、军属患病无力就医的，应按“北京市免费医疗实施办法”予以免费医疗。其中就医路费和住院饭食有困难的，可酌情补助；（2）凡平时能维持生活的烈属、军属因一次患病（不包括慢性病）需要医药费在五元以上，在负担上有困难并影响其生活的，可酌情补助所需医药费的百分之三十至八十，但补助款数一般的不得超过一百元。确需超过一百元的应报经民政局批准。关于棺葬费的补助条件：贫苦的烈属、军属死亡，其棺葬费有困难的应予以补助，一般的不得超过六十元；关于生育和缺奶补助，凡享受定期补助或接近享受定期补助的贫苦烈属、军属因生育有困难的，除享受免费接生外，可酌情补助五至十元。关于书本费补助，凡享受定期补助或接近定期补助的烈士、军人的妻子、子女及十六岁以下的弟、妹在学校读书无力负担书本费的，可按实际需要在每学期开学前酌情补助。②

① 参见《北京市革命烈士家属革命军人家属生活补助暂行办法》（1955 年），北京市海淀区档案馆，档案号：2—105—246。

② 参见《北京市革命烈士家属革命军人家属生活补助暂行办法》（1955 年），北京市海淀区档案馆，档案号：2—105—246。

1962 年，内务部下发通知，在强调定期定量补助对象范围的基础上，再次规定了补助标准，“农村一般为 2 至 4 元，城市以保证享受补助对象的生活不低于一般城市为原则”。[①] 显然，这些定量补助制度的实施对优抚对象的生活起了重要保障作用。“通过群众优待和国家补助，使烈属、军属、残废军人和复员军人的生活一般都达到了当地群众的生活水平”。[②]

事实上，补助工作的实施还是出现了较多的问题。比如，北京市海淀区在开展优待补助工作时就存在优待偏低的问题。“有的队在评定优待工作中没有经过算细账，因而产生优待不当，应优未优和优待偏低的问题，如温泉公社的白家川、太舟坞二个大队，优待补助烈军属 18 户中就有 6 户优待不当”，“对烈军属的优待补助：有的队没有按规定的计算方法进行优待补助，如北安河大队，今年优待烈军属 12 户中有 6 户享受优待后，达不到该队一般社员的平均生活水平”，“对生活有困难的残废军人，也应享受优待，有的队还不够明确，如周家巷三等残废军人王某，七口人，一个劳力，本人全年劳动所得还达不到社会平均工分，队里没有给予优待工分”。[③]

第二节 关爱伤亡

抗美援朝结束后，中国的各项事业进入到全面建设时期，优抚制度亦然如此。这一时期的优抚制度建设在原来的基础上，重点解决了这样几个方面的问题：提高伤残抚恤标准；开展追残工作；扩大牺牲、死亡抚恤的

---

① 多吉才让主编：《优抚保障》，中国社会出版社 1996 年版，第 55 页。

② 《发扬优良传统多方面关怀烈军属和残废军人优抚工作获得良好成绩》，《人民日报》1962 年 1 月 31 日。

③ 《海淀区人委关于农村烈军属优待劳动工分工作计划情况调查报告》（1954 年），北京市海淀区档案馆，档案编号：2—115—94。

范围等。

抗美援朝战争结束后，国家在优抚制度建设面临一定困难的同时，也具备了一定的条件。

首先，国家既要做好新中国成立前遗留的优抚工作，又要解决好抗美援朝带来的新问题，面临异常繁重的优抚任务，“有烈属、军属、残废军人 2152 万人，复员军人 558 万人，社会救济工作对象 870 万人，共计 3580 万人”。①

其次，优抚保障工作成为社会保障制度建设的重要一部分。国家已开始了全面建设，“在一九五二年完成了经济恢复工作，在一九五三年进入了有计划的经济建设的第一年”。② 随着经济建设的进行，优抚工作显示出了特殊的社会保障作用。“优抚工作是巩固部队和增强军民团结的重要工作之一”。③

再者，财政状况的不断改观，使国家积累了一定抚恤保障的物质基础。1952 年年底，国家的财政状况开始好转，“中国工农业总产值达到 810 亿元，比 1949 年增长 73.8%，较历史上最高水平的 1936 年增长 20%，其中工业总产值比 1949 年增长 14.9%，农业总产值比 1949 年增长 41%”。④1957 年国家的第一个五年计划又取得了巨大成就，“由于第一个五年计划的完成和超额完成，我国的工农业总产值在一九五七年达到了一千三百八十七亿四千万元，比一九五二年的八百二十七亿一千万元增长百分之六十八”。⑤ 显然，经济的不断发展对改善优抚工作有着重

---

① 王子宜：《民政工作的两个重大问题》，《内务部通讯》1958 年第 6 期，第 2 页。

② 《为着社会主义工业化的远大目标而奋斗——庆祝中华人民共和国成立四周年》，《人民日报》1953 年 10 月 1 日。

③ 《更进一步巩固与发展人民首都的建设北京市张友渔副市长关于北京市人民政府一九五零年度工作的报告》，1951 年 3 月 1 日。

④ 周鸿：《中华人民共和国国史通鉴》第一卷（1949—1956），当代中国出版社 1994 年版，第 1028 页。

⑤ 《政府工作报告一九五九年四月十八日在第二届全国人民代表大会第一次会议上》，《人民日报》1959 年 4 月 19 日。

要作用。

一、抚恤政策

这一时期，内务部颁布了诸多政策，着手解决两方面的抚恤问题：解决过去革命战争和抗美援朝遗留下的伤残、死亡问题；解决和平建设时期的新伤残、死亡问题。

（一）关于伤残抚恤政策

这一阶段，国家颁布了一些医疗费用减免、伤残认定和对在职伤残人员的抚恤待遇等政策。

关于伤残军人医疗抚恤费用政策。伤残军人的后续治疗一直是一个较大的问题，为此，内务部相继在伤残军人的辅助治疗、药费减免、异地治疗等方面做了新的规定。1956 年 4 月，内务部针对伤残军人配带眼镜的问题，作出了《关于革命残废军人配带眼镜报销问题的复函》，6 月 20 日，又联合卫生部对河北省民政厅、卫生厅作了《关于二等以上革命残废军人的家属患病，因生活困难，可否减免医疗费用的批复》，7 月 25 日，又针对革命残废军人到外省看病出现的种种问题，再次会同卫生部下发了《关于介绍革命残废军人到省外医院治病的联合通知》。1964 年 11 月 27 日，内务部和财政部又联合下发了《关于革命残废人员因伤口复发到外地治疗和到外地安装假肢所需旅费报销问题的批复》等。事实上，国家不仅在医疗费用方面给予伤残军人减免，还规定了残废军人的乘车优待政策。

关于评残工作认定的政策。针对过去革命战争和现代的经济建设、部队训练及国家人员日常工作中受伤的抚恤问题，内务部制定了一些新政策。

关于一些自身存在不同问题的伤残军人抚恤待遇的政策。关于如何对残废军人中的历史反革命分子进行抚恤，1963 年 6 月，内务部向江苏、辽宁省民政厅作出了《关于残废军人中历史反革命分子的残废抚恤问题的批复》，要求对曾犯有严重反革命行为但认罪态度较好的和罪恶较轻的反革命分子给予伤残抚恤待遇。1956 年 3 月 3 日，内务部向浙江作了《关于革命残废军人被判处徒刑在缓期执行期间是否发给残废抚恤的批复》；同年 4 月 12 日，内务部还作了《关于革命残废军人抚恤工作中几个问题的批复》的问题，包括被开除军籍军人的抚恤待遇，被地方单位开除后的抚恤等问题。

关于在日常工作、训练中致残的抚恤待遇规定。因工作致残的待遇问题。内务部在 1963 年 7 月 18 日，又对国家工作人员因病致残的问题作出了批复，即《关于国家机关工作人员因病致残是否评残和抚恤的批复》；10 月 5 日，内务部优抚局又对安徽省民政厅作出了《关于国家机关工作人员参加机关群众性体育运动会负伤致残可否评残问题的复函》。1963 年，内务部还对陕西省民政厅作出了《关于部队在军事训练或军事演习中发生事故致残的人员如何抚恤问题的复函》。

关于现在在岗工作的残废军人抚恤待遇政策。1956 年 8 月 16 日，内务部又作了《关于残废军人和残废工作人员抚恤工作中若干问题的综合批复》。1957 年 2 月 11 日，内务部作出了《内务部关于在企业和合作社系统中工作的残废军人伤口复发治疗期间工资待遇问题的复函》。1958 年 3 月 19 日，内务部作出了《关于革命工作人员因公出差途中被汽车压伤领取保险金后是否还按因公致残处理问题的复函》；1958 年 4 月 10 日，内务部优抚局作出了《关于革命残废人员考入高等学校后的残废抚恤问题的复函》。1959 年 3 月 3 日，内务部优抚局作出了《关于在乡二等以上残废军人在当学徒期间残废抚恤待遇问题的复函》。到了 1962 年 4 月 21 日，内务部作出了《关于对供销合作社、手工业合作社等单位工作的残废军人如何确定发给在职残废金或在乡残废抚恤金的批复》。1963 年 1 月 11 日，内务部优抚局作了《关于原在企业单位因公残废的职工调入国家机关工作后如何抚恤问题的复函》；在 1963 年时，内务部又作了这样的几个民政问题批复；同年，内务部还作了《关于对乡干部中残废军人的残废抚恤如何发放问题的复函》。1964 年 5 月 9 日，内务部和总后勤部下发了《关于在军队所属企业、事业单位工作的革命残废军人残废抚恤金发放问题的通知》，同年 11 月，内务部又对河南省民政厅给予了《关于抗美援朝战争中残废的铁路职工调离铁路系统后的抚恤问题的复函》。1965 年时，内务部又进一步下发了一系列的通知。如，1965 年 7 月 3 日，内务部和财政部联合下发了《关于在乡三等革命残废军人发放残废补助费的通知》。

关于一些复员军人的伤残抚恤政策。1962 年 11 月 8 日，内务部向黑龙江民政厅作出了《关于带病回乡复员军人评残问题的批复》。在 1966 年时，内务部又公布了两项政策:《关于矽肺病退伍军人的残废待遇问题的复函》和《关于特、一等革命残废军人病故后其遗属的生活困难如何给予照顾问题的复函》。

关于一些综合性的伤残抚恤政策。1962 年 10 月 19 日，内务部又作出了《关于抚恤工作中几个问题的复函》，包括家庭生活中无依靠的老弱残职工中的残废军人残废金如何发放的问题，保留编制带部分工资回家的残废军人的残废金如何发放的问题，革命工作人员被错捕错判，在服刑和劳动教养期间因公致残可否评残的问题等。

应当说，国家为了解决新中国成立前和抗美援朝时期遗留下的大量革命伤残军人、烈属等优抚对象的医疗费用问题，内务部先后下发了《关于烈、军属疾病治疗仍按“革命烈士家属革命军人家属诊治疾病优待暂行办法”执行的联合通知》，作了《关于复员军人、退伍军义务兵医疗减免问题的复函》等政策，但对此没有以法律的形式加以实施，使其缺乏有效的稳定性。事实上，这种优抚法制化、制度化的缓慢发展导致了“文革”时期优抚制度被随意地毁坏。

（二）关于牺牲、病故的抚恤政策

由于“对于事业费为很好的管理，对战争伤亡估计不当以及财政制度规定得有些不合理”[①] 等方面的原因，内务部须对一些死亡抚恤的工作重新认识和解决。

关于抗美援朝时期牺牲、病故军人的抚恤政策。1954 年 8 月 8 日，中央军委和政务院还针对一些没有军籍但入朝作战的人员制定了《关于抗美援朝无军籍工资制人员病、伤、残、亡优抚暂行办法》。1963 年 5 月 13 日，内务部优抚局向四川省民政厅作了《关于抗美援朝失踪军人配偶改嫁后能否领取抚恤问题的复函》。

关于牺牲、病故军人家属的抚恤政策。1954 年 1 月 30 日，内务部作出了《关于革命烈士褒扬抚恤及革命烈士家属优待问题的综合批复》。1957 年 2 月 20 日，内务部又作出了《关于牺牲病故人员的家属系在职干部是否给予抚恤的批复》。

内务部对一些非军人人员的死亡抚恤政策规定进一步完善。1963 年 7 月 1 日，内务部又向广东省民政厅作了《关于机关、党派、团体列入编外人员的病故抚恤问题的复函》。1966 年 6 月 28 日，内务部又对广东和云南下发了《关于从地方借调到部队任翻译工作的人员牺牲、病故后待遇问题的复函》。而 1967 年 6 月 10 日，内务部又作出了《关于所提工役制工人因公死亡待遇问题的复函》。

关于经济建设中的死亡抚恤规定。随着大规模经济建设的进行，一些新的死亡抚恤问题需要解决，需要进一步扩大抚恤对象的范围。内务部在 1954 年 6 月 12 日公布了《内务部、劳动部关于经济建设工程民工伤亡抚恤问题的暂行规定》。1954 年 6 月 20 日，内务部作出了《关于红十字会工作人员抚恤问题的批复》。1956 年 12 月 12 日，内务部优抚局作出了《关于在部队服务的职工牺牲病故抚恤问题的复函》。1957 年 7 月 13 日，内务部优抚局又作出了《关于参加行政机关的技术人员牺牲、病故抚恤问题

① 《中央人民政府内务部党组关于四年来工作的检查总结和今后工作意见的报告》，《向中央所作重要报告请示汇编》（第 1 辑），政务院政治法律委员会党组秘书处 1954 年编印，第 32 页。

的复函》。1957年9月19日，内务部和劳动部又作了《关于经济建设工程民工因病致残抚恤问题的复函》。1958年2月15日，内务部又作出了《关于兵工企业的职工过去因战因公残废的抚恤问题的复函》。1962年11月20日，内务部和劳动部联合对河南省作出了《关于经济建设民工因工伤未愈返家或伤口复发的医疗费如何开支问题的批复》。对于新疆建设兵团成员的牺牲抚恤问题，内务部在1961年7月3日专门作了《关于新疆生产建设兵团成员牺牲、病故抚恤问题的复函》。1962年4月18日，内务部又给总政治部和总后勤部下发了《关于军队儿童教育机关工作人员死亡抚恤问题的复函》，同年8月31日，内务部又下发了《关于带病回乡的复员军人因旧病复发而死亡的抚恤问题的通知》。

二、伤残待遇

针对伤残军人的抚恤费用标准较低等实际情况，内务部围绕抚恤标准、伤残优待及评残工作等方面展开了具体的伤残抚恤工作。

为了提高伤残人员的生活水平，国家在社会经济条件逐渐好转的情况下继续提高抚恤标准。

虽然众多的优抚对象数量使得国家优抚费用支出大增，“抚恤、社会救济等支出575125000元，为预算的140.34%”[①]，但伤残军人的平均抚恤标准并不是很高，甚至与全国平均生活水平有一定的差距，“有相当一部分烈属、军属、革命残废军人的生产、生活困难，为获得妥善解决，可是优抚事业费从一九五〇年至今却连年结余共一万零五十八亿元之多”。[②]

在这种情况下，内务部在1955年再次提高了伤残革命人员的抚恤标

① 《关于1956年国家决算和1957年国家预算草案的报告 1957年6月29日在第一届全国人民代表大会第四次会议上》（之一），《人民日报》1957年6月30日。

② 《中央人民政府内务部党组关于四年来工作的检查总结和今后工作意见的报告》，《向中央所作重要报告请示汇编》（第1辑），政务院政治法律委员会党组织秘书处1954年编印，第31页。

准，其中对在乡及在职的伤残军人、残废民兵民工作了这样的规定：

关于在乡伤残军人标准：特等因战是 420 元，特等因公是 380 元；一等因战是 360 元，因公是 330 元；二等甲级因战是 190 元，因公是 170 元；二等乙级因战是 136 元，因公是 126 元；三等甲级因战是 220 元，因公是 176 元；三等乙级因战是 165 元，因公是 140 元。

关于在职伤残军人标准：特等因战是 72 元，因公是 62 元；一等因战是 60 元，因公是 50 元；二等甲级因战是 44 元，因公是 38 元；二等乙级因战是 36 元，因公是 30 元；三等甲级因战是 30 元，因公是 24 元；三等乙级因战是 24 元，因公是 20 元。

关于残废民兵民工抚恤标准：特等是 360 元；一等是 300 元；二等甲级是 160 元，乙级是 110 元；三等甲级是 140 元，乙级是 110 元。

这次调整使伤残人员的待遇较之先前有了很大提高，“现行的各项残废抚恤标准，已经比 1950 年平均提高了 104%”。[①] 但不久，国家又在 1957 年 6 月 29 日一届全国人大四次会议的《关于 1956 年国家决算和 1957 年国家预算草案的报告》中再次增加了抚恤费用的投入，“1957 年社会文教支出中，初等和中等教育支出 2269330000 元，……抚恤和救济支出 58340400 元，为上年的 102.66%”。[②] 总起来说，“随着国家经济建设的发展和人民生活水平的提高，残废抚恤标准也在不断地提高”。[③]

但在这次调整之后，国家接连陷入到了“大跃进”和“文化大革命”的错误之中，导致社会经济不能正常发展，甚至下降，以致该伤残抚恤标准一直沿用到了“文革”结束。

虽然经过这次调整以后，国家在很长一段时间内没有再次整体性的提高伤残抚恤标准，但内务部和北京市还是针对一些特殊伤残群体进行了抚恤待遇的提高。

---

① 《各地优抚安置工作有巨大成绩》，《人民日报》1956 年 11 月 14 日。

② 《关于 1956 年国家决算和 1957 年国家预算草案的报告》，《人民日报》1957 年 6 月 30 日。

③ 《各地优抚安置工作有巨大成绩》，《人民日报》1956 年 11 月 14 日。

首先，国家对三等革命残废军人实施长期抚恤和增发补助费的待遇。由于三等伤残军人的抚恤待遇不是长期的，“均一次发清”。[①] 对这一问题，1962 年 3 月，北京市作了改变，就在抚恤支出预算中规定：“在乡的二等以上残废的抚恤标准，基本上仍维持现行标准，在乡三等残废（不分甲、乙级）拟一律实行长期抚恤，各地可估计一下，经检评仍够得上三等的人数，每人全年抚恤金，为按 60 元编列。在职残废保健金较现行标准有适当提高，一般平均每人全年可按 50 元计算。”[②]1965 年 7 月，内务部下发了提高在乡的三等革命残废军人抚恤标准的通知，其中规定：

> 一、发给残废补助费的对象，是持有内务部制发的残废抚恤证件的在乡三等革命残废军人（包括持有内务部制发的残废抚恤证件的在乡三等残废人民警察、残废工作人员、参战残废的民兵民工，以下同）。二、残废补助费的标准，不分因战残废或公残废，都按统一的标准补助。三等甲级的，每人每年补助三十元；三等乙级的，每人每年补助二十四元。三、残废补助费在应当每年的一月份一次发给。一九五六年的残废补助费可以在第三季度发给，也可以在第四季度内发给，但必须在今年发放完毕。在乡三等革命残废军人的残废补助费，一律凭他们所持的残废抚恤证件领取，……四、在乡的三等革命残废军人享受残废补助费以后，对他们中家居农村原来享受定期定量补助的，一般应该停发，生活仍有困难的，可由社、队给予劳动工分优待，或者由当地政府酌情予以临时补助。[③]

其次，国家还提高了抗美援朝非军人的抚恤待遇。1954 年 8 月，中

① 《革命残废军人优待抚恤暂行条例》，《民政工作文件汇编》（一），地质出版社 1984 年版，第 213 页。

② 《关于优抚、救济事业》（1962 年 9 月 13 日），北京市海淀区档案馆，档案号：2—114—103。

③ 内务部、财政部：《关于在乡三等革命残废军人发放残废补助费的通知》（65）内优字第 82 号、（65）财文行字第 346 号，1965 年 7 月 3 日。

央军委、政务院联合下发了《关于抗美援朝无军籍工资制人员病、伤残、亡优抚暂行办法》，规定：

> 凡因作战或公干伤残者，统一按中央人民政府内务部颁发之“革命工作人员伤亡褒恤暂行条例”处理：1. 残废等级为特、一、二等者，一律由当地人民政府民政部门按现行优抚标准发给残废金或抚恤金；2. 残废等级为三等甲、乙者，一般应介绍回原单位分配工作；原无工作单位者，由当地劳动、人事、民政等部门负责协助安置，其残废金或抚恤金统一由当地民政部门按现行优抚标准发给。上述残废人员，在参加抗美援朝工作前，如系在实行劳动保险条例的厂、矿、企业中工作，应由原单位分别残废等级，按照劳动保险条例第十二条乙款之规定，发给因公残废抚恤费或因公残废补助费。①

而对于这部分没有军籍的残废评价标准，还规定：（1）残废等级须有医院或部队卫生部门的证明。（2）个别人员，如因其他原因无残废证明书者，可由现在所在单位卫生部门检查确定。（3）牺牲、病故人员家属的抚恤，统一由政府各级民政部门按中央人民政府内务部颁发之“革命工作人员伤亡褒恤暂行条例”中有关规定处理。②

再就是，内务部提高建设民工伤亡抚恤标准。1954 年内务部对经济建设工程民工伤亡抚恤作了统一的规定：

> 一、凡在国家经济建设工程中，由政府参加修建工程之民工伤亡，均可按本规定办理。二、民工因工死亡，应由工程单位发给八〇

---

① 中央军委、政务院：《关于抗美援朝无军籍工资制人员病、伤、残、亡优抚暂行办法》（节录）（54）联政财邓字第 91 号，1954 年 8 月 8 日。

② 中央军委、政务院：《关于抗美援朝无军籍工资制人员病、伤、残、亡优抚暂行办法》（节录）（54）联政财邓字第 91 号，1954 年 8 月 8 日。

至五〇万元棺葬费，并给予家属一次抚恤一二〇万元。其家庭生活困难，而又缺乏劳动力者，可按其需要供养之直系亲属人数给予一次补助，一人者二〇〇万元；二人者三五万元；三人以上者四五万元。三、民工因工负伤，应在工程单位所属医疗机构或特约医院治疗，其诊疗费、医药费、住院费、就医路费均由工程单位负责，住院膳费原则上由本人自理，超过原伙食标准时，由工程单位补助。医疗期间工资照发。四、民工因工负伤致成残废者，应由工程单位按下列情况分别给予一次抚恤：（一）完全丧失劳动力，饮食起居需人扶持者，一次抚恤七〇〇万元；（二）完全丧失劳动力，饮食起居不需要人扶持者，一次抚恤五〇〇万元；（三）部分丧失劳动力，尚能参加生产者，视其残废程度一次抚恤五〇至三〇〇万元。①

由于提高抚恤标准和抚恤对象数量众多等原因，国家抚恤费用支出数额也在不断攀升。“从 1950 年到 1956 年，国家共拨出优抚款九亿七千六百二十九万元。这九亿多元优抚金是这样用的：用在抚恤烈士和修建烈士陵园、烈士公墓等方面的经费有一亿一千二百九十七万元；用在抚恤革命残废军人方面的经费有一亿七千三百七十二万元；用在教养革命残废军人方面的经费有二亿五千九百七十八万元；用在补助烈属、军属的生活生产和子女入学困难等方面的经费有三亿四千五百四十六万元；用在慰问部队伤、病员等其他优抚方面的经费有八千四百三十六万元”。②

制定各项伤残军人医疗费用标准也是这一期的一项重要抚恤工作。《革命残废军人优待抚恤暂行条例》对残废军人的医疗已有明确规定：“已复员之革命残废军人伤口复发时，经县（市）以上人民政府介绍至公

---

① 内务部、劳动部：《关于经济建设工程，民工伤亡抚恤问题的暂行规定》内优劳（54）字第 229 号，1954 年 6 月 12 日。

② 《国家七年拨出九亿多优抚金》，《人民日报》1957 年 2 月 2 日。

立医院治疗，医药费及伙食费由医院供给，按期向所属省（市）以上人民政府凭据报销。但长期享受抚恤者，住院在一个月以上时，县（市）人民政府得扣除其住院期间应享受之抚恤粮。”① 后来，内务部又相继作出了一些医疗优待补充，“革命残废人员就医路费在校、院与在职者，均由所在机关行政费开支；在乡者，由负责介绍介绍之县（市）以上人民政府核发之，列入优抚事业报销”。② 但抗美援朝战争结束后，解决伤残军人医疗问题仍是优抚工作的重点。

报销伤残军人的眼镜费。1956 年 4 月，内务部优抚局作出了关于革命残废军人配带眼镜报销的规定，提出：“如果革命残废军人因战或因公负伤后致眼睛视力受到障碍，无论在职或在乡，经医院检查需要配置眼镜并经当地民政部门审查同意，可以配带眼镜，配镜费用可在优抚事业费中‘革命伤残军人伤口复发治疗及假肢安装费’款内报销。”③

减免革命残废人员伤口复发到外地治疗及安装假肢的旅费。1964 年 11 月 27 日，内务部就关于革命残废人员伤口复发到外地治疗和到外地安装假肢的旅费报销问题，向辽宁、浙江及安徽省作出了批复，提出：“革命残废人员伤口复发，经批准到外地治疗和经批准到外地安装假肢的，他们所需的旅费，包括交通费、旅馆费和途中伙食补助费，在职的，按照工作人员因公出差的标准，由所在单位的经费内支出，到达目的地以后的生活费和住院期间的伙食费，由本人负担，本人负担有困难的，由所在单位酌情从福利费内予以补助；在乡的，除由所在县、市民政部门按在职的交通费、旅馆费和途中伙食补助费标准核发外，到达目的地后的生活费和住院期间的伙食费，原则上应由个人负担，个人负担有困难的，也可以由国家予以适当的补助，这些费用，都由负责介绍的县、市民政部门在抚恤事

① 《革命残废军人优待抚恤暂行条例》，《民政工作文件汇编》（一），地质出版社 1984 年版，第 215—216 页。

② 内务部：《革命残废军人、革命残废工作人员、民兵、民工伤口复发治疗办法》政务院政申字第 21 号批复修改、内优（52）字第 246 号通知公布，1952 年 3 月 13 日。

③ 内务部优抚局：《关于革命残废军人配带眼镜报销问题的复函》，1956 年 4 月 16 日。

业费中伤口复发治疗费项内报销。”①

严格执行革命残废军人到外省治疗的规定。由于一些地方医疗条件较低，一些重伤员需到外地治疗，“革命残废人员伤口复发，如本省范围内之医院确因条件限制不能治疗时，可介绍至省外其他条件较好之医院治疗”②，对此，内务部分别通过在1952年和1953年制定《革命残废军人，革命残废工作人员、民兵、民工伤口复发治疗办法》和补充规定对介绍程序作了严格规定，要求：“介绍手续：在乡的，由县（市）人民政府报经省（行署）人民政府民政部门审查批准；住校、院、机关、团体的，由原机关负责”③。但在以后的实际执行中出现了严重的偏差，“不管残废军人的伤病是否需要到外地就医，就写一个便条，叫他们来京治病，从而使他们长途奔波，徒劳往返。更严重的是有些地区对残废军人治病问题采取毫不负责的态度推出了事”④，于是在1956年7月25日，内务部、卫生部联合下发了《关于介绍革命残废军人到省外医院治病的联合通知》，提出：“凡是能够当地治疗的，必须就地治疗的原则，以避免病人长途劳累与增加他们的生活困难，也防止病人集中到大城市医院，造成拥挤混乱现象，反而影响病人治疗。如果当地医院确因技术设备条件限制必须送省外较大医院治疗时，则必须按照规定办理介绍手续。病情严重来不及办理介绍手续的，当地卫生、民政部门必须派人护送，并需携带足够费用；必要时可以请求医院所在地的卫生、民政部门予以协助，被请求的单位也应主动积极予以帮助。”⑤

---

① 内务部、财政部：《关于革命残废人员因伤口复发到外地治疗和到外地安装假肢所需旅费报销问题的批复》，1964年11月27日。

② 《革命残废军人、革命残废工作人员、民兵、民工伤口复发治疗办法》政务院政政申字第21号批复修正、内优字（52）字第246号通知公布，1952年3月13日。

③ 《革命残废军人、革命残废工作人员、民兵、民工伤口复发治疗办法》政务院政政申字第21号批复修正、内优字（52）字第246号通知公布，1952年3月13日。

④ 内务部、卫生部：《关于介绍革命残废军人到省外医院治病的联合通知》，1956年7月25日。

⑤ 内务部、卫生部：《关于介绍革命残废军人到省外医院治病的联合通知》，1956年7月25日。

国家之所以做出这一系列的医疗政策，既是经济实力增强的表现，也是帮助伤残军人身体康复的需要，这是该时期抚恤工作一个较为明显的表现。

在对革命战争年代残废军人继续评残认定的同时，国家还加强了因经济建设及和平训练时致残的认定、评定工作。

内务部同意解放战争期间因参加兵工厂生产负伤的人员，可以参加评残工作。1958 年 2 月，内务部给第二机械工业部的复函中作出了规定，“东北地区在 1947 年底以前，华北、山东、陕甘宁、晋绥、中南区在 1948 年 6 月底以前参加兵工企业，并在上述时间因战或因公残废，现仍在兵工企业工作的职工，……介绍至当地政府民政部门审查、评定残废等级”。[①]

而对于那些被错捕错判的并在服刑和劳动教养期间因公致残的，“经甄别平反恢复名誉，确因在服刑和劳动教养期间因公致残的，可予评残和抚恤”。[②]1963 年内务部在给陕西省民政厅关于部队在军事训练或军事演习中发生事故致残的人员抚恤问题的回复中，指出：“凡是部队在军事训练或军事演习中发生事故致残的人员，应按‘因公’残废抚恤。”[③]

国家还规定了几种不能参加评残的情况。其一，对于战斗中军人出现的精神病情况要进行评残，1957 年 9 月内务部在《优抚局关于评残中的两个问题的复函》中明确规定：“革命军人在战斗中神经受伤，致成严重精神病者，可予评残。如果在参加战斗中由于受敌人的恐吓而致精神失常者，不应评残。但军人评残，一般是由部队评定的，这一精神应由部队掌握，至于离开部队时，没有评残的精神病员，地方上不要轻易补评。”[④]其

① 内务部：《关于兵工企业的职工过去因战因公残废的抚恤问题的复函》，1958 年 2 月 15 日。

② 内务部：《关于残废抚恤工作中几个问题的复函》，1962 年 10 月 19 日。

③ 内务部：《关于部队在军事训练或军事演习中发生事故致残的人员如何抚恤问题的复函》，1963 年 2 月 26 日。

④ 内务部优抚局：《关于评残中的两个问题的复函》，1958 年 2 月 15 日。

二，带病回乡复员军人不能参加评残，1962 年 11 月 8 日，内务部向黑龙江民政厅作出了批复，“对于带病回乡的复员军人因病致残是否评残的问题，我们认为，这些同志已经复员回乡，若要给他们评残，不但情况复杂，难以弄清，而且涉及面广，也不好掌握，容易使工作陷于被动，因此还是不给评残为宜”。①

这一时期国家还对机关工作人员的一些评残情况又有了补充。因病致残的国家机关工作人员不能参加评残，内务部在 1963 年 7 月答复湖北、河南和内蒙古自治区等民政厅时作出了这样的规定，其理由是：“因病残废了的国家机关工作人员的生活是有保障的，而且这些待遇一般都高于在乡革命残废工作人员的残废抚恤金。”“但是对于过去因病致残已经按照因公致残处理，评定了残废等级的……仍然符合二等乙级以上，可继续维持他们的残废抚恤待遇”。② 但是对于因参加单位运动会负伤致残的，“如残废情况符合二等乙级以上，可按‘革命工作人员伤亡褒恤暂行条例’予以评残”。③

除了对伤残军人的医疗费用进行减免优待以外，国家还针对一系列的伤残抚恤待遇作出了规定，例如，抚恤费用的发放、乘车费用的优待等。

国家规范了抚恤发放问题。1963 年 6 月 11 日，内务部在给江苏、辽宁省民政厅作出《关于残废军人中历史反革命分子的残废抚恤问题的批复》时，对残废军人中历史反革命分子的残废抚恤问题进行了详细的几种情况规定：“对于曾犯有破坏革命组织、残杀革命工作人员、人民群众，或者犯有严重罪恶，……取消其残废军人的称号及抚恤，并收回其残废证件。”而“对于罪恶不太严重，或罪恶虽较严重但态度比较老实已经坦白交代低头认罪而被判处徒刑的历史反革命分子，在他们被判处徒刑期间停止残废

---

① 内务部：《关于带病回乡复员军人评残问题的批复》，1962 年 11 月 8 日。

② 内务部：《关于国家机关工作人员因病致残是否评残和抚恤问题的批复》（63）内优字第 225 号，1963 年 7 月 18 日。

③ 内务部优抚局：《关于国家机关工作人员参加机关群众性体育运动会负伤致残可否评残的复函》，1963 年 10 月 5 日。

抚恤，收回残废证件，期满以后可以恢复他们的残废抚恤”，同时还规定：“对于罪恶较轻，只被判处管制或受到劳动教养处分的历史反革命分子，在他们被管制、劳动教养期间，收回残废证件，停止享受残废抚恤和残废军人的政治待遇，但是可以根据他们的残废轻重和生活困难情况，酌情发给生活救济费。期满以后恢复他们的残废抚恤，发还其残废证件。对于没有受到管制、劳动教养处分的历史反革命分子，可以同其他残废军人一样享受抚恤和优待。”①

针对参加抗美援朝已入朝鲜境内工作的各种无军籍工资制人员的优待抚恤规定。1954 年中央军委、政务院规定：“凡因作战或公干负伤致残者，统一按中央人民政府内务部颁发之‘革命工作人员伤亡褒恤暂行条例’处理：1. 残废等级为特、一、二等者，一律由当地人民政府民政部门按现行优抚标准发给残废金或抚恤金；2. 残废等级为三等甲、乙级者，一般应介绍回原单位分配工作；原无工作单位者，由当地劳动、人事、民政部门负责协助安置，其残废金或抚恤金统一由当地民政部门按现行优抚标准发给。上述残废人员，在参加抗美援朝工作前，如系在实行劳动保险条例的厂、矿、企业中工作，应由原单位分别残废等级，按照劳动保险条例第十二条乙款之规定，发给因公残废抚恤费或因公残废补助费。”②

对于残废军人在缓刑执行期间，是否发给残废抚恤的规定，内务部在 1956 年 3 月给浙江省民政厅批复时，提出：“在缓刑期，仍应给其应领的残废抚恤。”③ 同年 4 月对云南民政厅的意见进行批复时，又规定：“现役革命残废军人请假不归，虽经部队开除军籍，但未取消其革命残废军人称号的，当地政府仍应发给抚恤。……因犯错误被开除的仍应发给残废抚恤金。”④

① 内务部：《关于残废军人中历史反革命分子的残废抚恤问题的批复》，1963 年 6 月 11 日。

② 内务部优抚局：《关于矽肺病退伍军人的残废待遇问题的复函》（66）内优局字第 118 号，1966 年 10 月 15 日。

③ 内务部：《关于革命残废军人被判处徒刑在缓刑执行期间是否发给残废抚恤的批复》，1956 年 3 月 3 日。

④ 内务部：《关于革命残废军人抚恤工作中几个问题的批复》（节录），1956 年 4 月 12 日。

同样关于在高等学校学习的革命残废人员的抚恤待遇问题，国家还规定："凡原已取得调干助学金待遇的，仍按在职抚恤；凡过去享受一般助学金待遇的和今后考入学校的革命残废人员，二等以上的都按在乡抚恤，其抚恤金由原籍县、市人民委员会民政部门按期发给。三等革命残废人员考入学校学习，凡享受一般助学金或由本人缴纳学费的，都按在乡处理。"①

而关于在供销社、手工业合作社等单位工作的残疾军人的在职或在乡残废抚恤金的发放，内务部在1962年4月给浙江、河北省批复时作出了这样规定："凡在全民所有制的企业、事业单位工作的正式职工，应当发在职残废金；临时工、学徒工，应发在乡残废抚恤金。"②

国家还做了一些优待的规定。减免伤残革命军人的乘车费。1955年5月18日，铁道部对伤残军人的乘车优待作了重新规定，颁布了《残废军人乘车优待暂行办法》，规定："（一）关于复员在乡或在政府机关、学校、厂矿、企业单位以及革命残废军人学校，革命残废军人教养院的革命残废军人乘车，如持有本人的残废证明文件（包括：革命军人残废证、残废证明表、荣誉军人证明书、抚恤证、荣誉证等）购买客票时，均按军人半价现款收费。（二）购票时无须俯交介绍信，亦不受所着服装之限制。（三）残废军人团体乘车租用车辆时，亦按军人半价现款收费。"③另一项就是保持伤残军人伤口复发治疗期间的工资待遇。1957年2月11日，内务部在回复河北省卫生厅时，要求"转入企业工作的革命伤残军人伤口复发治疗期间……照发工资"。④

---

① 内务部优抚局：《关于革命残废人员考入高等学校后的残废抚恤问题的复函》（节录），1958年4月10日。

② 内务部：《关于对在供销合作社、手工业合作社等单位工作的残废军人如何确定发给在职残废金或在乡残废抚恤金的批复》，1962年4月21日。

③ 铁道部：《残废军人乘车优待暂行办法》，1955年5月28日。

④ 内务部：《关于在企业和合作社系统中工作的残废军人伤口复发治疗期间工资待遇问题的复函》，1957年2月11日。

三、抚恤金的不同标准

在死亡抚恤金的发放，国家作出了一些相应的不同规定，比如，死亡的国家机关人员的抚恤金发放，有军功、军职的牺牲和死亡军人的抚恤金发放等。

（一）解决国家机关工作人员的牺牲、死亡抚恤问题

这一时期，内务部对中国红十字会工作人员、在部队服务的职工、行政机关的技术人员及人大代表等的牺牲、死亡抚恤待遇分别作了不同规定。

一些国家机关职工的死亡抚恤由本单位负责。1953年年底，内务部在给西南行政委员会民政局的《关于事业单位工作人员及其所属学校训练班教职员工等抚恤问题的批复》中，提出了对事业单位工作人员及其所属学校训练班教职员工抚恤问题“应由其主管机关自定办法处理”[①]的要求。内务部对行政机关技术人员的牺牲、病故抚恤待遇作了类似规定。1957年7月，内务部在给江苏省民政厅《关于参加行政机关工作的技术人员牺牲、病故抚恤问题的复函》时，就规定：“参加行政机关工作的技术人员牺牲、病故的抚恤标准，可由本单位按照技术人员的技术等级比照予以抚恤，应由死者单位所在单位确定，并在所发牺牲、病故证明书上注明。”[②]还有人大代表的牺牲、死亡抚恤也由所在单位负责。1957年9月6日，内务部在给湖南省民政厅《关于人民代表大会代表、人民委员会委员等牺牲、病故抚恤问题的批复》中，提出了各级人民代表大会代表、各级人民委员会委员等在任职内牺牲、病故由本单位负责的理由，“一般他们都有

---

① 内务部：《关于事业单位工作人员及其所属学校训练班教职员工等抚恤问题的批复》《民政工作文件汇编》内优字（53）字第1989号，1953年12月10日。

② 内务部优抚局：《关于参加行政机关工作的技术人员牺牲、病故抚恤问题的复函》内优字第323号，1957年7月13日。

其工作岗位或生产单位，因此在他们牺牲、病故后除在国家机关、民主党派、人民团体或企业、事业单位工作并列入编制的，应分别以职工身份按照‘革命工作人员伤亡褒恤暂行条例’和‘劳动保险条例’或本部门的有关劳保福利规定办理以外，不脱离生产的代表和委员，一般均系合作社社员或其他成员，可由所在的生产单位自行处理，因此都不应以人民代表和委员的身份按‘革命工作人员伤亡褒恤暂行条例’给予抚恤和埋葬费”。[①] 而北京市政府也于9月11日转发了内务部对湖南省民政厅作出的该批复，并要求各区人民委员会遵照办理。

在军队儿童教育机关有编制的工作人员的死亡抚恤由民政部门承担。“凡经军区以上政治机关批准开办的托儿所、幼儿园、子女小学，它们列入编制的正式工作人员死亡以后，可以由民政部门按照‘革命工作人员伤亡褒恤暂行条例’的规定给予抚恤”。[②]

（二）关于牺牲、死亡抚恤金发放的新规定

按军功和军职增加牺牲、死亡抚恤待遇。首先，内务部实现了由不将军功纳入牺牲抚恤到按军功增加牺牲抚恤的规定。1953年11月，内务部给贵州省民政厅下发了《关于革命牺牲军人曾立小功等功能否折算大功问题的批复》，规定：“小功、三等功、连功、营功、团功不论次数多少均不能折算大功。”[③] 但到后来，内务部作出了改变，决定将二等功以上的作为增加牺牲抚恤待遇的条件。1963年6月，内务部优抚局对在给四川省民政厅批复中提出可以给予增立二等功以上的牺牲、病故人员增发抚恤金，“经与总政治部联系，据称军人所立的二等功相当于以前的大功，因此牺牲、病故军人曾立二等功一次以上的，应增发其应领抚恤金的四分之

---

① 内务部：《关于人民代表大会代表、人民委员会委员等牺牲、病故抚恤问题的批复》内优字第408号，1957年9月6日。

② 内务部：《关于军队儿童教育机关工作人员死亡抚恤问题的复函》，1962年4月18日。

③ 内务部：《关于革命牺牲军人曾立小功等功能否折算大功问题的批复》，1953年11月11日。

一”。[①]其次，按军职增加抚恤待遇。为了照顾牺牲、病故军官、职工遗属的生活，总政治部和总后勤部作出了给予遗属发放抚恤金的规定，“从军官、职工牺牲、病故的下月起，在六月内，按军官、职工生前的薪金、工资，逐月发给其遗属，并按内务部的规定由政府发给一次抚恤金”。[②]因为，“只要是牺牲病故者，适合于‘革命军人牺牲、病故褒恤暂行条例’第十条和‘革命工作人员伤亡褒恤暂行条例’第三条规定的，均应发给一次抚恤费，发给原籍家属还是在职的家属，可由县市以上民政部门与这些家属协商解决。”[③]

对牺牲已久革命军人和革命工作人员的家属进行抚恤。1955年10月，内务部下达了《今年应从优抚事业费结余的项目内，调剂一部分经费对过去牺牲已久的革命军人和革命工作人员家属进行一次抚恤的通知》，要求对“抗美援朝战争、解放战争、抗日战争和第二次国内革命战争时期牺牲、病故的革命军人和革命工作人员的家属”[④]发一次抚恤金。对此，北京市民政局在1955年12月向各区下发通知，要求各区，“对本市久无音信的革命军人和革命工作人员的家属主动进行一次调查了解，凡有人证或有关方面证明革命军人、革命工作人员确已牺牲或病故的，即应提出意见报局审查批准后，进行一次抚恤；现在尚无可靠证明的，亦应根据家属提供的线索，帮助他们寻找牺牲、病故的证明材料。”[⑤]对于失踪军人的追恤费，北京在1962年又规定，“抗美援朝失踪军人的追恤费，在1961年已经解决的，即不再编造预算；如果还不够，则根据实缺多少，编列多少。对于

---

① 内务部优抚局：《关于抗美援朝失踪军人配偶改嫁能否领取抚恤问题的复函》（节录）（63）内优局字第137号，1963年5月13日。

② 总政治部、总后勤部：《关于牺牲、病故人员遗属抚恤规定的通知》，1965年6月25日。

③ 内务部：《关于牺牲病故人员的家属系在职干部是否给予抚恤的批复》内优字第（88），1957年2月20日。

④ 《民政科优抚抚恤工作报告》（1956年12月7日），北京市海淀区档案馆，档案号：2—105—246。

⑤ 《民政科优抚抚恤工作报告》（1956年12月7日），北京市海淀区档案馆，档案号：2—105—246。

其他各个革命时期失踪人员的家属，有追恤扫尾任务的地方，则根据这项工作能够落实到底的情况编造预算，抚恤费仍按当地1961年执行的标准编列”。①

停止一些抚恤对象的抚恤金待遇。一是关于停止抗美援朝失踪军人配偶改嫁领取抚恤金的。1963年5月，内务部优抚局对四川省作出了《关于抗美援朝失踪军人配偶改嫁后能否领取抚恤问题的复函》，要求，“失踪军人的配偶另行改嫁以后，已非军人家庭成员，也不再享受军属待遇，现在对失踪军人按牺牲军人处理时，不宜发给其抚恤金”。② 二是不将带病复员军人因旧病复发死亡的作为抚恤对象的规定。针对有的地方提出带病回乡的复员军人因旧病复发死亡可按照病故军人处理的问题，1962年8月，内务部指出：“原来那些带病回乡的复员军人，离开部队，在乡生产生活已经多年，一旦死亡，再由国家按规现役军人死亡给予抚恤，就不适当了。因此，对于那些虽是带病回乡但已离开部队多年的复员军人因病死亡以后，不宜再按照上述规定，对其家属发给抚恤和按军属照顾。”③

可见，抚恤制度的进一步实施保障了伤残军人、烈属等抚恤对象的权益。“从1950年到1955年的六年，每年都有三十万革命残废军人领到国家的抚恤金。到1955年年底，全国已有五十一万五千九百名烈士和病故革命军人、工作人员的遗族领到国家的抚恤金，1956年计划受抚恤的有十六万人。六年来，全国已有二千九百零六万烈、军属受到国家补助”。④但事实上也存在一个较为严重的问题就是以国家为主体的抚恤制度发展并不足。关于这一点的一个最大体现就是在资金的投入上。对于这一问题的

① 《关于优抚、救济事业》（1962年12月），北京市海淀区档案馆，档案号：2—114—103。

② 内务部优抚局：《关于抗美援朝失踪军人配偶改嫁后能否领取抚恤问题的复函》（63）内优局字第137号，1963年5月13日。

③ 内务部：《关于带病回乡的复员军人因旧病复发而死亡的抚恤问题的通知》，1962年8月31日。

④ 《国家七年拨出九亿多优抚金》，《人民日报》1957年2月2日。

一个直接表现就是在1954年至1966年间，国家仅有一次提高了伤残抚恤标准。这显然不能足以保障当时的伤残优抚对象的生活。虽然这一时期的国家针对烈军属推出了定期定量补助，但由于数额较少等原因不能从根本上解决问题。而造成这一事实的关键就是，在抗美援朝结束以后，整个国家的工作中心转入到了以实现社会主义工业化发展的道路上，国家更大的资金比例投入到经济建设中，对优抚建设的资金投入则较少。

再一个问题就是抚恤金分配差别较大，略显不平等。比如，特、一等残废人员，按标准全额供给终身。二等甲乙级残废人员，1950年规定按标准全额供给，两年后减半供给终身，1953年1月1日又改为全额供给终身。在乡三等甲、乙级残废人员，1950年—1965年实行一次性抚恤，即按标准金额一次发清；1965年7月改为每年发给残废补助费；从1978年1月起，又改为发残废抚恤金，供给终身。“工作上的主要缺点是群众观点不强，有官僚主义作风，对于烈属、军属、革命残废军人、复员转业军人关心不够，对待他们的问题，缺乏负责到底的精神，处理问题时，从政治上考虑的少，从钱的问题上打算的多。有相当一部分烈属、军属、革命残废军人的生产、生活困难，未获得妥善解决，可是优抚事业费从一九五〇年至今却连年结余共一万零五十八亿之多”。①

显然，这些问题的存在也给社会带来了一些不稳定的因素。“对革命残废军人、复员转业军人的安置工作做得不够，同时又缺乏经常地认真检查。对他们的生产、就业、生活、学习及疾病治疗等问题没有及时予以解决，十余万未安置好的复员转业军人因为困难得不到适当解决，常来找政府”。② 同时这也表明在优抚任务繁重的情况下，各级政府对优抚对象的优待工作仍存一些疏漏，“对于广大的烈属、军属、革命残废军人、复员

① 《向中央所作重要报告请示汇编》（第1辑），政务院政治法律委员会党组秘书处1954年编印，第31页。

② 《向中央所作重要报告请示汇编》（第1辑），政务院政治法律委员会党组秘书处1954年编印，第33页。

专业军人缺乏应有的关怀，没有设身处地为他们着想，照顾他们的利益，体贴他们的困难，并及时地认真地尽可能加以解决”。①

第三节　铭记先烈

在优抚制度建立之初，国家将《革命军人牺牲、病故褒恤暂行条例》和《革命工作人员伤亡褒恤暂行条例》，作为国家褒扬工作的依据；进入社会主义全面建设后，根据褒扬工作的需要，又进一步补充了一些新的褒扬政策。

内务部颁布了一系列革命烈士身份认定的政策。1954 年 1 月，内务部就关于中南、西北两个大区及江苏、浙江、湖南、湖北、甘肃、沈阳及北京等提出的革命烈士认定情况进行了批复，作了《关于革命烈士褒扬抚恤及革命烈士家属优待问题的综合批复》，该批复对敌斗争牺牲的干部、被敌人强迫带路牺牲的群众、被围剿苏区时杀害的干部及革命低潮时期被杀害的县、区干部、赤卫队员等的烈士身份进行了追认。1955 年 6 月 16 日，内务部通过对河北省民政厅作的《关于革命残废军人回乡后被敌人捕杀是否称烈士问题的批复》，对革命残废军人回乡后被敌人扑杀的烈士追认。

内务部还颁布了烈士纪念物管理的政策。1958 年 3 月 18 日，内务部下发了《关于注意保护烈士坟墓的通知》。针对烈士纪念建设物的乱建现象，内务部于 1963 年 12 月 17 日向国务院上报了《关于烈士纪念建筑物修建和管理工作的报告》，要求对纪念建筑物的修建应当严加控制；1964 年 11 月 18 日，中共中央、国务院又下发了《关于今后修建纪念建筑物等有关问题的通知》；1965 年 9 月 8 日，中共中央和国务院再次下发了《关

① 《向中央所作重要报告请示汇编》（第 1 辑），政务院政治法律委员会党组秘书处 1954 年编印，第 31 页。

于停建纪念建筑物的通知》。事实上，国家通过这几个政策已将革命烈士纪念物和纪念馆等的管理工作作了统一的规范。

可见，整个具体褒扬政策主要分为两大类：制定烈士追认政策；烈士纪念建筑物的管理政策。这些政策的制定和实施为弘扬烈士的事迹和精神起了很大作用。

一、纪念活动

国家对烈士的纪念仍然以节日纪念、特殊人物纪念为主。

每到清明节，国家都要组织重要的扫祭活动。在 1954 年清明节这一天，中央和北京各单位在八宝山革命公墓祭组织了大规模的扫祭活动。“五日清明节，中央、华北与北京市各机关团体的干部，人民解放军战士，学生共两千四百余人，前往八宝山革命公墓扫祭任弼时同志和其他革命先烈陵墓。这一天天气晴朗，八宝山革命公墓的松柏一片葱绿，山上桃花盛开。……还有中共北京市委书记彭真、副书记刘仁，在墓前默哀致敬后饶墓一周。……一群未来的建设者——北京钢铁学院、北京机器制造学校的学生们，来到了任弼时同志的墓前。他们在鲜红的青年团团旗下，向自己的导师宣读了庄严的誓言：‘任弼时同志！我们一定实现你的理想，把我们的祖国建设成一座共产主义花园。’这一天，很多人还到玉泉山万安公墓祭扫李大钊烈士墓”。① 这一时期的清明节，军队和社会都要扫祭志愿军陵墓。“清明节前后，中国人民志愿军各部队和朝鲜人民普遍为志愿军烈士扫墓。朝鲜中线志愿军各部和朝鲜人民在清明节前修整了通往志愿军烈士陵园的道路，并在道路两旁栽植了松树。许多朝鲜青年男女在清明节前就络绎不绝地到烈士陵园献花致敬。清明这天，在烈士陵园举行了隆重的纪念仪式。前来悼祭的有志愿军部队代表、朝鲜人民军代表和当地朝鲜

① 《扫祭任弼时等陵墓》，《北京日报》1954 年 4 月 6 日。

各界代表共一百五十多人”。[①]1962年3月17日，北京市民政局转发了内务部《关于清明节纪念烈士活动的通知》，要求各区、县遵照执行。在该年清明节这天，有数以千计的干部、工人、农民、学生、战士和国际友人前往八宝山革命公墓祭扫烈士墓。

在扫祭烈士的同时，国家还修缮了一些烈士纪念建筑物设施。“各地规定在清明节日将依照当地风俗习惯，发动和组织人民对烈士填墓进行祭扫、添土、植树等；并对烈士填墓进行一次检查，发现填墓坍塌或标志残缺的，进行修补”。[②]

该阶段特殊日期的纪念活动大都是关于抗美援朝的，包括抗美援朝十周年纪念、朝鲜协定签订五周年纪念等。为了纪念抗美援朝停战协定签订五周年，国家对志愿军进行了扫祭活动。1958年10月10日，以郭沫若为首的中国人民代表团对朝鲜开城中国人民志愿军烈士陵园献了花圈，还“在烈士墓前默哀致敬”[③]；同年2月17日，访问朝鲜的周恩来总理、陈毅元帅等也到朝鲜志愿军烈士陵园进行了悼念活动。为了纪念抗美援朝十周年的纪念活动，一方面“许多工厂、学校、公社、机关等都准备举行报告会、座谈会和纪念晚会”[④]等活动，另一方面国家还对烈士墓地进行扫祭，其中1960年10月30日，中国访朝军事友好代表团在副团长罗瑞卿率领下，向开城等“三处烈士陵园献了花”[⑤]，同年11月11日，共青团中央书记处书记李琦涛率领的访朝青年团也在开城“向朝鲜人民军和中国人民志愿军烈士陵园敬献了花圈”。[⑥]

① 《志愿军各部队和朝鲜人民为志愿军烈士扫墓》，《北京日报》1954年4月8日。

② 《各地将在清明节纪念革命先烈和进行扫墓》，《北京日报》1954年4月4日。

③ 《郭沫若在访问开城时警告美帝国主义》，《人民日报》1958年10月11日。

④ 《中国人民志愿军抗美援朝出国作战十周年全国各地积极准备各种纪念活动》，《人民日报》1960年10月23日。

⑤ 《中国访朝军事友好代表团副团长罗瑞卿大将关于访问朝鲜情况的报告》，《人民日报》1960年12月12日。

⑥ 《我青年代表团在朝鲜访问》，《人民日报》1960年11月14日。

国家对烈士人物的纪念活动，既有对和平建设时期牺牲的，也有对革命战争年代牺牲的。

1963年8月，北京市军民分别召开了在抗洪救灾中牺牲的炮兵某部战士方菊生、朝阳区水利局灌溉科副科长张连璞和双桥公社长营大队会计李春3位烈士的追悼会。1956年4月12日，亚非会议代表团死难烈士遇难周年纪念大会和安葬仪式在八宝山革命公墓举行，周恩来主持大会和安葬仪式，并为烈士墓碑书写碑名——“参加亚非会议的死难烈士墓”。

1957年1月，北京对刘胡兰进行了牺牲十周年的纪念活动。“许多工厂、学校、机关的青年都准备在12日前后举办纪念刘胡兰的报告会、故事会、座谈会等，并组织青年阅读梁星著的‘刘胡兰小传’以及报刊上陆续发表的有关文章。中国新民主主义青年团北京市委员会在3日向各级团组织发出的通知说：在纪念刘胡兰烈士的时候，应教育青年学习她忠于人民、坚贞不屈的伟大精神，继承和发扬刘胡兰和千百万烈士们光荣的革命传统。……艺术家王朝闻等正在为刘胡兰烈士陵园塑造刘胡兰烈士像”。①

二、纪念建筑物的修建与保护

该时期，国家继续修建了一批烈士纪念建筑物，还加强了烈士纪念建筑物的保护工作。

新中国成立后修建烈士纪念建筑物一直被国家视为重要的褒扬工作，于是，“为对烈士瞻悼景仰，各地得建立烈士纪念碑、塔、亭、林、墓等”。② 在这种全国掀起修建烈士纪念建筑物的热潮下，国家批复了一批烈士纪念建筑物的修建。比如，1955年，国家批复了哈尔滨烈士陵园的

① 《纪念烈士刘胡兰北京青年正积极准备》，《人民日报》1957年1月10日。

② 《革命军人牺牲、病故褒恤暂行条例》，《民政工作文件汇编》（一），地质出版社1984年版，第219页。

修建，同年6月18日，国家又将瞿秋白烈士遗骨从福建长汀县西门外迁至八宝山革命公墓。

同时期，北京也建了大量的烈士纪念建筑物。1954年，为了修建官厅水库，北京在西拨子火车站东侧修建了延庆县革命烈士墓，安葬了300余名革命烈士。1955年8月，通县建成了“通县烈士陵园”，占地714平方米，共葬166名烈士。1958年，北京修建了“昌平县烈士陵园”，安葬287名烈士，将其中知道姓名的烈士95名刻名于碑上。1962年，顺义县开始修建“顺义县烈士墓”，安葬全县散埋的革命烈士并在其中大量植树。

正是由于对烈士公墓修建工作的重视，到1963年时全国“共修建了各种烈士纪念建筑物（即纪念碑、塔、馆、亭、祠和烈士陵园）五千八百三十四处”。[①] 但事实上，许多地方出现了乱建的现象，国家加强和规范烈士纪念建筑物的修建工作已不可避免了。由于很多地方存在烈士纪念建筑物乱建的现象，国家进一步规范和加强了烈士纪念物的修建工作。

内务部在1963年11月专门召开了烈士纪念建筑物修建和管理大会，针对乱建的现象提出了意见并上报国务院：

（一）今后不再修建烈士陵园。应当改变用陵园的形式归葬革命烈士。今后不要再修建烈士陵园。有些烈士陵园，实际上是公墓形式的，也不要再叫陵园，在适当的时机，可以改称以地名命名的公墓，如上海“龙华公墓”。革命工作人员和解放军官兵病故或牺牲以后，可以在现有的公墓内归葬。对牺牲的烈士可在墓前设立标志，以资识别。在烈士个人的墓碑上，一般不要撰刻传记。烈士事迹可以编入烈士史册。已经散葬的烈士坟墓，今后一般不再迁葬。（二）烈士纪念碑、塔等其他烈士纪念建筑物的修建，应当严加控制。我国各个

① 内务部：《关于烈士纪念建筑物修建和管理工作的报告》国密字863号，1963年12月17日。

革命时期所经历的重大革命事件或战役地区，一般的都已修建了烈士纪念建筑物。因此，凡是已经修建了的地区，今后不要再修建；临近有关地方，也不要再修建。遭灾地区，目前一律不要修建，已经批准修建的，也要推迟生产恢复以后再行修建。确有必要修建纪念建筑物而还没有修建的地区，可以考虑修建，但必须由省、自治区、直辖市民政部门经过调查研究，作出规划，经当地省、自治区、直辖市人民委员会批准在当年景丰收的情况下，有步骤、有重点地进行修建。不经过省、自治区、直辖市人民委员会审查批准，专、县（市）不得修建烈士纪念建筑物。今后修建烈士纪念建筑物的时候，应当本着勤俭节约的原则，建筑规模不宜大，建筑项目不要多，修建了塔或碑的，一般就不要修堂、馆，更不要修建其他不必要的附属建筑物。修建烈士纪念碑、塔，一般的不搞浮雕和镏金。烈士纪念建筑物，应当尽可能修建在公园、广场、车站等公共场所或者风景区域，这样，既便于群众参谒凭吊，也不单独占用土地。另外，烈士碑、塔需要题词的，可以请当地党政军领导同志题写或以当地机关团体的名义题写；如果认为有必要请党中央领导同志题写的，应该报请省、自治区、直辖市领导机关核准转报中央。（四）烈士纪念建筑物的维护管理。对于现有的烈士纪念建筑物，必须妥善维护管理，严防人畜破坏。已经毁坏了的，要及时修整。要教育群众自觉地保护烈士纪念建筑物。一般的小型烈士纪念建筑物，可以委托当地人民公社、机关、团体或适当的人员代为管理维护。大型的烈士纪念建筑物，可以设置专人管理，但管理人员要尽量少设，已经配备多了的，应当适度精简。管理费用的开支，要注意节约。烈士陵园、纪念馆、公墓等不得开支招待费。有果园收入的烈士陵园或烈士公墓，收入应当作为烈士纪念建筑物的维修、管理费用，防止普涨浪费。为了使广大人民群众从革命先烈的光辉事迹中受到教育和鼓舞，激发他们参加社会主义革命和建设的积极性，建议各地文教部门、共青团等单位协同各级民政部门，继续做好

> 搜集、整理和陈列、展览烈士斗争史料的工作。烈士纪念建筑物，要建立便于群众参谒的制度，不仅节日、假日要开放，平时也应当开放。对于前来参谒凭吊的群众，要尽量给他们以方便。[①]

对修建烈士陵园的新规定，1964年1月13日，北京市人民政府转发了内务部在烈士纪念建筑物修建和管理工作会议上提出的“应当改变用陵园形式归葬革命烈士的意见”，要求各区、县今后不再修建烈士陵园和烈士纪念碑、塔等烈士纪念建筑物；加强烈士纪念建筑物的维护与管理，充分发挥教育人民群众的作用。中共中央、国务院在1964年11月又规定了纪念物的修建工作，“今后，各地除非经中央批准，一律不准新建和扩建纪念个人的建筑物，包括纪念碑、纪念馆、纪念亭、纪念塑像等等，更不准拨地建设烈士陵园等等”。[②]1965年，中央再次下发《中共中央、国务院关于停建纪念建筑物的通知》，要求：“关于一律停止新建和扩建纪念建筑物和烈士陵园，党中央和国务院一九六四年十一月十八日已有通知，各地仍应严格执行。关于战争中各次大战役的纪念馆，已建成的不再扩建，未建的一律不建，已下马的一律不再上马，这些未建和停建的纪念馆已经收集的文物，可以分别送交中央革命博物馆或军事博物馆处理”。[③] 但事实上，“有些地区已经修建了许多烈士纪念建筑物，但仍然不断要求兴建或扩建。有些已经建成的烈士纪念建筑物，规模过大，造价很高，还修建了一些不必要的附属建筑物。有些烈士陵园占用土地多达几百亩。”[④] 对于这

① 内务部：《关于烈士纪念建筑物修建和管理工作的报告》国密字863号，1963年12月17日。

② 内务部：《关于烈士纪念建筑物修建和管理工作的报告》国密字863号，1963年12月17日。

③ 内务部：《关于烈士纪念建筑物修建和管理工作的报告》国密字863号，1963年12月17日。

④ 内务部：《关于烈士纪念建筑物修建和管理工作的报告》国密字863号，1963年12月17日。

些数量众多的烈士纪念建筑物如何使用的问题，一些地区的烈士家属对此提出了不同的意见，甚至是出现了不满情绪。“烈士陵园和烈士公墓，只能埋葬烈士。有些参加革命时间较长的同志，病故以后，因为不能在烈士陵园和烈士公墓埋葬，他们的家属或原在单位很有意见。有些专家专为个别知名烈士修建的陵园，不准归葬其他烈士，也引起了一些人有意见”。①

除了修建烈士纪念建筑物外，国家还采取多种措施对已建的烈士纪念建筑物进行保护。因为“烈士墓因年久失修、标志毁失以致不能辨认，有的因兴修水利、开垦荒地和基本建设的需要，没有注意迁葬或者做好新的标志，致将烈士遗骨暴露无人掩埋，或者在平毁坟墓后没有新的纪念遗迹”。② 在这种情况下，民政部在 1958 年 3 月下发了《内务部关于注意保护烈士坟墓的通知》，对保护工作做了具体规定：

> 一、在清明节前后（或其他适当的时间），凡有烈士坟墓的地方应以乡、镇为单位结合扫墓或者其他的纪念日，对烈士坟墓进行一次检查，对需要修理的即予整修，需要迁葬的即予迁葬，对标志不清或已灭失的，即予查清更换重立。乡、镇人民委员会并应对所辖地区的烈士墓登记造册，以备查考。二、农业生产合作社和政府的其他有关部门在兴修水利、开垦荒地以及从事其他修建的时候，如果必须利用烈士坟地，应该先把烈士坟墓择地迁葬妥当，并树立标志。三、向干部和群众进行保护烈士坟墓的教育，注意做好保护烈士坟墓的工作。还可以乡、镇或社为单位订立保护烈士坟墓的具体办法或公约，要求大家贯彻执行。对保护烈士坟墓认真负责的个人或单位应进行表扬，

① 内务部:《关于烈士纪念建筑物修建和管理工作的报告》国密字 863 号，1963 年 12 月 17 日。

② 内务部:《关于注意保护烈士坟墓的通知》,《民政工作文件汇编》(一)，地质出版社 1984 年版，第 477 页。

对个别破坏烈士坟墓的，应予适当的处理。①

为了保护纪念建筑物，国家继续将一批烈士纪念建筑物列入文物保护单位。1957年10月28日，北京市为了保护烈士纪念建筑物将京西百山花下斋堂中学校园内的“宛平县人民八年抗战为国牺牲烈士纪念碑”定为“北京市文物保护单位”。

虽然国家一再强调烈士纪念建筑物的保护工作，但有些地方的烈士纪念建筑物仍被破坏。“有些烈士纪念馆，没有陈列烈士斗争史料，被作了工厂、仓库、办公室或者娱乐场所。有的烈士陵园内养猪、养羊。这些情况，也在群众中造成了很不好的影响。有些烈士陵园，规定只在节日、假日开放，并规定了一些不必要的手续，限制了群众瞻仰凭吊。有些烈士陵园的管理机构大，人员多，也不符合精简节约的精神”。②

三、追认授誉

为了传颂烈士的英雄事迹和发扬革命精神，国家继续对革命战争年代牺牲的军人进行烈士追认，“在各个革命战争时期，有成千上万的革命先烈，为了中国人民的解放事业贡献出自己的宝贵生命。建国以后，党和政府对于解放前牺牲而没有给予烈士称号的烈士，都进行了追认”。③

首先，对因伤回家被杀害的军人进行烈士追认。1955年6月，内务部给河北省民政厅作出批复，认为，“革命残废军人回乡后，被敌有目标的捕捉，在被捕后，坚贞不屈，无变节行为，有确实证明或群众公认

① 内务部:《关于注意保护烈士坟墓的通知》,《民政工作文件汇编》(一)，地质出版社1984年版，第477页。

② 内务部:《关于烈士纪念建筑物修建和管理工作的报告》国密字863号，1963年12月17日。

③ 《烈属、军属、荣誉军人、复员军人为祖国建设立下功勋优抚和复员安置工作遍地开花》,《人民日报》1959年9月26日。

者"[①]，经县批准，可以给予烈士称号，但对于"遇敌清剿、扫荡和群众一起被捕，遭敌杀害，或逃返中被敌打死，或并非因暴露革命残废军人身份而被杀害的"[②]，不能评为烈士称号。

其次，内务部又对革命战争年代对敌斗争牺牲的乡村干部、不愿被敌人强迫带路或逼迫告知革命同志而牺牲的、敌人围剿时被杀害的干部等情况的烈士追认。经中南、西北两个大区及江苏、浙江、湖南、湖北、甘肃、沈阳及北京等地方省市的请示，1954 年 1 月，内务部作出了相应的烈士评定规定：

敌人搜捕时，强迫群众带路，或逼迫其告知革命同志住址、姓名或公家物资，因群众对革命无限忠诚，坚贞不屈，坚决不予带路或泄露消息，因群众对革命无限忠诚，坚贞不屈，坚决不予带路或泄露消息，因而遭敌杀害者，是否称烈士？（中南）因以上情况遭敌杀害之群众，如为当地群众所公认，经县人民政府核实，省（市）人民政府批准者，可称烈士，其抚恤，按照"民兵民工伤亡抚恤暂行条例"规定办理。3. 敌人围剿苏区，疯狂烧杀，当时干部冒险抢救，遭敌杀害或被火烧死者，是否称烈士？敌人围剿苏区或解放区，进行疯狂烧杀，以革命为职业脱离生产的地方干部，遭敌杀害或冒险救火烧伤致死，经县（市）人民政府批准者，可称烈士，其抚恤按"革命工作者人员伤亡褒恤暂行条例"规定办理。4. 革命转入低潮时，有一部分县、区干部及赤卫队被敌人杀害，是否称烈士？因革命低潮而自尽者是否称烈士？（中南）革命转入低潮时，县、区干部及民兵赤卫队人员仍坚持对敌斗争而遭敌杀害者，如为当地群众所公认，经县人民政府核

---

① 内务部：《关于革命残废军人回乡后被敌人捕杀是否称烈士问题的批复》内优（55）字第 255 号，1955 年 6 月 16 日。

② 内务部：《关于革命残废军人回乡后被敌人捕杀是否称烈士问题的批复》内优（55）字第 255 号，1955 年 6 月 16 日。

实，省人民政府批准者，可称烈士。其抚恤按“革命工作人员伤亡褒恤暂行条例”规定办理。因革命低潮而自尽者不得称烈士，其家属有困难者可酌情给予照顾。①

再者，内务部还对部分病故的国家机关工作人员进行烈士追认。1965年7月，内务部认为，除曾在革命斗争中因战、因公负过重伤或者被俘不屈而英勇牺牲的，身体受到严重摧残而又带病长期坚持带病工作的，可经省、自治区、直辖市人民委员会批准给以烈士称号外，其他不予烈士称号。②

正是由于国家从新中国成立以来持续地开展烈士追认工作，到20世纪60年代时，已有数量众多过去牺牲的革命军人获得了烈士称号。“十年来，经过追认的革命烈士共有六十二万九千多人，发放给他们家属的抚恤金共一亿九千二百三十三万九千多元”。③ 事实上，这种烈士追认工作不仅使烈士家庭得到应有的抚恤，也产生了积极的社会意义。“对烈士的追认和褒扬，以及对他们家属的抚恤，进一步激发了人民群众的革命热情，向我国青年一代进行了生动的革命传统的教育”。④

事实上，这就使得烈士事迹宣传工作极为重要，“对革命烈士的斗争史料进行了搜集整理和陈列展览。这对于教育人民群众和鼓舞部队士气，特别是对于青少年进行阶级、阶级斗争和革命传统的教育，起到了良好的作用”。⑤ 因此，国家为了更好地宣传烈士事迹，从而提出了旨在加强烈

① 内务部：《关于革命烈士褒扬抚恤及革命烈士家属优待问题的综合批复（节录）》内优（54）字第39号，1954年1月30日。

② 参见《山东省志·民政志》，山东人民出版社1992年版，第60页。

③ 《烈属、军属、荣誉军人、复员军人为祖国建设立下功勋》，《人民日报》1959年9月26日。

④ 《烈属、军属、荣誉军人、复员军人为祖国建设立下功勋》，《人民日报》1959年9月26日。

⑤ 内务部：《关于烈士纪念建筑物修建和管理工作的报告》国密字863号，1963年12月17日。

士事迹宣传工作的管理的烈士事迹展览请示制度，“（二）举办个人纪念会、个人事迹展览会以及印刷纪念册等，应当事先请示中央。……（四）对工农兵群众的革命烈士，例如刘胡兰、黄继光等等的纪念和宣传的工作，由省、市、自治区党委和军委总政治部负责掌握，但都不要搞什么纪念建筑，其涉及党史和军史的重大问题，也须向中央请示”。①

从以上可以看出，这一时期的褒扬制度有了较大发展，具体地表现在这样几个方面。一是褒扬管理初步制度化，尤其是关于烈士建筑物的管理制度。比如，为了加强对烈士纪念建筑物修建的管理工作，国家专门作出了《关于烈士纪念建筑物修建和管理工作的报告》等；二是修建了众多的纪念建筑物和加强烈士史料的编纂工作；三是大量战争年代牺牲的军人、革命者被追认为烈士。

综合起来考量，这些褒扬成就的取得既是国家重视褒扬工作的结果，又是经济发展的使然。

首先，在新中国成立之初的社会经济发展的基础上，国家有了一定的财力基础。抗美援朝结束以后，国家就开始了大规模的经济建设，到了 1956 年社会经济已取得了显著成就。“我国的农业，在总产值方面和主要的粮食作物、经济作物方面，也有可能超额完成第一个五年计划。农业和副业的总产值，计划规定一九五七年比一九五二年增长百分之二十三点三。……职工的生活有了初步的改善。预计今年，全国职工的平均工资将比一九五二年增长百分之三十三点五。国家和企业每年实际开支的劳动保险费、职工医疗费、职工文教费和职工福利费，共约占每年工资总额的百分之十三左右，四年总计约四十四亿元。”② 其次，国家继续高度重视褒扬工作。“烈士纪念建筑物，是永久性的革命历史文物。不少烈

① 《中共中央、国务院关于今后修建纪念建筑物等有关问题的通知（节录）》中发（64）740 号，1964 年 11 月 18 日。

② 《中国共产党中央委员会向第八次全国代表大会的政治报告（之三）》，《人民日报》1956 年 9 月 17 日。

士纪念建筑物，是我国重要战役和重大革命事件的不朽的标志，不仅在国内有重大意义，在国际上也有影响。因此，对于烈士纪念建筑物的维护和日常管理工作，应当予以重视。各级民政部门，必须加强领导，总结经验，督促检查，不断地改进这项工作，使烈士纪念建筑物更充分地发挥褒扬烈士和教育后代的作用”。① 再者，国家不断增加褒扬费用的投入，将大量资金用于烈士纪念建筑物的修建、保护。“从 1950 年到 1956 年，国家共拨出优抚款九亿七千六百二十九万元。这九亿多元优抚金是这样用的：用在抚恤烈士和修建烈士陵园、烈士公墓等方面的经费有一亿一千二百九十七万元”。②

第四节　社会动员

一、节日慰问

这一时期，国家和社会还是将春节和“八一”建军节的拥军优属活动保留了下来，而抗美援朝时期的端午节、中秋节等的节日拥军优属活动已不存在了。

春节拥军优属主要还以抗美援朝时期实施的节日通知、慰问演出、帮烈军属做家务等方式为主。

国家各级部门按照惯例都会在节前发出慰问。1953 年年底，抗美援朝战争刚结束，内务部就发出了《关于一九五四年新年春节期间进行拥军优属工作的通知》，要求：“通过各种群众性的集会，采用各种宣传方式，向全国人民宣传抗美援朝的胜利，并进行爱护人民军队与优抚政策的

① 内务部：《关于烈士纪念建筑物修建和管理工作的报告》国密字 863 号，1963 年 12 月 17 日。

② 《国家七年拨出九亿多优抚金》，《人民日报》1957 年 2 月 2 日。

教育，以便继续深入抗美援朝运动，做好拥军优抚工作。”①1954 年春节前夕，内务部又发出了《关于一九五五年新年春节期间进行拥军优属工作的通知》，提出，“各地可依照当地群众的习惯进行各种拥军优属活动。例如以乡或城市的区、街道为单位召开小型的烈属、军属、革命残废军人和复员建设军人座谈会，和当地驻军联欢，举行团拜和访问等”。②

社会各界举办各种样式的娱乐活动，对现役军人、烈军属、残废军人等优抚对象进行节日慰问。学生举办慰问晚会，以表达对军人的尊敬。“有的学校学生正在积极准备参加春节期间的拥军优属工作和约请驻在北京的中国人民解放军在春节期间和他们联欢”。③ 社会上还要举办军民联欢，增进军民感情。“北京市和各区都已建立了春节拥军优属运动委员会，领导拥军优属运动。……一月三十一日，宣武区已举行了二千三百多人的军民联欢大会”④，“各区人民政府的负责人还和当地驻军首长举行了联欢会。并召开了驻军代表座谈会。为了给在一九五三年立了功的志愿军和解放军的几百名功臣的家属庆功，各区都举行了庆功会。二月九日晚在西四区举行的一千七百余人的庆功大会上，区人民政府和驻军代表亲自给立功家属挂上光荣花、献了立功喜报，全场都热烈鼓掌为这些光荣的革命家属们祝贺”。⑤ 除了文艺汇演之外，放映电影也被作为一种重要的慰问方式。“为了使烈属、军属、革命残废军人、复员转业军人和驻京的人民解放军部队战士们欢度春节，各区为他们演出的电影、京剧、歌舞、话剧等至少已有二百场。全市十六个较大的电影院现在正免费招待他们看电影。著名的京剧演员程砚秋、谭富英、张君秋、吴素秋等也给烈属、军属们演出了许多精彩节目。北京市人民政府文化处电影放映队、北京人民艺术剧院、中央

---

① 《中央人民政府内务部关于一九五四年新年春节期间进行拥军优属工作的通知》，《人民日报》1953 年 12 月 14 日。

② 《内务部发出新年春节拥军优属工作的通知》，《人民日报》1954 年 12 月 21 日。

③ 《北京各中小学校学生开始了愉快的寒假生活》，《人民日报》1954 年 2 月 2 日。

④ 《首都人民积极进行拥军优属活动》，《人民日报》1954 年 2 月 2 日。

⑤ 《首都大规模的拥军优属运动仍在继续进行》，《人民日报》1954 年 2 月 13 日。

实验歌剧院、中央美术学院、中国杂技团、中央广播说唱音乐团等单位都到郊区为烈属、军属们进行演出。很多机关团体和工厂、学校也组织了各种文艺晚会和放映电影，慰问烈属、军属及当地驻军”。①

社会各界仍坚持给烈军属做节日家务。“首都的拥军优属活动已展开。春节的景象首先展现在烈属、军属门前，市民在很多烈属、军属的门上挂起了红色的光荣灯，把他们的院落打扫得干干净净。首都人民发起了一个为烈属、军属做一件事运动。东单区的全体小学生，在一月二十九日分组到每户烈属、军属家里，帮助大扫除。宣武区南半截胡同派出所的居民，帮助烈属、军属打扫院落，七十多岁的老人马松山也参加了。好多居民自动地给当地驻军拆被子、洗衣服，海淀区仅裴崇誉一家即为解放军拆洗了被子二十条”。②

召开各种座谈会对烈军属进行慰问。有的烈军属座谈会侧重于征求烈军属意见。“很多区政府都召开了烈属、军属代表以及复员转业军人座谈会，征求他们对一年来优抚工作的意见。西四区组织了三百零八个干部，由副区长李正宝带领，对七百户烈属、军属进行了亲切的慰问，并结合检查优抚工作。东郊区人民政府在春节前已把救济款发给贫苦烈属、军属，使他们安度春节”。③有的座谈会主要对优抚检查。“在各区召开的烈属、军属及复员转业军人、革命残废军人座谈会上，检查了一年来的优抚工作。会上，烈属、军属们对人民政府的亲切关怀都表示无限感激。东四区中国人民志愿军家属系老太太在这次普选中当选为区人民代表，她在座谈会上表示：一定要做好街道工作，和她的儿子挑战。在这个区召开的复员转业军人和革命残废军人座谈会上，已经参加工作的复员军人表示：要发扬人民军队的光荣传统，努力工作，来回答政府和人民的关怀。”④

① 《首都大规模的拥军优属运动仍在继续进行》，《人民日报》1954年2月13日。
② 《首都人民积极进行拥军优属活动》，《人民日报》1954年2月2日。
③ 《首都人民积极进行拥军优属活动》，《人民日报》1954年2月2日。
④ 《首都大规模的拥军优属运动仍在继续进行》，《人民日报》1954年2月13日。

实际上，为了做好春节期间的拥军优属工作，北京地方政府还采取了一些措施：其一，制定了具体的工作计划。比如，在 1955 年春节来临之际，北京市海淀区制定了《一九九五春节前后拥军优属工作计划》，就春节期间拥军优属的组织领导、慰问形式、检查工作等进行规定，“有驻军的乡在春节前后各乡政府组织群众向驻军进行慰问或拜年，并召开军民联欢会，以密切军政关系和军民关系”，“在春节前后对本市烈属、军属及在乡的革命残废军人、复员建设军人进行全面调查，然后分类排队、建立卡片，以便有计划地、有步骤地解决生产及工作和参加互助合作组织的困难”。① 其二，组织专门的拥军优属慰问组织。比如，北京专门成立了春节拥军优属运动委员会负责具体慰问工作。“北京市和各区都已建立了春节拥军优属运动委员会，领导拥军优属运动”。② 北京的一些区县还成立了负责专项慰问事务的组织。比如，1955 年北京市海淀区就组建了拥军优属文艺工作委员会，“统一领导本区的拥军优属和文艺工作，以郭区长为主任委员，以区委员、一九六师、公安二师、军委三部、京总教导队、军委后勤部、二六空军医院、区工会、武装部、公安分局、团区委、区妇联、海淀镇办事处、工商联、清河、海淀区文化馆等单位负责同志及军属孙素春、一等革命残废军人刘金生为委员，另外抽调若干干部做具体工作”。③

这时期的“八一”建军节拥军优属仍与原来一样，采用发布慰问通告、优抚工作检查等方式。

1954 年“八一”建军节来临之际，内务部发出了《关于纪念“八一”建军节做好优抚工作的通知》，要求：“各地县以上人民政府除配合驻军开好‘八一’庆祝会、联欢会外，应派干部到医院、革命残废军人学校、教

① 《海淀区人委关于 1954—1955 年优抚工作报告及通告》（1955 年），北京市海淀区档案馆，档案号：52—102—69。

② 《首都人民积极进行拥军优属活动》，《人民日报》1954 年 2 月 2 日。

③ 《海淀区人委关于 1954—1955 年优抚工作报告及通告》（1955 年），北京市海淀区档案馆，档案号：52—102—69。

养院向伤病员、革命残废军人进行慰问和祝贺。”[①]1958年“八一”建军节前夕，内务部下发了通知，要求，“今年‘八一’建军节前后各地应着重检查优抚工作的实际情况，……内务部‘关于有重点地发放优抚实物补助费和对烈属、军属进行登记排队工作的指示’的进一步贯彻”。[②]

另一种常用的拥军优属方式就是进行优抚工作检查。为了响应内务部和市人委关于纪念“八一”建军节开展拥军优属活动的指示，1964年7月22日至29日，北京市民政局和海淀区民政科组成了工作组，“检查了北安河、温泉公社的北安河、草厂、周家巷、太周坞、白家町五个大队的烈军属优待补助工作，这五个大队全年优待补助烈军属41户，优待补助28500个工分”。[③]

总起来讲，与抗美援朝时期相比，这一时期的节日拥军优属活动虽然继承了原来的一些形式和内容，但活动减少了很多。

二、评选模范

国家为了调动社会拥军优属的积极性，继续开展拥军优属模范评选活动。

为了继续推动拥军优属活动的开展，内务部在1954年9月13日下发了《关于继续开展评选、奖励烈属、军属、革命残废军人复员建设军人模范和拥军优属模范工作的指示》，提出：“评选模范的条件，应该照顾到各个方面（生产、工作、遵守政府政策法令、防汛抢险等）……在群众方面，农村主要应该是积极帮助烈属、军属参加生产的互助合作组织；城市主要应该是积极吸收烈属、军属、革命残废军人和复员建设军人参加工作或者

---

① 《关于纪念“八一”建军节做好优抚工作的通知》，《人民日报》1954年7月12日。

② 《内务部发出“八一”前后进行拥军优属的通知》，《人民日报》1955年7月15日。

③ 《区人委关于农村烈军属优待劳动工分工作计划情况调查报告》（1964年），北京市海淀区档案馆，档案号：2—115—94。

积极教育帮助他们生产和进步的机关、团体和企业单位。”[①] 可见，评选拥军优属劳模依然受到国家重视。

到了 10 月，内务部再次作了《评选、奖励优抚模范工作的指示》，重申了评选拥军优属模范的条件，“各地在今年秋收以后，结合优抚工作的检查总结，以县、市为单位，认真地进行一次评选模范的工作。……在群众方面，农村主要应该是积极帮助烈属、军属参加生产的互助合作组织；城市主要应该是积极吸收烈属、军属、革命残废军人和复员建设军人参加工作或者积极教育帮助他们生产和进步的机关、团体和企业单位”[②]，并且“评选和奖励优抚模范工作的重点在县、市。县、市模范代表会议必须开好。……对模范们应当分别给予适当的物质奖励”，[③] 同时要求：“评选和奖励优抚模范的工作必须继续予以重视和改进。……评选和奖励模范的工作，要密切结合当前的工作进行，不能孤立地为评模而评模，临时强拉凑数。对模范们应当分别给予适当的物质奖励。”[④]

国家重视拥军优属模范的评选工作，更多的是为了调动广大社会民众拥军优属的积极性，同时也通过评选活动进一步带动更多的人参与到拥军优属活动中来，主要因为“一个模范所产生的影响，不是用数量可以计算的。有一个积极生产的模范烈属、军属，就可以带动许多烈属、军属”。[⑤]

当然，拥军优属模范的评选也存在着不少的问题，譬如，“首先是有些地方对这一工作的重要性还缺乏应有的认识，他们看不到在工作中出现的这些积极分子和模范人物所起的重大作用和影响，……其次，有些地方

① 《中央人民政府〈关于继续开展评选、奖励烈属、军属、革命残废军人复员建设军人模范和拥军优属模范工作的指示〉》，《内务部通讯》1954 年第 10 期，1954 年 10 月 20 日，第 2 页。

② 《内务部发出评选、奖励优抚模范工作的指示》，《人民日报》1954 年 10 月 7 日。

③ 《内务部发出评选、奖励优抚模范工作的指示》，《人民日报》1954 年 10 月 7 日。

④ 《内务部发出评选、奖励优抚模范工作的指示》，《人民日报》1954 年 10 月 7 日。

⑤ 《推动优抚工作的一个很重要的方法》，《内务部通讯》1954 年第 10 期，1954 年 10 月 20 日，第 2 页。

由于平日不注意掌握模范对象的材料，也不注意对模范对象的培养教育。结果，在进行评选的时候，临时强拉凑数，致发生了一些报来的模范事迹和事实不符，甚至评选出了假模范。有的在评选完毕以后，不注意搜集模范们的具体材料，因而也就缺乏生动丰富的宣传教育内容，不能树立足以教育全体烈属、军属、革命残废军人、复员建设军人和人民群众的旗帜，尤其严重的是，由于对模范们经常的帮助和教育不够，使他们中有些人在当选了模范以后，就骄傲自满起来，从而脱离了群众；也有些模范热情很高，只是因为办法少，或家庭存在着实际困难，致影响到他们模范作用的发挥”。①

三、组建机构和团体

抗美援朝期间，国家曾组织了三次大规模的赴朝慰问团，进行慰问活动。在这一时期，为了继续表达党和国家对广大解放军的关心，国家再次组建了专门的慰问团，但任务已与抗美援朝时期的相比发生了很大变化。

1954 年 2 月 5 日，中国人民政治协商会议全国委员会常务委员会和中国人民抗美援朝总会常务委员会决定组成“全国人民慰问人民解放军代表团”总团及各总分团，在元宵节前后由首都及各地分别出发，慰问各地的解放军，“在过去那些艰苦的年月里，为了人民的胜利，中国人民解放军的指挥员和战斗员们忍受了人们难以想象的苦难，许多人并献出了自己的鲜血和生命。今天，他们所付出的鲜血已经在祖国的大地上开花结果，我们伟大的祖国已经开始实行五年计划，进入了大规模和平建设的时期，全国人民饮水思源，怎能不衷心感谢中国人民解放军，感念他们惊天动地的伟大自我牺牲精神和不朽的革命功勋！”②

① 《推动优抚工作的一个很重要的方法》，《内务部通讯》1954 年第 10 期，1954 年 10 月 20 日，第 3 页。

② 《向中国人民解放军致敬》，《人民日报》1954 年 2 月 17 日。

1954 年 2 月 21 日至 23 日，全国人民慰问人民解放军代表团第六总分团和所属各分团，在华北各地展开了广泛深入的慰问活动。[①]2 月 24 日至 3 月 1 日，全国人民慰问人民解放军代表团直属总分团副团长张友渔、钱端升等率领总分团代表，分别到中央人民政府人民革命军事委员会各机关、院、校以及人民解放军驻京各兵种、部队进行慰问。"北京市工业劳动模范吴吉福兴奋地握住坦克手的手说：'咱们的部队建设得这样快，都是同志们苦学苦练的结果，工人同志们一定向你们学习！'农业劳动模范宋洛学说：'看到了咱们人民坦克部队这样强大，真是高兴，这就是咱们建设社会主义的有力的保障！'"[②]

与此同时，慰问人民解放军代表团还加强了对建设部队的慰问。比如，慰问人民解放军代表团直属总分团还慰问了铁路工程部队某部，带去了北京京剧三团和曲艺杂技队进行慰问演出，"重重的深山中，飞舞着鹅毛大雪。半山腰的广场上，整整齐齐地坐着一千多战士，全神贯注地看着台上的演出的京剧。雪花飘到台上结成了冰，演员们照常穿着单薄戏衣，表演'打出手'。寒风呛着嗓子，嘴唇都冻得动转不灵了，演员们仍然唱出嘹亮动听的腔调，保持着优美的舞台形象。……曲艺杂技队给战士们的回信中说：'解放军过去克服了种种困难为我们打开了解放的道路，现在又克服了种种困难在崇山峻岭中为我们开山筑路。我们一定要好好学习这种克服困难为人民服务的精神，以提高我们的政治和艺术水平'"。[③] 在慰问的过程中，许多成员还带去了慰问信，"我到全国人民慰问人民解放军代表团直属分团代表们住的地方去……这个孩子就是就是参加那次慰问的代表，他是十三中的少年先锋队员祝遵琪，'里面放的是稀薄气体放电

① 《慰问团第六分团和所属各分团在华北各地广泛展开慰问解放军的活动》，《北京日报》1954 年 3 月 6 日。

② 《慰问解放军代表团直属总分团慰问解放军驻京各兵种各部队》，《北京日报》1954 年 3 月 2 日。

③ 《热情的演员，热情的观众——记慰问解放军铁路工程部队的一次演出》，《北京日报》1954 年 3 月 14 日。

器。'祝遵琪接着告诉我：'这是物理教学上很重要的一项教具，是物理教研组全体老师亲手做成的。老师们认为把他们为了解决教学上的困难而亲自做出来的东西献给解放军，是非常光荣的。'……这是青年团高一二班分支全体团员写的，上面说：'我们为了准备建设我们伟大的祖国，正在努力地学习，掌握科学知识，锻炼身体，和不断地提高自己的政治觉悟水平。亲爱的同志，让我们在不同的岗位上加一把劲，使社会主义早日到来吧！'"①

事实上，国家成立慰问团对解放军进行慰问活动，对拥军优属运动的发展起了很大作用。首先，慰问团的成立提高了社会民众拥军优属的积极性，使很多民众争相参加，"坐在汽车上的孩子们，心情是兴奋的，但也还够复杂的。当慰问解放军叔叔的消息传到学校，李雅兰就要求参加慰问演出，但学校考虑到她正患病，没允许。……今天好了，果然争取到了一次演出的机会。其余的孩子们，也是各想各的事：……他们一想起叔叔们鼓励他们好好学习的话，就下定决心：一定好好干，不辜负叔叔们的期望！……这几次慰问演出，孩子们从叔叔、阿姨身上得来了"。② 其次，这些慰问活动的开展加深了广大人民和解放军之间的感情。"全国人民慰问人民解放军代表团对人民解放军各部队、各兵种的慰问，大大鼓舞了了人民解放军指挥员、战斗员、政治工作人员和后勤工作人员的爱国热情，他们表示要实际行动回答毛主席和全国人员的慰问，坚决保卫祖国社会主义的建设。……他们的文章和信中说：我们一想到祖国、想到社会主义，一想到正在修建的厂矿、铁路、学校、水利工程和欣欣向荣的农村，我们的心里就充满了喜悦，就更加增强保卫边疆、建设边疆的决心和信心"。③

这一时期的拥军优属形式和内容与抗美援朝时期的相比，基本没有发

---

① 《一颗赤诚的心》，《人民日报》1954 年 3 月 5 日。

② 《小艺术家们和解放军叔叔们》，《北京日报》1954 年 3 月 20 日。

③ 《解放军广大指战员表示要以实际行动回答毛主席和人民的慰问》，《北京日报》1954 年 4 月 3 日。

生变化；但不得不承认的一个事实就是日常拥军优属活动已大大减少。当然，节日拥军优属活动依然受到国家重视，甚至得到了很好的延续，正是节日拥军优属的开展对特定时期的国家经济和国防建设产生了积极影响，激发了广大军人积极进行经济建设的热情。这一时期，更多的军队投入到经济建设中，而社会各界也以各种方式对建设军队进行慰问。中华全国总工会就曾发出指示，“目前全国各地有许多参加建设工程部队参加国家的建设工程，他们在参加修建康藏公路、兰新铁路和宝成铁路、治淮等各项建设工程中，都发挥了最大的劳动热忱。他们的成绩是伟大的，他们是全国工人的好榜样，我们应对他们表示慰问”。① 北京地方也积极慰问建设首都的军队，“北京市人民政府七日下午在石景山钢铁厂礼堂举行慰劳大会，慰劳协助修建永定河石景山区龙村段防护工程的人民解放军某部指挥员和战斗员。……战士们的工作效率超过一般民工好几倍。这些事情，充分地说明了具有光荣革命传统的人民军队，不但是战斗中的英雄，而且还是建设事业中的模范。你们的艰苦奋斗、积极参加首都建设事业的精神是值得首都人民学习的”。②

有助于增强和平建设时期的社会民众的国防意识。如果说，抗美援朝时期的拥军优属活动使社会民众增强了保家卫国的使命感的话，那么，和平时期的拥军优属活动使社会民众进一步意识到国防建设的重要性。

拥军优属的开展对社会民众产生了积极的教育作用，使其思想觉悟进一步提高，社会责任感进一步增强。“我真的很高兴，我真的光荣。二月二十二日那天，我们随着全国人民慰问人民解放军代表团去慰问炮兵领导机关，慰问最可爱的人——解放军叔叔。……坐在我们身边的叔叔们是我们幸福生活的保卫者，是使我们过着和兴幸福生活的人，是他们使我们能

---

① 《全国总工会决定从劳动保险金中拨款慰问解放军参加建设工程部队》，《北京日报》1954 年 3 月 20 日。

② 《市人民政府举行慰劳大会——慰问修建永定河防护工程的解放军指挥员》，《北京日报》1954 年 4 月 11 日。

在美好的环境里学习祖国的艺术，像生长在暖房里一样的幼苗一样长大起来。我们热爱解放军叔叔，感谢解放军叔叔，因此，我代表全中国儿童把光荣的红领巾献给了陈锡联司令员。……我和我的同学们一样，都感到无比的兴奋和光荣。因为我们在给最可爱的解放军叔叔演戏。……今后我一定好好学习各种知识，好好学习业务，准备着做一个为工农兵服务的文艺工作者”。①

从抗美援朝结束到“文化大革命”前，社会主要分为两个阶段：一是从 1953 年至 1956 年的社会主义三大改造时期；二是从 1956 年开始社会主义建设时期。两个阶段最大社会特点就是国家进行全面经济建设，包括社会主义工业化总路线的实施、五年计划的开展等。显然，这与以往优抚制度存在的社会背景有较大的区别。纵观这个时期的优抚制度，呈现出了以下几个特点：

首先，优抚制度的继承与发展。从 1953 年开始，国家的制度建设都围绕社会主义经济改造而展开。这时期的优抚制度更多地表现出：一方面是继续抗美援朝时期的诸多优抚政策；另一方面则为适应新的发展形势作出改进。

就优抚制度的实施来讲，国家继续完善残废军人的治疗待遇，包括待异地治疗的路费报销、医药费的减免等。国家也对烈军属继续实施抗美援朝时期的许多优待措施，包括节日期间的慰问演出、召开座谈会等。

在继续抗美援朝的一些优抚政策和方式的同时，国家也依据经济发展的需要对优抚制度作出了改变和完善。在优待方面，国家将代耕制度废止，用优待劳动日取代。作出这一改变的一个最大原因就是农业改造的实施和完成以后代耕建立的土地基础所有制性质发生了根本性变化的缘故，即由原来的个体经营转变为集体经营。

其次，调动和激发优抚对象积极性的优抚制度逐渐形成。国家为了减

---

① 《演戏慰问解放军叔叔》，《北京日报》1954 年 3 月 10 日。

轻社会优待负担和减少国家建设资金的支出，更大地调动优抚对象烈军属的生产、劳动积极性，在农村和城市分别实施了优待劳动日和城市就业制度。

抗美援朝时期代耕的实施一方面保障了广大烈军属的权益，另一方面也带来了不利影响，增加了社会的负担和使烈军属有了依赖思想，加重了社会民众对代耕制度和烈军属的不满情绪。但随着农业合作化的发展，土地成为集体所有制，原来代耕所依存的土地形式发生了变化，在这种形势下，优待烈军属无法再让社会给予代耕和更多的优待，为了减少对集体的依赖和给予的负担，国家实施了优待劳动日，既让烈军属参与劳动，也让他们获得一定的优抚待遇。

同样在城市为了减少给优抚烈军属的优待费用，国家对烈军属实施了积极的劳动就业政策，尤其是注重福利事业的发展，因为“这些人当中完全没有劳动能力的是很少数。大约有 100 余万人，是由国家和合作社分别给予物质保证的。而绝大多数是有劳动能力的”①，这样通过对福利事业的发展充分利用了伤残军人的剩余劳动力，“到 1954 年，这种社会保障性质的福利生产发展到全国所有的城镇，生产单位达到三千三百个，参加生产的达到四十七万人”。②

再者，服务于经济建设的优抚体制逐渐形成。生产力决定生产关系，经济基础决定上层建筑。抗美援朝结束以后，国家急需进行经济建设，因为通过抗美援朝为国家发展赢得了一个难得的战略机遇期，有了一个相对和平的发展环境；同样国家经过新中国成立以前的长期战争破坏以及抗美援朝的干扰，经济建设是解决社会主要矛盾的唯一方式。显然，各项社会制度必须围绕经济建设进行，必须服务于经济建设。

为了更好地进行建设经济，国家严格了优抚资金的支出，譬如，1953 年 9 月，内务部下发了《关于贯彻执行“革命烈士家属、革命军人家属诊

① 王子宜：《民政工作的两个中道问题》，《内务部通讯》1958 年第 6 期，第 1 页。

② 王子宜：《促使优抚复员和社会救济工作的大跃进》，《人民日报》1958 年 6 月 30 日。

治疾病优待暂行办法”的联合通知》，为了节约国家经费和制止优待医疗费用过大的情况，要求：“对于不同经济情况的烈军收分别予以全免、半免或不免医药费的待遇。一般疾病应以门诊治疗为原则，急性病及重病可以收容住院。”①

再就是为了更好地促进农业合作化的发展，国家停止了代耕制度，实施优待劳动日，“郊区农村成立了许多高级农业生产合作社以后，土地已经为农业生产合作社集体所有，过去用代耕解决贫苦烈、军属和二等以上革命残废军人生活困难的办法，已经不适用了。在三月里，市民政局就布置各区试用优待劳动日的办法代替代耕办法”。②

---

① 卫生部、内务部：《关于贯彻执行“革命烈士家属、革命军人家属诊治疾病优待暂行办法”的联合通知》（53）卫医内联字第1183号，1953年9月12日。

② 《优待烈属军属和革命残废军人八十六个乡镇实行优待劳动日办法》，《人民日报》1956年7月7日。

第三章　优抚制度的破坏与维持（1966—1976 年）

第一节　动荡中的停滞

从抗美援朝到全面建设社会主义时期，国家优抚事业获得了全面发展，不仅在农村实施了代耕和优待劳动日制度等优待制度，还一再提升抚恤标准，更为褒扬烈士修建了数量众多的纪念建筑物。但“文革”的发生改变了整个优抚事业的局面，无论是制度建设还是具体工作的实施都受到了很大阻碍，甚至有些出现了严重倒退：中央和地方的优抚机构被撤销；国家实施的优抚政策不能落实；很多优抚对象受到迫害，被当作“反革命”分子打倒；抚恤待遇停滞不前；转业退伍军人无法安置；等等。

一、优抚机构受到全面冲击

在整个“文革”的大部分时间里，优抚机构被撤销了。“文化大革命”爆发之初，内务部还是抵抗住了“左”的路线冲击，坚持优抚工作的正常开展。但到了 1967 年，随着阶级斗争在全国范围蔓延，内务部的工作受到严重影响，已无法正常运转。“1967 年 1 月，‘文革’造成的混乱局面更加严重。各种造反组织都搞串联。内务部机关总共才 400 多人，一下住进了 10000 多名全国各地来北京搞串联的红卫兵、造反派，把内务部除了档案室、机要室外的所有办公室、会议室都住满了，机关工作陷于瘫痪”。[①]

“文革”的进一步扩大给优抚工作带来的最终结果就是各种机构的撤除。内务部被首先撤除。1968 年 12 月 11 日，最高人民检察院、最高人民法院和内务部的军事代表联合公安部领导小组向中央作了《关于撤消高检院、内务部、内务办三个单位，公安部、高法院留下少数人的请示报告》，最后得到了毛泽东的同意。1969 年 1 月，内务部被正式撤销，其内设的优抚局等下属机构也被一并撤除，同时，内务部的很多同志被下放湖北沙市五七干校劳动。

随着内务部的撤消，地方优抚机构也不复存在。1969 年，北京民政局被取消，由“文革”委员会取代，其原来优抚工作也划归市革委会。这样，整个国家的优抚事业已没有了专门的组织管理机构，陷入了散漫、无序的状态之中。“从中央到地方，有的民政机构被撤销，有的被大大削弱，或与其他部门合并，大批民政干部调离岗位。致使优待抚恤工作和复退军人安置工作，问题成堆，不能解决”[②]，“由于各地许多民政机构不复存在，一些具体工作无法进行，致使部队伤、病、残战士不能离队，不能适当安置”。[③]

虽然“文革”是愈演愈烈，但到 1972 年，优抚事业却稍稍出现了转机。1972 年 3 月，国务院召集财政部、公安部等多部门召开了会议，商讨原内务部的业务分管工作，会议最终决定将原属内务部的救灾、救济、优抚、拥军优属等工作划归财政部。随着中央将原来内务部各项事务的重新划分和实施，北京民政局和各区民政科也恢复了工作。显然，一些优抚工作的恢复对混乱“文革”社会中的优抚事业是一个转机，对原来优抚事业的坚持起到了积极作用，而这种状况的出现在很大程度上则是由优抚工作的重要性所决定的，因为军民关系的融洽和军队的稳定都离不开优抚

① 邓六金：《我与曾山》，新华出版社 1999 年版，第 150 页。
② 孟韶华等：《中国民政史稿》，黑龙江人民出版社 1986 年版，第 165 页。
③ 孟韶华等：《中国民政史稿》，黑龙江人民出版社 1986 年版，第 165 页。

工作。

以阶级斗争为纲的“文化大革命”对优抚制度冲击的另一个重要表现就是很多优抚系统的领导和工作人员受到批斗。

“文革”发生后，内务部部长曾山首当其冲。“文革”不久，作为内务部领导人的曾山在1967年8月被剥夺了正常的工作权利，“被造反派当做内务部‘头号走资本主义道路当权派’揪出来批斗，并逼迫他一而再，再而三地写‘检查’”。①“一次，造反派冲到我们家里来批斗曾山。老头子对我们说：‘你们到里边屋里去，这不关你们的事，我的事情自己处理。’造反派一群人坐在高高的椅子上，让曾山坐在小板凳上，厉声要他交代自己的问题。老头子平声静气回答造反派的问话。对有些故意找事、出言不逊的问题，我们听着都难受，可老头子还是不急不躁，说：‘我的问题，中央都知道，我也写了材料，你们可以调查。我自己是农民出身，干了一辈子革命，问心无愧。我自己的进退，都听党的安排。’”② 事实上，内务部的一些其他领导同样遭受了批斗。

在阶级斗争的一再冲击下，优抚工作人员也加入到了所谓的“阶级斗争行列”。“在毛主席发出无产阶级‘文化大革命’的号召下，……我们再也坐不住了，我们要斗争！我们要反抗”。③ 在这种所谓的“阶级斗争”号召下，内务部人员也开始放下工作，参加“文革”运动。“在‘文化大革命’中，内务部一共402人，就有7个造反组织。有的要保曾山，有的要打倒曾山。造反派把我们家里和住的胡同里贴满了大字报，到处写着‘打倒走资派曾山’的标语”。④

“文革”期间，优抚事业废止的一个重要表现就是全国民政工作会议的停止。“文革”前的最后一次全国民政工作会议于1960年3月15日在

① 江磊：《内务部长曾山在“文革”中》，《炎黄春秋》2002年第4期。

② 邓六金：《我与曾山》，新华出版社1999年版，第149页。

③ 聂元梓、赵正义、夏剑豸、高云鹏、宋一秀、李醒：《尘问苍茫大地，谁主沉浮?》，《人民日报》1967年4月22日。

④ 邓六金：《我与曾山》，新华出版社1999年版，第149页。

北京召开，与会代表受到了刘少奇、薄一波等人的接见，“在今天下午先后接见了五个会议的全体代表。这五个会议是：中国人民解放军工程兵第二届积极分子代表会议，中国人民解放军总直机关院校积极分子代表大会，全国中小型高炉生产会议，全国总工会和全国妇联召开的全国职工生活工作会议，第六次全国民政会议”。①

直到“文革”结束以后，第七次全国民政工作会议在1978年9月16日召开，确定了民政部主要负责的任务，即优抚、救灾和安置等。

二、优待、抚恤和褒扬的倒退

在“文革”风潮的冲击下，国家的优待、抚恤和褒扬工作出现了严重地倒退，使优抚工作遇到了前所未有的挫折。

（一）优待的倒退

优待政策、法令被废止。“文革”期间，许多优待政策遭到了无端的攻击。“林彪、‘四人帮’对民政工作的方针政策进行全面否定。他们攻击拥军优属‘过时了’；攻击抓救灾‘是以救灾压革命’；攻击灾区人民生产自救，开展副业，是‘搞资本主义’；攻击把公益金用于五保户的供给和困难户的补助是对社员的‘剥削’；攻击社会福利事业是‘搞福利主义’、‘搞旧慈善事业那一套’。许多地区，特别是革命老根据地，优抚对象和五保户、困难户的生活困难得不到解决。‘四人帮’混淆社会主义同资本主义的根本区别，无视群众的生活疾苦，破坏军民关系和党群关系，妄图达到颠覆无产阶级专政的罪恶目的”。②

优待补助工作停滞。“优待补助工作停滞不前，尤其农村优抚对象的

① 《中共中央领导人接见五个会议全体代表》，《人民日报》1960年3月16日。

② 《以揭批“四人帮”为纲，努力做好民政工作为实现新时期的总任务而奋斗在全国民政工作会议上的报告》，《人民日报》1978年11月8日。

定期定量补助工作遭到很大削弱，致使许多优抚对象生活十分困难”。[①] 事实上，还有很多优待政策被无故取消，比如，伤残军人的医疗费等。

优待对象遭受迫害。在许多优待政策被取消的情况下，一些优待对象还遭受迫害，其中包括许多革命老红军、残废军人等。

为数众多的优抚对象被诬蔑为“走资派的红人”“修正主义的社会基础”，成为打击、迫害的重点，致使优抚对象中出现许多冤假错案。“林彪、‘四人帮’积极推行反革命政治纲领，打击迫害大批民政干部，特别是领导干部。更为严重的是，他们把老烈属、退伍红军老战士、老残废军人、老复员军人，当作打击迫害的重点。”[②] 以致“成千上万的优抚对象被打成‘叛徒’、‘特务’、‘右派’，其荣誉称号被撤销，甚至受刑坐牢，被迫害致死，以致造成了 9.2 万件的优抚对象冤假错案”[③]，“在全国各地大揪‘旧社会吃过糠，抗日战争扛过枪，解放战争负过伤，抗美援朝渡过江’的‘走资派’，把成千上万的优抚对象打成‘叛徒’、‘特务’、‘反革命’，非法撤销荣誉称号，没收、销毁荣誉证件，甚至捆绑吊打，坐牢杀头。江西省三十七个县不完全统计，被迫害的苏区老干部、老残废军人达二万二千七百余人，其中被打成‘叛徒’、‘反革命’的八千五百一十人”。[④]

北京也有数量众多的优抚对象受到迫害。“1979 年北京市为在‘文化大革命’中受到打击、迫害的 599 名优抚对象恢复名誉和优待”。[⑤]

（二）抚恤的倒退

抚恤费用被挪用。“林彪、‘四人帮’借口反对‘管、卡、压’，疯狂破坏财务管理制度。他们把民政事业费变成‘万能款’、‘机动费’。在他

---

① 孟昭华等：《中国民政史稿》，黑龙江人民出版社 1986 年版，第 165 页。

② 《以揭批“四人帮”为纲，努力做好民政工作为实现新时期的总任务而奋斗在全国民政工作会议上的报告》，《人民日报》1978 年 11 月 8 日。

③ 周士禹等：《优抚保障》，中国社会出版社 1996 年版，第 16 页。

④ 《民政统计历史资料汇编》，民政部计划财务司编、冶金印刷厂 1993 年版，第 615 页。

⑤ 《北京志・政务卷・民政志》，北京出版社 2003 年版，第 140 页。

们的毒害下，挥霍浪费、贪污挪用民政事业费的现象相当普遍。河南驻马店地区大量挪用、侵占救灾款物事件的出现，绝不是偶然的，它是林彪、‘四人帮’反革命修正主义路线造成的严重恶果之一”①，以致“由于受左的思想影响，优抚工作的声势造的比较大，但形式多于内容，解决的实际问题不多”。②

整个“文革”期间，抚恤标准一直没有提升，仍在沿用1955年的标准，而且不能按时发放。

（三）褒扬的倒退

革命先烈声誉受到损害。“文革”期间，许多革命先烈被诬陷为“叛徒”，“他们诽谤革命先烈、破坏烈士纪念建筑和珍贵遗物。林彪、‘四人帮’歪曲和丑化党的历史，颠倒敌我关系，打击迫害民政干部和优抚对象，诬蔑革命先烈，其罪恶目的是为了毁我长城，篡党夺权，复辟资本主义”。③

破坏烈士纪念建筑物。“他们到处破坏烈士纪念建筑和珍贵遗物。江西省革命烈士纪念堂，毛主席、周总理的题词被砸烂，红军塑像被炸毁，烈士名册和珍贵遗物被扔进厕所。延安‘四八烈士陵园’，全部被毁，党的老一代无产阶级彭湃、刘志丹烈士，都被诬为‘叛徒’，他们的亲属遭到骇人听闻的迫害”。④

北京八宝山烈士陵园有120座坟墓遭到破坏，其中瞿秋白的墓在1966年被几百名红卫兵夷为平地。

显然，优待、抚恤和褒扬的倒退给优抚制度的各方面都带来了巨大危害。

---

① 《以揭批“四人帮”为纲，努力做好民政工作为实现新时期的总任务而奋斗在全国民政工作会议上的报告》，《人民日报》1978年11月8日。

② 张东江等：《当代军人社会保障制度》，法律出版社2001年版，第128页。

③ 《以揭批“四人帮”为纲，努力做好民政工作为实现新时期的总任务而奋斗在全国民政工作会议上的报告》，《人民日报》1978年11月8日。

④ 《民政统计历史资料汇编》，民政部计划财务司编、冶金印刷厂1993年版，第615页。

阻碍了优抚保障制度的建设。“文革”对优抚制度发展的一个最大影响便是使制度建设陷入停滞状态。因为，原来制定的整个优抚制度被废止，不能有效地执行，并且随着优抚机构的废除，国家没有机构再来监督和制定新的优抚制度条例。

导致了大量的优抚对象生活下降，甚至不能得到有效的保障。虽然一些优待制度还是坚持了下来，比如，农村的优待劳动日制度，但事实上，很多的优抚对象因为抚恤待遇无法正常执行而生活不断下降，甚至出现了困难。

导致了优抚对象数量在一定程度上的下降。“文革”期间，很多原来的优抚对象被错误打成了所谓的“右派”，以致被无辜地取消了优抚待遇，相比以前，优抚对象的数量有一定减少。

第二节　困境中的坚持

“文革”期间，由于以阶级斗争为纲路线的推行，许多优抚政策受到了干扰而无法正常执行，但一些中央及地方部门在排除各种干扰的情况下，仍然坚持了原来的一些优抚政策。

一、优待的实施

在优待政策方面，一些国家部门仍然对部分优待工作发出具体指示，根据复员军人的实际问题制定具体的优待政策，同时在农村坚持优待劳动日制度。

（一）坚持对部分优待工作的指导

中央和北京都会发出节假日的优待工作指示。

1968年1月，北京市革命委员会对春节期间的拥军优属工作召开了拥军动员大会，同时下发了《北京市革命委员会关于开展拥军运动的指示》，明确要求"要以'斗私，批修'为纲，检查、修订和落实拥军公约；要切实做好对军属、烈属、荣誉军人的优抚工作"。①

1972年春节前夕，国务院、中央军委发出了《关于一九七二年新年春节期间开展拥军优属拥政爱民运动的通知》，要求："我们一定要响应毛主席的号召，更好地向人民解放军学习，进一步搞好拥军优属工作，加强军民团结、军政团结……各地认真落实党的优抚政策，检查优抚工作的情况，满腔热情地关怀烈、军属和革命残废军人。"②

1973年春节前夕，北京市委员会和市革委会就联合发出通知，要求在开展好拥军优属工作的基础上，做好一些优待工作。"认真检查总结拥军优属工作，进一步落实优抚政策，从政治上、生活上关心烈军属和荣誉、复员、转业退伍军人，鼓励他们在社会主义革命和社会主义建设中发挥积极作用"。③

在发出各项优抚工作指导意见的同时，中央和北京还召开了一些专门的优抚工作会议，对具体的优抚工作进行具体的部署。1968年1月13日，北京市革命委员会举行拥军动员大会，解放军各总部、各军种兵种、国防科委的代表以及各县(区）革命委员会或革命委员会筹备小组代表，工厂、农村、学校、机关的革命群众代表，共一千多人，国务院副总理、北京市革命委员会主任委员谢富治同志作了讲话，决定立即在全市广泛、深入、热烈地展开拥军运动。本次大会要求，"遵照伟大领袖毛主席'拥军爱民'的教导，进一步搞好拥军运动，学习解放军，热爱解放军，帮助解放军，更加相信和依靠解放军。要像解放军那样，高举毛泽东思想伟大红旗，突

① 《北京市革委会举行拥军动员大会》，《人民日报》1968年1月14日。

② 《认真向解放军学习　进一步加强军民、军政团结全国各地热烈开展拥军优属运动》，《人民日报》1972年2月14日。

③ 《北京、福建、吉林、江苏、安徽等省积极开展拥军优属运动》，《人民日报》1973年1月7日。

出无产阶级政治，学好用好毛主席一系列极为重要的最新指示，使毛主席的最新指示条条落实，全面落实”。①

（二）制定复员军人方面的优待政策

由于这一时期的混乱局面导致了很多复员军人问题的出现，比如复员军人无法正常安置、军队费用的缺乏致使复员军人长期滞留部队等，针对这些复员转业军人存在的问题，国家制定和实施了一些优待政策。

1966 年 3 月 1 日，国务院发出《关于修改军队退休干部生活费标准的通知》，4 月 1 日，内务部发出《关于执行〈国务院关于修改军队退休干部生活费标准的通知〉的通知》；4 月 9 日，劳动部、内务部又发出了《关于军队转业干部在集体所有制单位工作的以及转业干部中的原起义军官工资待遇问题的复函》。1972 年 1 月 13 日，国务院、中央军委发出《关于军队复员干部安排工作后工资待遇问题的通知》。1973 年 11 月 9 日，国家计划委员会劳动局下达关于贯彻执行国务院、中央军委《关于军队复员干部安排工作后的工资待遇问题的通知》，就军队复员干部安排后是否实行初期工资待遇等问题进行了答复。1974 年 1 月 11 日，国务院、中央军委发出《关于分配 1974 年退伍军人的通知》，遵循按照“从哪里来回哪里去”的原则进行安置。1976 年 1 月 7 日，国家劳动总局、解放军总政治部发出《关于做好 1969 年至 1975 年 7 月 31 日期间军队复员干部安排工作的通知》，要求对 1969 年至 1975 年 7 月 31 日期间复员的军队干部进行妥善安置。

（三）开展具体的优待工作

这一时期，由于“文革”的混乱局面导致复员军人的就业等问题突出，国家实施了一些具体的优待工作。

① 《北京市革命委员会举行拥军动员大会遵照毛主席教导大力展开拥军运动》，《人民日报》1968 年 1 月 14 日。

关于生活费用的问题。1966 年 4 月 1 日，内务部发出《关于执行〈国务院关于修改军队退休干部生活费标准的通知〉的通知》，要求，对 1966 年 4 月 1 日以后处理的军队退休干部，都按新的生活费标准执行，而对 1966 年 3 月 31 日以前已作退休处理的军队退休干部，仍执行原来的生活费标准。对于参加工作的复员军人给予工资待遇，1966 年 4 月 9 日，劳动部、内务部就该问题专门下发了《关于军队转业干部在集体所有制单位工作的以及转业干部中的原起义军官工资待遇问题的复函》，提出，军队转业干部在集体所有制单位工作的，也同在全民所有制单位工作的一样，从 1966 年 3 月开始，按照 1965 年 10 月 27 日《国务院关于军队转业干部工资待遇问题的通知》执行。对于转业干部中的原起义军官的工资待遇一般的不予降低，已经降了的应予恢复，并补发降低的工资。

由于部分复员干部在各省、市、自治区规定的定级标准不够统一以及有些人工资级别偏低，家庭负担极重，生活困难较大等情况，国务院、中央军委在 1972 年 1 月 13 日发出了《关于军队复员干部安排工作后工资待遇问题的通知》，要求：复员干部安排当工人的，按其军龄长短和表现，分别定为二至五级工人或二十五至二十三级干部。1969 年 1 月 1 日后复员干部的工资待遇，低于本《通知》规定的，应予重新评定；高于本规定的，可不降低。

针对复员军人的就业问题，1973 年 11 月 9 日，国家计划委员会劳动局下达关于贯彻执行国务院、中央军委《关于军队复员干部安排工作后的工资待遇问题的通知》，就军队复员干部安排后是否实行初期工资待遇，安排到商业、文教、卫生等部门的如何定级；复员干部中大专院校毕业生安排工作后，如何参照地方同届毕业生工资标准定级；复员干部中大专院校毕业者分配当工人的如何定级；大专院校肄业生如何定级；安排工作后，是否退回复员时领取的医药补助费等问题作了具体的说明。1974 年 1 月 11 日，国务院、中央军委又发出了《关于分配 1974 年退伍军人的通知》，提出，除国家分配外应按照“从哪里来回哪里去”的原则进行安置。对于回农村的退伍军人，要做好思想动员工作，解决他们在生产和生活中的实际问题，使他们安心进行农业生产。回到城镇的退伍军人，原则上应安排到急需用人的新建、扩建单位，要教育他们自觉地服从分配。入伍前系厂矿企业、事业单位的职工，本人要求复员复职时，可以允许。1976 年 1 月 7 日，国家劳动总局、解放军总政治部再次发出了《关于做好 1969 年至 1975 年 7 月 31 日期间军队复员干部安排工作的通知》，要求对 1969 年至 1975 年 7 月 31 日期间复员的军队干部，要给予妥善安置，可以就地就近安排在全民所有制单位，也可以安排到集体所有制的企业、事业单位。过去已安排在全民所有制单位和集体所有制单位有固定工资收入的，不再重新安排，其工资待遇，应按照国务院、中央军委下发的《关于军队复员干部安排工作后工资待遇问题的通知》执行。安排在（含过去已安排的）集体所有制单位工作的，可参照上述《通知》的规定，评定工资等级，按照所在单位的工资标准执行。

优待劳动日在农村继续实施。以北京为例，“文化大革命”期间，群众对烈军属优待劳动日的工作没有间断，并且困难户减少，“1974 年，全市郊区困难烈军属 13268 户，比 1963 年减少 64%，全年优待劳动日 1275.6 万个，比 1963 年减少了 146.4 万个”[①]。正是由于优待工作的开展，“1977 年，全市郊区农村享受优待的烈属、军属、革命残废军人、复员军人共 9259 户，比 1974 年减少 4009 户，这一年优待劳动日 1153 万个，比 1974 年减少 120 万个”[②]。

二、抚恤、褒恤的做法

在“文革”期间，相关部门不仅制定了一些抚恤政策，还对一些抚恤工作进行了指导，在当时社会的状况下，已实属不易。

① 《北京志·政务卷·民政志》，北京出版社 2003 年版，第 148 页。
② 《北京志·政务卷·民政志》，北京出版社 2003 年版，第 148 页。

（一）伤残抚恤政策的制定和实施

医疗等抚恤待遇政策的制定和实施。“文革”前夕，财政部、内务部和卫生部联合下发了《关于复员军人、退伍义务兵医疗减免问题的复函》，针对复员军人、退伍义务兵提出了减免医疗费用的具体意见。对于从地方借调到部队担任翻译工作的人员牺牲、病故的抚恤待遇问题，1966 年 6 月 28 日，内务部给广东、云南省民政厅下发了《关于从地方借调到部队任翻译工作的人员牺牲、病故后待遇问题的复函》，要按照“抗美援朝期间的无军籍工资制人员病、伤、残、亡优抚暂行办法”实施。同样，内务部还对工役制工人死亡待遇的问题给予了云南省民政厅回复。1966 年 9 月 18 日，内务部、林业部发出《关于解决森林警察因公牺牲、残废和病故人员抚恤待遇问题的联合通知》，10 月 15 日，内务部发给江苏省民政厅《关于矽肺病退伍军人的残废待遇问题的复函》，11 月 10 日，内务部向湖南省人民委员会作出了《关于特、一等革命残废军人病故后其遗属的生活困难如何给予照顾问题的复函》。除此以外，1967 年 6 月，内务部还下发了《关于所提工役制工人因公死亡待遇问题的复函》；1973 年 6 月，财政部还给浙江省内务局作了《关于民兵民工参加国防施工因公致残后生活困难问题的复函》。

提高抚恤标准的规定。由于长期的混乱局面，整个抚恤水平没有得到提高，随着各种情况的好转，国家抚恤工作也得以开始走上正轨，一个重要的表现就是提高在乡的革命残废人员抚恤标准。1977 年 12 月，财政部下发了《关于调整在乡革命残废人员抚恤标准的通知》，对在乡的革命残废人员的抚恤标准作了新的规定。

制定评残工作的相关政策。1970 年 11 月 30 日，国防部、公安部、财政部联合发出《关于实行义务兵役制的消防民警评残问题的通知》。1972 年 2 月 29 日，财政部发出《关于换发革命残废抚恤证的函》，提出，凡革命残废人员持有原内务部 1962 年以来印发的《革命残废军人抚恤证》

《人民警察残废抚恤证》《工作人员残废抚恤证》《兵民工残废抚恤证》，到 1972 年使用期满者，须于今年换发新证。1976 年 2 月 13 日，财政部、解放军总后勤部联合发出《关于革命残废军人评残工作中的几个问题的通知》，就评残条件、有关待遇和补发残废证等问题作了规定。

就抚恤工作的开展来讲，主要集中在三个方面：解决相关抚恤待遇的问题；评残问题的规定；提高抚恤标准。

首先，国家解决了一些相关的抚恤待遇问题。对复员军人、退伍义务兵减免医疗费用。"文革"开始前夕，1966 年 2 月，财政部、内务部和卫生部联合下发了《关于复员军人、退伍义务兵医疗减免问题的复函》，针对复员军人、退伍义务兵提出了减免医疗费用的具体意见，"一、凡不是带病回乡的复员军人，其患病医疗费用，原则上由本人负担，但确有困难的，可由民政部门给予必要的补助；凡是带病回乡的，不论是原病加重或复发，还是患其他疾病的医疗减免，均由卫生部门负责。至于经批准，住当地医院或转外地医院住院治疗时的路费和伙食费，由本人负担。对于个别确有困难无力解决的，民政部门可酌情给予补助。……带病回乡复员军人，在复员证上一般应该注有'患病'或'已发医疗费'等字样。至于当时因手续不健全，不统一，有些复员证上写得不够明确，是否属于带病回乡的问题，可由所在社、队提出意见，再由当地民政、卫生部门共同研究确定"。①

对于身患疾病的复员士兵抚恤待遇问题。1966 年 10 月 15 日，内务部发给江苏省民政厅《关于矽肺病退伍军人的残废待遇问题的复函》，指出："关于矽肺病退伍军人的残废待遇问题，经与中国人民解放军总后勤部卫生部联系后，认为军人患有矽肺病，退伍时没有评定残废等级的，因这属于要重新评残追认革命残废军人的问题，应由原部队负责审查办理；军人退伍时已由部队评了残废等级的，如果病情加重，维持原定残废等级

① 财政部、内务部和卫生部：《关于复员军人、退伍义务兵医疗减免问题的复函》财文行字第 9 号、内厅字第 4 号、卫计字第 49 号，1966 年 2 月 17 日。

显著不合理的，可由地方民政部门适当调整等级。至于对矽肺病怎样评定残废等级问题，按中国人民解放军总参谋部、总政治部、总后勤部 1964 年 5 月 27 日（64）卫字第 1113 号《关于处理矽肺病人的通知》规定：一、二期矽肺病者可评为二等乙级或二等甲级；三期矽肺病人和矽肺合并肺结核者，可评为二等甲级或一等。”①

特、一等革命残废军人病故后其生活待遇的问题。就湖南省关于特、一等革命残废军人病故后其遗属的生活困难如何给予照顾的请示，1966 年 11 月 11 日，内务部对湖南省人民委员会作了复函，“对于在乡的和在革命残废军人休养院的特、一等革命残废军人病故以后，除了按照革命残废军人优待抚恤暂行条例的规定发给半年的抚恤金以外，对他们的遗属生活困难照顾问题，我们的意见，可以参照对病故军人家属的生活困难的照顾办法给予优待补助，保证他们的生活不低于当地一般群众的水平。至于在职的特、一等革命残废军人，他们病故后的遗属生活困难问题，按规定应由其所在单位按照病故职工遗属的照顾办法处理”。②

这一时期，还对民兵民工因参加国防施工致残后的生活待遇作了规定。1973 年 6 月，财政部给浙江省内务局作了《关于民兵民工参加国防施工因公致残后生活困难问题的复函》，提出：“按照劳动部、内务部一九五八年二月十日劳配字第 49 号、内优字第 107 号文件办理。即符合五保条件的，由生产队给予五保待遇；不符合五保条件的，由生产队在生产、生活上给予适当的安排和照顾。”③

其次，国家制定了一些评残的规定。1970 年 11 月 30 日，国防部、公安部、财政部联合发出《关于实行义务兵役制的消防民警评残问题的通

① 中国人民解放军总参谋部、总政治部、总后勤部：《关于处理矽肺病人的通知》（64）卫字第 1113 号，1964 年 5 月 27 日。

② 内务部：《关于特、一等革命残废军人病故后其遗属的生活困难如何给予照顾问题的复函》（63）内优字第 134 号，1966 年 11 月 11 日。

③ 《财政部关于民兵民工参加国防施工因公致残后生活困难问题的复函》，《民政工作文件汇编》（一），地质出版社 1984 年版，第 427 页。

知》，提出，义务兵役制的消防民警因公而致残废者，应享受《革命残废军人优待抚恤暂行条例》的待遇。残废等级由所在地方医疗单位依据国家有关规定标准进行评定，并由所在单位填写《革命残废军人抚恤证》，送省、自治区一级的革委会民政部门办理。

关于革命残废人员换证的问题。1972 年 2 月 29 日，财政部发出了《关于换发革命残废抚恤证的函》，指出，凡革命残废人员持有原内务部 1962 年以来印发的《革命残废军人抚恤证》《人民警察残废抚恤证》《工作人员残废抚恤证》《兵民工残废抚恤证》，到 1972 年使用期满的，在今年换发新证。换证工作中的问题，由各省、市、自治区革命委员会处理。对于现役军人中革命残废人员的换证问题，总政治部、总后勤部统一换发，各地按换发的新证继续给予抚恤。

1976 年 2 月 13 日，财政部、解放军总后勤部联合发出《关于革命残废军人评残工作中的几个问题的通知》，就评残条件、有关待遇和补发残废证等问题作了规定。在现役军人因病致残后的生活，仍按原内务部和总后勤部 1957 年 7 月 3 日《关于革命残废军人评残问题的批复》执行的基础上，两部门还对其他的一些评残情况作了新的规定。

关于因公致残的评残问题。“（一）由于医疗不慎给战士造成的伤残；（二）专业文体工作者，在排练或演出、比赛中受伤致残；（三）参加机关组织的体育运动会、文艺会演负伤致残，残废情形符合二等乙级以上；（四）战士非因公或系个人失慎致伤，残废情形符合二等乙级以上者，可按病残处理。但因错误行为、违犯纪律而致残者不应评残。”①

关于现役军人因病评残问题。早在 1957 年 7 月颁布的《有关革命残废军人评残问题的批复》中规定，凡在部队服役期间积劳成疾，经医疗终结后成残又相当于二等乙级以上的，均可酌情予以评残。到了 1976 年根据一些新的情况，又作出了一些规定：“国家机关工作人员在 1963 年已废

① 财政部、总后勤部：《关于革命残废军人评残工作中几个问题的通知》（76）财事字第 22 号、（76）后卫字第 37 号，1976 年 2 月 13 日。

止因病评残。因此，今后军队干部因病成残者，一律不再评残废。丧失劳动能力不能工作的，应安置离休、退休；转业到地方工作的，则按地方有关规定执行。对因病成残的战士和复员回乡的干部，在医疗基本终结后，若劳动能力大部分丧失，相当二等乙级以上残废条件的，为了照顾他们回乡后的生活和必要的医疗，今后在办理复员退伍手续时，可予以评残，发给革命残废军人抚恤证，并注明因病致残。”①

同时还对因战、因公补发的残废证明作了相应的规定。“对退伍军人要求补发残废抚恤证的，如档案材料中或复员证上有伤残或有其他可靠证明，其残废情形又符合于评残条件者，可予补残废，享受抚恤。但过去未享受部分不再追补。对已退伍人员补办评残手续，由当地民政部门负责办理，部队应实事求是认真负责协助查找有关证明，如确实查不到，可由当地民政部门根据实际情况酌情处理。但在离队一年以内的，如需补办，应由部队办理，并函告当地民政部门。”②

再者，在“文革”结束时，国家就提高了抚恤标准。由于长期的混乱局面，整个抚恤水平没有得到提高。到了“文革”的后期，随着各种情况的好转，国家抚恤工作开始走上正轨，一个重要的表现就是提高在乡的革命残废人员抚恤标准。

1977 年 12 月，财政部下发了《关于调整在乡革命残废人员抚恤标准的通知》对在乡的革命残废人员的抚恤标准作了新的规定：

革命残废军人、残废工作人员、残废人民警察的抚恤金分别是：特等级别中因战致残的一年抚恤费标准是520元、因公致残的480元，参战残废民兵民工的抚恤金是460元；一等中因战致残的抚恤费用是

① 财政部、总后勤部：《关于革命残废军人评残工作中几个问题的通知》（76）财事字第 22 号、（76）后卫字第 37 号，1976 年 2 月 13 日。

② 财政部、总后勤部：《关于革命残废军人评残工作中几个问题的通知》（76）财事字第 22 号、（76）后卫字第 37 号，1976 年 2 月 13 日。

460 元、因公致残的是 430 元，参战残废民兵民工的抚恤金是 400 元；二等甲级因战致残的是 260 元、因公致残是 240 元，参战残废民兵民工的抚恤金是 230 元；二等乙级因战致残的是 196 元、因公致残的是 186 元，参战残废民兵民工的抚恤金是 170 元；三等甲级因战、公致残的是 100 元，参战残废民兵民工的抚恤金是 100 元；三等乙级因战、公致残的是 80 元，参战残废民兵民工的抚恤金是 80 元。①

同时针对在乡革命残废人员抚恤标准调整后出现的一些问题，财政部在 1978 年 3 月就其中的一些问题专门作了答复。对于三等在乡的革命残废人员抚恤费用的发放，“由每年一次发给，改为每年在一、七月份分期发给，每期发给半数”；② 在伤残革命军人病故后，“原规定除发当年残废补助费外，另发给其家属一年的补助费”；③ 对于退休或领取老弱残退职救济费的革命残废人员，“仍按在职残废抚恤标准发给”，但“对于退休费（或救济费）加在职残废抚恤费的总额，低于在乡同一等级残废抚恤标准的，可以不领退休费（或救济费）和在职残废抚恤费，改领在乡残废抚恤费”。④

（二）褒恤政策的制定和实施

国家在褒恤事业方面制定了一些新政策。

1974 年 2 月 4 日，财政部、外经部下达《关于援外出国人员牺牲、病故善后抚恤问题的处理意见》，对出国援外人员因公牺牲和病故的抚恤问题作了规定。1974 年 5 月 31 日，财政部发出《关于重新制发因战因公牺牲人员家属光荣纪念证的通知》，规定从 1974 年 7 月 1 日开始启用新的证件。

① 参见《在乡革命残废人员残废抚恤标准表》，《民政工作文件汇编》（一），地质出版社 1984 年版，第 431 页。

② 财政部：《有关残废抚恤方面几个问题的答复》（78）财事字第 48 号，1978 年 3 月 30 日。

③ 财政部：《有关残废抚恤方面几个问题的答复》（78）财事字第 48 号，1978 年 3 月 30 日。

④ 财政部：《有关残废抚恤方面几个问题的答复》（78）财事字第 48 号，1978 年 3 月 30 日。

对于烈士纪念建筑物的修建工作的规定，在整个“文革”期间计划陷入了停滞。“文革”以前，1965年9月，中共中央和国务院曾下发了《关于停建纪念建筑物的通知》，此后在“文革”相当长的时间内都没有此类规定的出台，直到“文革”行将结束之时，1978年10月13日，国务院对安徽省“文革”委员会作出了《关于安徽省兴建皖西革命烈士纪念馆问题的批复》，次年2月，民政部又下发了《关于严格控制修建烈士纪念建筑物的通知》。

关于褒恤工作的开展，主要集中在了这三个方面：援外出国人员牺牲、病故善后的抚恤；重新颁发烈士光荣纪念证；修建纪念建筑物的规定等。

关于援外出国人员牺牲、病故善后的抚恤规定。1974年2月4日，财政部、外经部下达《关于援外出国人员牺牲、病故善后抚恤问题的处理意见》，要求，凡出国援外人员因公牺牲者，可以评定为革命烈士。烈士的直系亲属享受烈属待遇，同时援外人员派出部门出具证明，然后提请本省（市、自治区）革命委员会审批发给烈士家属光荣纪念证。对于出国援外人员因病亡故者，一般不被评为烈士，但其抚恤费可参照国内因公死亡的标准进行补发。同时对所需要的国内丧葬费、抚恤费、遗属补助费等，如死者原属企业单位，由原单位按《劳保条例》办理；原属行政单位，由原单位按《革命工作人员伤亡褒恤暂行条例》办理；原属事业单位，由原单位按《革命工作人员伤亡褒恤暂行条例》办理；其他人员，由当地民政部门参照《民兵民工伤亡抚恤暂行条例》办理。派出单位和当地政府部门，对上述死者的家属应予以热情关怀，对他们的困难，应根据党的政策，给予适当照顾。

关于重新颁发烈士光荣纪念证的问题。1974年5月31日，财政部发出《关于重新制发因战因公牺牲人员家属光荣纪念证的通知》，指出，原来内务部制发的《因战因公牺牲人员家属光荣纪念证》和《因公牺牲人民警察家属纪念证》，在一些地区已用完，决定将以上两种光荣纪念证合为一种，并以省、市、自治区革命委员会名义制发，统称《因战因公牺牲人员家属光荣纪念证》。新证从 1974 年 7 月 1 日开始启用。

抗美援朝结束以后，国家就对革命纪念建筑物的修建进行了严格管理。到了“文革”前期，许多地方出现了违规乱建纪念建筑物的现象，于是中央和国务院在 1965 年 9 月 8 日下发了《关于停建纪念建筑物的通知》，要求严格遵守一九六四年十一月十日下发的此类通知，并进一步提出：“关于战争中各次大战役的纪念馆，已建成的不再扩建，未建的一律不建，已下马的一律不再上马，这些未建和停建的纪念馆已经收集的文物，可以分别送交中央革命博物馆和军事博物馆出来。”① 到了“文革”结束时，1978 年 10 月 13 日，国务院对安徽革命委员会请示修建皖西革命烈士纪念馆的事宜作出批复，“考虑到目前国家和地方的经济情况，皖西革命烈士纪念馆不宜兴建”。② 民政部复建后，1979 年 2 月再次下发了严格控制烈士纪念建筑物修建的通知，指出“中共中央和国务院三令五申要严格控制修建烈士纪念建筑物。更不宜在烈士纪念建筑物内修建病故人员骨灰堂和其他附属建筑”。③

众所周知，“文革”严重干扰了国家的正常建设事业，优抚事业亦未能幸免，包括以内务部为首优抚机构的取消、优抚政策的废止等。但庆幸的是一些地方及机构排除各种干扰，仍然坚持了优抚工作，使一些政策得以延续，究其原因，主要是：

首先，国家具有良好的优抚基础。自从井冈山革命根据地斗争时期，中国共产党为了革命斗争的需要就颁布了一批以《中国工农红军优待条例》为首的优抚法律条例，成立以抚恤委员会为首的优抚机构；到了抗战时期，优抚制度继续发展，一批新的法规相继建立，主要的根据地都依

① 中共中央、国务院：《关于停建纪念建筑物的通知》中发（65）559 号，1965 年 9 月 8 日。

② 国务院：《关于安徽兴建皖西革命烈士纪念馆问题的批复》国发（1978）216 号，1978 年 10 月 13 日。

③ 民政部：《关于严格控制修建烈士纪念建筑物的通知》民发（1979）9 号，1979 年 2 月 7 日。

据自己的实际情况制定和实施了抚恤政策，包括晋察冀边区的《修正抗战伤亡军人暂行抚恤办法》、陕甘宁边区的《关于拥护军队的决定》及山东抗日根据地的《山东省抚恤抗日阵亡将士荣誉军人暂行条例》等。到新中国成立之初，国家根据革命战争年代长期优抚实践的经验，制定和颁布了《革命烈士家属革命军人家属优待暂行条例》《革命残废军人优待抚恤暂行条例》《革命军人牺牲病故褒恤暂行条例》《革命工作人员伤亡褒恤暂行条例》和《民兵民工伤亡抚恤暂行条例》。这些革命战争年代和新中国成立以后制定的抚恤条例促进了优待、抚恤及褒扬等优抚内容的广泛开展。

其次，优抚观念深入人心，在一定程度上使国家、地方各机关和社会民众能够自觉地履行优抚义务。中国共产党一直将优抚视为动员民众参军的一种重要措施，从革命一开始就积极宣传优抚思想，历经长时期的革命战争，优抚观念深入人心。井冈山革命根据地斗争时期，为了调动民众参军的积极性和保障其权益，制定的优抚条例始终是以土地为核心，“凡红军战士，家在苏维埃区域内的，其本人与家属均须与当地贫苦农民一样平分土地、房屋、山林”，[①] 并且提出了“凡未在红军中服务者，每人每月要帮助红军家属工作两天，实行无代价的‘优待红军工作日’。”[②] 为了调动人民抗战积极性，陕甘宁边区 1943 年 1 月 15 日，发布《陕甘宁边区政府关于拥护军队的决定》，提出“拥军优属”的口号，开展了广泛的拥军优属运动。战争年代每个时期的优抚口号和活动产生了广泛的社会影响，新中国成立以后一直在坚持原来很多的优抚活动内容，比如，代耕的实施，节日和平时的各项拥军优属后动等。即便在动乱的“文化大革命”时期，优待劳动日和很多拥军优属活动仍被坚持，“党支部还组织慰问组慰问了烈、军属和复员退伍军人、革命残废军人，并及早进行了一九七六年优待劳动日的评定工作，对烈军属和复员退伍军人做到了政治上热情关怀，生

① 孟韶华等：《中国民政史稿》，黑龙江人民出版社 1986 年版，第 137 页。

② 孟韶华等：《中国民政史稿》，黑龙江人民出版社 1986 年版，第 137 页。

产上妥善安排，生活上适当照顾”。[①]

最后，广大军人在中国革命与建设中的巨大作用产生了广泛影响，促成了拥军优属的良好社会风尚。正是中国共产党领导的革命军人经过长期的革命战争，历经土地革命战争、抗日战争和解放战争，经过几十年的斗争才使新中国成立，为此有众多英雄革命儿女献出了自己的生命。抗美援朝战争的爆发，中国军人为了保卫新政权，有二十多万军人献出了自己的生命。这些革命军人英勇献身的革命精神，赢得社会民众的广泛爱戴，拥军优属便成了一种义不容辞的责任。

第三节　“向解放军学习”

“文革”期间，内务部和地方优抚机构一度被取消，以致很多优抚政策无法执行和落实，但在“向解放军学习”运动的号召下一些拥军优属活动还是被很好地坚持了下来。

一、节日动员

节日拥军优属依然是该时段的一项重要政治课题，其中下发慰问通知、慰问演出、座谈会及走访等形式都必不可少。

“文革”期间，每当春节来临时，各级政府都要下发通知，指导拥军优属工作。1966 年 12 月，内务部就向各省、市、自治区民政厅、局发出指示：“在政治上给烈属、军属、残废军人和复员退伍军人以最大的关怀，……在生活上切实帮助烈属、军属、残废军人和复员退伍军人解决自己难以解决的实际困难，认真检查一九六六年的优抚、复员安置工作，

① 《沁县城关公社城关大队发动群众学习党的基本路线破旧立新过革命化春节》，《人民日报》1976 年 1 月 29 日。

特别是优待补助工作。"[1]1970 年 12 月，国务院发出春节拥军优属的通知，要求"认真检查和落实拥军优属工作，修订拥军优属公约；要组织慰问团，深入边防、海防，深入连队、医院，进行慰问"。[2]1971 年 12 月，国务院和中央军委又发出《关于一九七二年新年春节期间开展拥军优属拥政爱民运动的通知》，要求："各级革命委员会要认真做好拥军优属工作，积极支持人民解放军搞好军队建设。"[3]1972 年 12 月，国务院和中央军委又要求，"遵照毛主席的一贯教导，在党委的一元化领导下，广泛深入地开展拥军优属和拥政爱民运动"。[4] 而中共北京市委员会和市革委会则要求"从政治上、生活上关心烈军属和荣誉、复员、转业退伍军人，……要认真听取意见，改进工作，并注意节约，防止铺张浪费。"[5]1975 年 12 月，国务院、中央军委又发出了在 1976 年开展拥军优属的通知："要对当地驻军和烈属、军属、残废军人，进行慰问。召开座谈会，听取他们的意见，总结经验，改进拥军优属工作"。[6] 中共北京市委、北京市革命委员也提出"深入地开展拥军优属活动，更好地向人民解放军学习"。[7]

召开拥军优属动员大会、座谈会，组织慰问活动。事实上，在"文革"期间召开拥军优属大会这种慰问方式被广泛地采用，"各省、市、自治区

---

① 《内务部发出新年春节期间开展拥军优属活动的通知——更加热爱解放军更好地学习解放》，《人民日报》1966 年 12 月 31 日。

② 《国务院通知全国各地在新年春节期间开展拥军优属运动，进一步加强军民军政团结》，《人民日报》1970 年 12 月 30 日。

③ 《国务院、中央军委向全国各地区、各部队发出通知：遵照伟大领袖毛主席的教导，在新年春节期间广泛深入热烈地开展拥军优属拥政爱民运动》，《人民日报》1972 年 1 月 4 日。

④ 《国务院、中央军委通知各地区、各部队在新年春节期间广泛开展拥军优属拥政爱民运动》，《人民日报》1972 年 12 月 31 日。

⑤ 《北京、福建、吉林、江苏、安徽等省市积极开展拥军优属运动》，《人民日报》1973 年 1 月 7 日。

⑥ 《国务院、中央军委通知各地区各部队发扬军政一致、军民一致的光荣传统春节期间广泛深入开展拥军优属拥政爱民运动》，《人民日报》1976 年 1 月 23 日。

⑦ 《以阶级斗争为纲，团结起来，夺取新的胜利京沪津掀起拥军优属拥政爱民热潮》，《人民日报》1976 年 1 月 27 日。

革命委员会，纷纷组织慰问团，召开拥军优属大会，热情慰问解放军和烈属军属”。①

1968 年 1 月，北京市革委会召开了拥军动员大会，并通过了《北京市革命委员会关于开展拥军运动的指示》，提出：“做好对军属、烈属、荣誉军人的优抚工作，做好退伍转业军人的安置工作。”②1970 年春节，北京各地区纷纷召开座谈会。“各地革命群众还举行以学习解放军为中心内容的座谈会，热烈赞扬人民解放军在保卫祖国和‘三支’‘两军’工作中建立的伟大功绩”，③“崇文区召开了有一千多人参加的动员大会，各街道委员会也分别召开了烈军属和复员、转业、退伍军人座谈会，组织他们学习中央两报一刊一九七三年元旦社论……北京市委和市革委会为了从政治上和生活上关怀退休的老红军战士，最近专门召开了座谈会”，④“中共北京市委召开了烈属、军属、革命残废军人和退休老红军代表座谈会，市委和市革委会负责同志到会向大家表示慰问。各区、县也普遍召开了烈军属、革命残废军人和复员、转业、退伍军人代表会或座谈会”，⑤“崇文、西城、东城、丰台、大兴、怀柔等区、县和京西矿务局等单位，分别召开了复员、退伍军人代表会，组织他们学习党的基本路线和十大文件”，⑥“密云县从生产大队、公社到县，层层召开了烈军属，残废军人，复员、转业、退伍军人座谈会，组织大家认真学习毛主席的光辉著作《论十大关系》和华主席在第二次全国农业学大寨会议上的重要讲话，……东城区召开了拥军优属经验交流会，表彰在拥军优属工作中做出成绩的典型单位和先进个

① 《各地革委会和广大群众遵照毛主席“拥军爱民”的教导开展拥军优属运动进一步加强军民军政团结》，《人民日报》1971 年 1 月 26 日。

② 《北京市革委会举行拥军动员大会》，《人民日报》1968 年 1 月 14 日。

③ 《全国各族广大革命群众坚决贯彻执行伟大领袖毛主席的指示更好地学习解放军更加热爱解放军》，《人民日报》1970 年 2 月 7 日。

④ 《京沪津广泛开展拥军优属拥政爱民运动》，《人民日报》1973 年 1 月 16 日。

⑤ 《以阶级斗争为纲，团结起来，夺取新的胜利——京沪津掀起拥军优属拥政爱民热潮》，《人民日报》1976 年 1 月 27 日。

⑥ 《京沪津广泛开展拥军优属拥政爱民运动》，《人民日报》1973 年 1 月 16 日。

人”,[①]“北京市还召开了退休老红军、老干部座谈会以及烈军属、残废军人、复员退伍军人代表座谈会。……各区、县、局还通过召开各种会议,对烈军属、荣誉军人、复员转业军人进行思想和政治路线的教育”。[②]

设立专门的慰问组织,负责拥军优属。为了搞好慰问活动,各级政府组建了一些专门的慰问组织,包括拥军优属领导小组、组织春节慰问团及组建慰问学习小组等。

拥军优属领导小组领导负责拥军优属的各项活动。“在北京,各区、县以及许多基层单位,都成立了拥军优属领导小组,由主要领导同志亲自负责,广泛发动群众,认真总结拥军优属工作,普遍检查优抚政策落实情况,进一步从政治、思想、生活各个方面关心烈军属和复员、转业、退伍军人”。[③]

组织春节慰问团对各单位慰问。“市委和市革委会以及各区县都将组织慰问团,对部队的伤病员和革命老根据地的烈军属、荣誉军人进行慰问”,[④]“各地派出的慰问团跋山涉水,顶风冒雪,深入部队营区、前沿岛屿、边防哨所、机场、码头和医院、休养所,慰问亲人解放军”,[⑤]“北京市顺义县革委会和龙湾屯公社革委会组织慰问团,到抗日战争时期运用地道战打击敌人,获得‘人民第一堡垒’光荣称号的焦庄户,亲切地慰问了这里的烈属、军属”,[⑥]“平谷县委和县革委会组织的七个慰问团,连日爬山越岭,到山区、革命老根据地看望烈军属和残废、复员、退伍军人”,[⑦]“从首

---

① 《首都拥军优属拥政爱民活动热火朝天》,《人民日报》1977年2月2日。

② 《认真贯彻执行国务院和中央军委的通知北京上海天津广泛开展拥军优属拥政爱民活动》,《人民日报》1975年2月7日。

③ 《京沪津广泛开展拥军优属拥政爱民运动》,《人民日报》1973年1月16日。

④ 《北京、福建、吉林、江苏、安徽等省积极开展拥军优属运动》,《人民日报》1973年1月7日。

⑤ 《各地革委会和广大群众遵照毛主席“拥军爱民”的教导开展拥军优属运动进一步加强军民军政团结》,《人民日报》1971年1月26日。

⑥ 《全国各族广大革命群众坚决贯彻执行伟大领袖毛主席的指示》,《人民日报》1970年2月7日。

⑦ 《遵循毛主席关于德育、智育、体育全面发展的教导北京中小学生寒假生活丰富多采》,《人民日报》1973年2月4日。

都北京到各省、市、自治区的基层单位，纷纷举行拥军优属大会，召开座谈会，派出慰问团，对人民子弟兵、烈军属和荣誉、复员、转业、退伍军人进行亲切慰问”。[①]

各种社会群体组建慰问学习小组加强军民交流。中学生组成学习小组，“开展慰问军烈属、读报、宣传国内外大好形势等活动，受到居民们的欢迎”；[②] 香厂路小学的小学生组建学习小组后，专门“请工人作忆苦思甜报告，接受阶级教育，并开展拥军优属等活动”。[③] 街道革委会也组织了学习班。“军烈属、荣誉军人学习班，组织他们交流学习毛主席著作，发扬我军光荣传统，促进思想革命化的经验，征求他们对本单位拥军优属工作的意见”。[④]

社会各界常常给烈军属和部队送物品，进行慰问。“首都许多单位发动群众做好优抚工作。一些副食品商店和粮店的职工，把春节需用的各种副食品和粮食送到烈属、军属和残废军人的家里”。[⑤]1970年春节前，北京在掀起了向解放军学习的同时，也给部队送去了物质慰问品，“海淀区北下关街道居委会的群众，带着精心缝织的针线包和充满革命激情的慰问信，来到部队营房慰问子弟兵”。[⑥] 帮助烈军属做家务也是“文革”期间沿用的一种慰问方式。“城乡各地广大革命群众，纷纷登门给烈军属砍柴、挑水，打扫卫生，帮助他们安排生活，过好革

① 《全国各族人民和解放军指战员广泛开展拥军优属和拥政爱民活动》，《人民日报》1975年2月12日。

② 《遵循毛主席关于德育、智育、体育全面发展的教导北京中小学生寒假生活丰富多采》，《人民日报》1973年2月4日。

③ 《北京香厂路小学发挥街道革命居民的作用认真开展校外教育学生随时随地受到毛泽东思想的哺育，有力地促进了思想革命化》，《人民日报》1969年1月20日。

④ 《京沪津开展拥军优属和拥政爱民运动进一步加强了军民团结、军政团结，推动了各条战线斗、批、改运动的发展，促进了部队的革命化建设》，《人民日报》1972年1月13日。

⑤ 《以阶级斗争为纲，团结起来，夺取新的胜利京沪津掀起拥军优属拥政爱民热潮》，《人民日报》1976年1月27日。

⑥ 《首都拥军优属拥政爱民活动热火朝天》，《人民日报》1977年2月2日。

命化的春节”。[①]

除了进行物质上的慰问外，各界还举办各种文艺汇演，进行精神慰问。“北京市各区、县和许多基层单位组织了慰问团、慰问组，到部队营房、驻军医院进行慰问，深入检查拥军优属工作，广泛开展学人民解放军的活动。由文化部组织的中国京剧团、北京京剧团、中国舞剧团、中央乐团、中国歌舞团、中国歌剧团、中国艺术团、中国话剧团等八个拥军慰问分团，分别深入到驻京部队的营区热情慰问子弟兵，为子弟兵演出革命样板戏和其他革命文艺节目，放映新影片，受到了子弟兵的热烈欢迎。”[②]到了 1977 年春节期间，北京市再次开展大规模的拥军优属文艺汇演活动。“中共北京市委、市革命委员会要求各级党委、革委会遵照毛主席关于‘拥军爱民’的教导，充分发动群众，把今年春节期间的拥军优属活动搞得更加喜气洋洋，热火朝天。连日来，全市各区、县、局都举行了联欢会、座谈会、报告会、电影晚会，运用多种形式开展拥军优属活动”。[③]

“文革”期间，“八一”建军节仍是重要的拥军优属活动日期，在继续沿用过去的一些慰问方式的同时，还出现了一些新的变化，比如，更加注重拥军优属的宣传活动。

下发通知布置相关工作，这是拥军优属工作的必要步骤。“文革”初的“八一”建军节来临，内务部就发出了《关于纪念“八一”建军节三十九周年开展拥军优属活动的通知》，要求：“各地民政部门应当在‘八一’前后，在当地党、政府领导下，结合当前的国际国内形势，根据传统习惯，搞好拥军优属活动。……要宣传毛主席关于人民战争的思想，宣传中国人民解放军的伟大功绩和光荣传统，……召开烈属、军属、革命残废军人和复员退伍军人代表会或者座谈会，并广泛展开各种宣传活动，

---

① 《全国各族广大革命群众坚决贯彻执行伟大领袖毛主席的指示更好地学习解放军更加热爱解放军》，《人民日报》1970 年 2 月 7 日。

② 《全国城乡广泛开展拥军爱民春节联欢活动军民紧密团结夺取新的胜利》，《人民日报》1976 年 2 月 1 日。

③ 《首都拥军优属拥政爱民活动热火朝天》，《人民日报》1977 年 2 月 2 日。

在城市和有驻军的地方，还可举行纪念会或者军民联欢会。”①

同时还要举办各种大会对烈军属进行慰问。根据1966年中央所发的“八一”建军节优抚通知要求，北京举行了一系列的慰问活动。“举行了盛大的纪念‘八一’建军节大会、军民联欢晚会或拥军优属大会。会上，各地党、政府和军队的负责人同成千上万的工农兵群众一起共庆佳节。在北京市今晚举行的联欢晚会上，中共北京市委书记处书记马力号召北京市人民，积极响应毛主席的伟大号召，把学习人民解放军的活动推向一个新的阶段”。② 到1974年“八一”建军节时，包括北京在内的许多省、市、自治区的拥军优属活动则以召开了拥军爱民、拥政爱民大会的形式进行。“当地党、政、军的负责人在会上讲了话。各地工人、贫下中农、革命干部和驻军指战员，也都热烈地举行了联欢会、游园会和军民、军政座谈会。军民欢聚一堂，畅谈革命和生产的大好形势，交流批林批孔的经验，充满了全国学人民解放军，解放军学全国人民的深厚革命情谊”。③ 在1975年的“八一”建军节，北京举行了一次规模较大的拥军优属活动。“北京市今晚在工人体育馆举行了盛大的军民联欢晚会。在这以前，北京市各区、县和许多基层单位也广泛举行了军民联欢会和座谈会。东城区邀请保卫西沙群岛的战斗英雄向干部、群众报告了他们的模范事迹”。④ 应当说，该年的“八一”建军拥军优属纪念活动是“文化大革命”开始以来规模较大的一次。

总体来讲，“文革”期间的节日拥军优属仍然沿用一些过去的方式，但是在一些方面也表现出了与以往的不同。

---

① 《内务部发出纪念“八一”通知号召烈军属复员退伍军人积极投入学习毛主席著作热潮》，《人民日报》1966年7月31日。

② 《毛主席伟大号召鼓舞全国大学解放军各行各业都决心办成革命化的大学校》，《人民日报》1966年8月2日。

③ 《在批林批孔深入发展的大好形势下全国掀起“拥军爱民”“拥政爱民”热潮》，《人民日报》1974年8月2日。

④ 《京、沪、津广泛开展军民联欢和拥军爱民活动庆祝“八一”建军节》，《人民日报》1975年8月1日。

在1967年的“八一”建军节，北京的慰问活动更加注重口号化的宣传。“在首都，呈现出一片热烈隆重纪念‘八一’建军节的景象。……从宏伟的天安门，到首都的许多大街小巷，从工厂到农村人民公社、学校，到处贴有‘祝毛主席万寿无疆！’‘中国人民解放军万岁！’‘向人民解放军学习！’‘向人民解放军致敬！’的大字标语”。① 而到了1971年的“八一”建军节，北京的拥军优属活动又提出了向毛泽东学习的口号。“我国各地军民正在广泛开展拥军爱民活动，迎接伟大的中国人民解放军建军四十四周年。人民解放军指战员、广大民兵和各族革命群众认真学习毛主席关于‘拥军爱民’‘军民团结如一人，试看天下谁能敌’等一系列伟大教导，决心进一步加强军民团结，更好地抓革命、促生产、促工作、促战备”。②

国家发出了“向解放军学习”的号召，实现拥军优属活动的宣传。1966年12月，内务部发出的《新年春节期间开展拥军优属活动的通知》中明确要求：“大家更加热爱解放军，更好地学习解放军，进一步树立拥军优属的社会风尚。”③1970年12月，国务院在春节拥军优属活动中要求，“在这次拥军优属运动中，要大力宣传中国人民解放军的丰功伟绩，学习中国人民解放军活学活用毛泽东思想，突出无产阶级政治”。④1972年年底，国务院再次在春节拥军优属活动中发出了“掀起一个全国学人民解放军和解放军学全国人民的新高潮”⑤ 的号召。

北京市各区也展开了向解放军学习的实际行动。“最近一段时间，北京市六厂二校，都开展了向人民解放军学习的活动。广大职工和师生回顾

---

① 《全国亿万军民满怀豪情迎“八一”》，《人民日报》1967年7月31日。

② 《迎接伟大的人民解放军建军四十四周年　全国各地广泛开展拥军爱民活动》，《人民日报》1971年7月27日。

③ 《内务部发出新年春节期间开展拥军优属活动的通知》，《人民日报》1966年12月13日。

④ 《国务院通知全国各地在新年春节期间开展拥军优属运动进一步加强军民军政团结》，《人民日报》1970年12月30日。

⑤ 《遵照伟大领袖毛主席的教导，在新年春节期间广泛深入热烈地开展拥军优属拥政爱民运动》，《人民日报》1972年1月4日。

在无产阶级文化大革命中人民解放军八三四一部队毛泽东思想宣传队帮助他们进行斗、批、改运动的生动情景，决心要像八三四一部队那样刻苦学习马列主义、毛泽东思想，紧跟党中央、毛主席的伟大战略部署，为执行和捍卫毛主席的无产阶级革命路线和各项政策而战斗”。①“这个公社的干部和社员在向解放军学习的过程中，特别注意学习解放军认真看书学习，坚持抓路线的经验。公庄大队党支部针对有的社员不大重视理论学习的情况，请驻在本大队的空军某部学习较好的四连连长陈金祥和给养员梁汉明，来向社员介绍认真看书学习的体会。……五十岁的贫农社员常明贵以解放军为榜样，克服识字不多的困难，坚持看书学习。从去年二月以来，他已读完了毛主席的五篇哲学著作，现在正在学习《共产党宣言》”。②“许多工厂、社队、机关和学校的干部、群众，遵照毛主席关于‘全国学人民解放军’的教导，把拥军优属活动当作是学习人民解放军的极好机会。他们认真学习附近部队同志刻苦读马列著作和毛主席著作的经验，全心全意为人民服务的思想，学习解放军的光荣传统，努力做好本职工作”。③

二、日常宣传

“文革”时期，日常的拥军优属宣传工作与以往相比尤为更甚，一方面使用较多的宣传工具，如各种画册、年画、文学读物、商品广告等，另一方面则充分同社会形势结合，以开展“向解放军学习”运动为主要载体进行。

许多出版社发行了宣传拥军优属思想的小画册、宣传画和文学小册子。宣传拥军优属思想的小画册主要有这样一些：1973 年，贵州人民出版

① 《认真向解放军学习进一步加强军民、军政团结全国各地热烈开展拥军优属运动》，《人民日报》1972 年 2 月 14 日。

② 《北京市通县梨园公社党委学解放军抓大事的经验》，《人民日报》1974 年 1 月 1 日。

③ 《首都拥军优属拥政爱民活动热火朝天》，《人民日报》1977 年 2 月 2 日。

社出版了由冬青改编、廖志慧和钱筑生绘画的《南瓜生蛋的故事》连环画，这是“文革”时期最著名的拥军优属题材的连环画；1971年，辽宁人民出版社出版了连环画《革命工人的好榜样王明福》，以此进行拥军优属宣传；1971年，上海人民出版社还发行了《爱民井》画册，1976年，又发行了由李维定绘画的连环画《马车商店》等。这种图文并茂的方式对宣传拥军优属思想起了很大作用。再就是，年画具有拥军优属思想，其主体大都是军民团结一家人的思想。比如，1972年江西人民出版社向全国发行了“给解放军戴红花”的拥军优属年画；上海人民出版社每年都要发行“人民子弟兵”的年画等。

专门出版了宣传拥军优属思想的书籍。比如，1967年，人民出版社出版了《热烈响应拥军爱民的口号》一书；同时发行了专门印制的“拥军纪念册”等。1970年，上海人民出版社出版了《拥军爱民谱新歌》，该书集合了23个拥军优属的小故事，是最著名的拥军优属文学宣传材料；同年，天津人民出版社出版了《红心谱写拥军歌——拥军爱民的故事》，采取了图文并茂的方式进行宣传。

利用各种生产商品进行拥军优属思想宣传，包括茶具、苏绣等。这种方式主要是将“拥军优属”字样附加在商品包装或商标上。比如，当时学生用的文具盒上面就印有“拥军优属”字样；一些奶糖食品则在外面的纸质包装上印上“拥军优属”字样；同样茶壶等日常用具上也都在外面印有“广泛掀起拥军爱民”“军爱民、民拥军”等标语；同时毛主席的徽章上也印有“拥军优属”等字样。同时，各种票据也是有效的宣传方式，专门印有“拥军优属”等字样。比如，洗印的照片上印有“拥军爱民”；电影票和剧票上印有“拥军优属、拥政爱民”的字样等。在传统工艺品上印有“拥军优属”等字样。还有一些传统刺绣画也被作为了宣传工具，比如，很多刺绣就印有“拥政爱民”“光荣军属”的字样。

通过发送慰问信进行拥军优属思想宣传。北京市给烈军属及复员军人发送年画即“拥军优属”慰问信，比如，1975年，北京市东城区委员会和革命会印制了“拥军优属”春节慰问信；1977 年，北京市崇文区委员会和北京市崇文区革命委员会就印制了“拥军优属”慰问信等。

同时还创作了文艺歌曲进行拥军优属思想宣传。这些歌曲包括《红灯记》、《智取威虎山》、《红的娘子军》、现代京剧《海港》等。

应当说，“文革”期间的拥军优属活动在当时相对混乱的社会环境下坚持开展，很多拥军优属活动并没有因阶级斗争的发生而停止，依然发挥着特殊的社会作用。

拥军优属活动的开展增强了社会的凝聚力，利于社会稳定。“文革”时期整个国家处于混乱状态，甚至很多地方出现了武斗行为，一定程度上造成了社会的分裂，严重冲击了具有高度统一信仰的社会，但拥军优属活动的坚持在某种程度上弥补了这种由于阶级斗争产生的社会裂痕。因为拥军优属所强调的就是加强军民团结，而军民团结则构成了当时社会的一种基本凝聚力。“解放军驻京部队指战员发扬我军谦虚谨慎的优良传统，虚心地向群众学习，广大革命群众也热情地向解放军学习”。[①] 可以说，拥军优属活动加强了军队稳定，增进了军民之间的感情，最大限度地避免了军队陷入到当时的社会混乱状态中。

拥军优属活动的开展使优抚传统得到了继承和发扬，有利于国防和社会保障建设。拥军优属从井冈山革命根据地斗争时期开始创建，经历了抗日战争、解放战争乃至抗美援朝，是中国共产党在各个时期保持和发扬的一项基本保障制度，也是历次革命胜利的一项重要保证，在社会中形成了良好的传统。“文革”时期，尽管在优抚制度遭受严重冲击的情况下，拥军优属仍然继承了过去的方式和内容，比如，组织慰问团，“各区县普遍组织了春节慰问团，人们敲锣打鼓，亲切慰问当地驻军、烈军属和革命残废军人”；[②] 举办各种文艺汇演，“北京市革命委员会和中国人民解放军驻

① 《京沪津开展拥军优属和拥政爱民运动》，《人民日报》1972 年 1 月 13 日。

② 《遵照毛主席关于“全国学人民解放军，解放军学全国人民”的教导全国军民春节期间热烈开展联欢活动》，《人民日报》1972 年 2 月 16 日。

京部队，在九个剧场和首都体育馆联合举行了军民联欢晚会，两天共举行了十九场慰问演出”。[①] 从而，这些拥军优属的优良传统没有间断，使国家在“文革”结束以后能够迅速地恢复各项优抚政策，继续开展拥军优属活动。

显然，“文革”的特殊背景使这一时期的优抚制度表现出了与以往很多的不同特点，具有鲜明的阶级斗争泛滥时期的烙印。

其一，优抚制度的实施以人治代替法治。这是“文革”期间优抚制度在实施过程中一个重要特点。首先，优抚规章制度大多被废止，即便有些被保留但也很少按照既定的内容进行落实；其次，优抚机构被撤销，直接导致没有专门的机构履行优待、抚恤和褒扬等方面的职责；最后，一些优抚内容的实施带有很大的随意性，直接导致了优待和抚恤实施的混乱和无序。

其二，优抚活动具有明显的阶级斗争色彩。众所周知，由于“文化大革命”期间整个社会以“左”倾错误思想占主导，优抚工作也明显受到了“左”倾错误思想的干扰。比如，“联欢会上，各地党、政、军负责同志都讲了话。……各地领导同志在讲话中一致表示，在新的一年里，要继续贯彻十大精神，深入搞好批林整风，认真看书学习，抓紧思想和政治路线方面的教育，搞好上层建筑包括各个文化领域的社会主义革命”。[②]

其三，优抚工作表现出了重形式、轻内容的特点。“文革”时期的社会一个突出特点就是秩序混乱、浮躁，优抚工作的开展更是深受影响，其中较为明显的表现就是更加注重表面和形式的宣传，比如，用产品广告、编辑歌曲、出版画册和书籍等形式进行，但就具体实际工作而言落实的还是相对较少，“过去，‘四人帮’常用‘给社会主义制度抹黑’‘否定大好

① 《遵照毛主席关于“全国学人民解放军，解放军学全国人民”的教导全国军民春节期间热烈开展联欢活动》，《人民日报》1972 年 2 月 16 日。

② 《紧密地团结在毛主席为首的党中央周围，继续贯彻十大精神，夺取更大胜利全国各地隆重举行军民联欢会》，《人民日报》1974 年 1 月 2 日。

形势'之类的棍子打人，使得一些真实情况得不到反映。现在，这个精神枷锁被去掉了，但弄虚作假、浮夸虚报的恶劣作风在有些地方还严重存在。民政部门的同志要坚持原则，敢于斗争"。①

其四，优抚制度的倒退与坚持并存。在"文革"期间，优抚制度出现了严重倒退。因为，各个行业都受到了阶级斗争冲击，优抚制度也未能幸免，其主要表现为：

优抚机构被废止。1969年内务部被废止，其基本的管辖业务被划分给财政部、公安部和国务院等。地方的民政厅或局被停止工作，其业务由革委会取代。优抚基本条例被废止，比如，内务部在1950年12月颁布的《革命烈士家属革命军人家属优待暂行条例》《革命残废军人优待抚恤暂行条例》《革命军人牺牲、病故暂行条例》《革命工作人员伤亡褒恤暂行条例》和《民兵民工伤亡抚恤暂行条例》等都由于内务部的废止而不再行使。以曾山为首的内务部领导人受到了"文革"的冲击，有的甚至一度被打成右派。

优抚制度的具体工作无法开展。各项抚恤标准始终没有提高；由于经济困难等状况，伤残军人的医疗优待费用不能继续实施；烈军属的定期定量补助也无法正常发放等。

但这一时期优抚制度的很多内容仍被坚持了下来。一些优待措施仍继续实施。比如，农村实施的优待劳动日，这对当时农村数量众多的伤残及烈军属家庭实现基本的生活保障起到了重要作用。同时国家还坚持了定期定量补助，虽然在一些地区不能及时发放，但对困难烈军属的生活起到了一定作用。另外，一些抚恤措施仍继续执行。国家还规定了一些医疗优待政策，比如，财政部、内务部和卫生部联合下发了《关于复员军人、退伍义务兵医疗减免问题的复函》等。并且，国家仍坚持拥军优属活动，这对维系当时的社会稳定起到了重要作用。

---

① 《加强民政工作，为实现四个现代化而奋斗》，《人民日报》1978年10月5日。

第四章　优抚制度的恢复与革新（1977—1995年）

第一节　优待的重建与变更

一、优待工作的规范

“文革”结束不久，国家重新恢复和设置了优抚机构；落实了一些优抚政策和法规；针对新的情况制定和实施了一些新优抚政策、法规，这样，优抚制度开始逐步恢复起来。

自从内务部撤销后，优抚工作就划归其他机构管理或代管，没有专门的机构进行负责。但基于优抚工作的重要性，“有利于巩固军政军民团结，有利于巩固人民武装力量，有利于全国人民的安定团结，有利于两个文明的建设”，[①]“文革”一结束，国家便把恢复主管民政工作的机构提到日程上来。

1978年3月5日，第五届全国人大会议决定成立民政部，其中的优抚局（改为优抚司）专门负责具体的优抚工作。“组织、指导拥军优属活动；研究提出各类优抚对象优待、抚恤、补助标准和国家机关工作人员伤亡抚恤标准；拟定革命烈士、因公伤亡人员褒扬办法；审核报批全国重点

① 《进一步做好民政工作》，《人民日报》1983年4月21日。

烈士纪念建筑物保护单位。承担全国拥军优属拥政爱民工作领导小组的日常工作”。[①]这样被废止了8年的民政优抚工作的领导机构恢复了正常工作。成立后的民政部，其首要的任务就是整顿全国的民政优抚工作，“希望广大民政工作干部充分认识民政工作的重要性，努力做好民政工作，在华主席为首的党中央领导下，为实现我国的四个现代化贡献自己的力量”。[②]

至此，加之“文革”后期就已恢复工作的地方一级民政部门，整个民政机构系统已运转起来。

“文革”结束后的一段时间，国家主要恢复了一些“文革”期间废止的优待政策、针对一些久未解决的问题进行了具体落实，并制定了一些新的优待政策。

有关优待政策的落实。民政机构一经恢复工作就开始落实一些由于“文革”动乱而无法实施的政策。

对老红军待遇的落实。1979 年 2 月，总政治部、民政部、财政部等部门下发了《关于退伍红军老战士称号和待遇方面存在的问题与解决意见的联合通知》，要求：“对现已确认为退伍红军老战士的，从一九七九年四月一日起执行这个文件的有关规定。对于目前尚未确定身份的，待查清情况，定为退伍红军老战士身份后，他们的待遇，从批准之月起按此文件执行。”[③]1979 年 4 月 17 日，民政部、国家劳动总局和财政部下发了《关于解决部分老红军、老干部工资过低和生活困难补助问题的通知》，“对第一、二次国内革命战争时期的老红军、老干部的生活、工资待遇问题”[④]

① 苏尚尧主编：《中华人民共和国中央政府机构（1949—1990 年）》，经济科学出版社 1993 年版，第 198 页。

② 《全国民政工作会议交流经验提高认识统一思想动员民政干部努力实现新时期总任务》，《人民日报》1978 年 10 月 5 日。

③ 总政治部、民政部、财政部、商业部、卫生部：《关于退伍红军老战士称号和待遇方面存在的问题与解决意见的联合通知》民发（1979）12 号（79）财事字第 37 号，1979 年 2 月 23 日。

④ 《中国社会保障制度总览》，中国民主法制出版社 1995 年版，第 1308 页。

进行优待规定。1983 年 3 月，民政部又下发了《关于调整部分孤老优抚对象定期定量补助标准的通知》，提高退伍老红军、孤老烈士家属和孤老复员军人的定期定量补助标准。1984 年 2 月，民政部、财政部、卫生部和总政治部下发了《关于解决在乡西路军红军老战士称号和生活待遇问题的通知》，提出："凡确认为西路军红军战士的，都发给定期补助"。[①]

对烈军属优待政策的落实。对于志愿兵家属的优待待遇问题，民政部在 1979 年 3 月下发了《关于部队志愿兵的家属如何优待问题的通知》，要求志愿兵"不应再享受部队义务兵家属的优待"；[②] 同年，民政部进一步落实了城市烈属、病故军人家属的定期定量补助问题，下发了《关于城市烈属、病故军人家属定期定量补助问题的通知》，提出："工资收入较少，生活经常发生困难的烈属、病故军人家属，都由县、市、市辖区民政部门给予定期定量补助"。[③] 针对对越自卫还击战牺牲的烈士家属补助偏低的情况，民政部在 1980 年 5 月下发了《关于对越自卫还击战牺牲烈士的家属定期定量补助问题的通知》，要求，"对家居农村的牺牲烈士的父母、配偶和未成年子女，一般都要给予定期定量补助；对家居城镇的牺牲烈士的家属，……也必须给予定期定量补助"。[④]

对"文革"中一些被批斗或划错成分的烈军属落实平反政策。1979 年北京市为"文化大革命"期间遭受到打击、迫害的 599 名优抚对象恢复名誉和优待待遇。[⑤]1981 年 4 月，民政部还给福建省民政厅作了《关于烈军属的地、富、反、坏分子已改变成分或已摘掉帽子的可否享受优待问题的

---

① 《中国社会保障制度总览》，中国民主法制出版社 1995 年版，第 1309 页。

② 民政部：《关于部队志愿兵的家属如何优待问题的通知》（79）民优字第 22 号，1979 年 3 月 15 日。

③ 民政部：《关于城市烈属、病故军人家属定期定量补助问题的通知》（79）民优字第 118 号，1979 年 5 月 28 日。

④ 民政部：《关于对越自卫还击战牺牲烈士的家属定期定量补助问题的通知》民发（1980）37 号，1980 年 5 月 26 日。

⑤ 参见《北京志 · 政务卷 · 民政志》，北京出版社 2003 年版，第 140 页。

批复》，“凡烈、军属中已改变成分、摘掉四类分子帽子或刑满释放恢复公民权利的人，均可以按政策规定享受烈军属的政治和物质优待”。①

从 20 世纪 80 年代开始，国家和地方陆续颁布了一些新的优待政策。1984 年 5 月，第六届全国人民代表大会第二次会议通过了《中华人民共和国兵役法》，该法对现役军人、烈军属和残废复员军人在乘车、通信及优待金等方面作了规定，“现役军人，革命残废军人，退出现役的军人，革命烈士家属，牺牲、病故军人家属，现役军人家属，应当受到社会的尊重，受到国家和人民群众的优待”。②1988 年 7 月 18 日，国务院发布了《军人抚恤优待条例》，就优抚对象的各种费用减免等方面进行了规定。

对现役军人的相关新优待政策的制定。1980 年，民政部和公安部下发了《关于人民边防武装警察部队的干部、战士享受人民解放军同等优抚待遇的通知》，要求：“执行中国人民解放军的条令、条例和供给标准，其待遇与人民解放军同”，但是人民边防武装警察部队的战士家属在“享受军属待遇”的同时，“干部家属只享受政治待遇”。③ 针对 20 世纪 80 年代的家庭联产承包责任制的推行，国家于 1981 年 11 月下发了《国家农委、民政部关于给解放军战士划分承包土地问题的通知》，保证了广大现役、退伍军人及其家属的权益获得优待。

北京市也制定了一系列现役军人的优待政策。1989 年 6 月 20 日，北京市颁布了《北京市城镇居民应征入伍义务兵优待暂行规定》，对义务兵服役期间享受的补助金、在职职工服役后的工龄计算及在部队服役期间的立功奖励等内容作出了规定。

关于新的烈军属优待政策。随着经济发展，这一时期的国家优待政策主要以提高物质优待为目标。

---

① 民政部：《关于烈军属中的地、富、反、坏分子已改变成分或已摘掉帽子的可否享受优待问题的批复》民（1981）优 30 号，1981 年 4 月 23 日。

② 《新编中华人民共和国民政法规汇编》，中国社会出版社 2003 年版，第 136 页。

③ 公安部、民政部：《关于人民边防武装警察部队的干部、战士享受人民解放军同等优抚待遇的通知》（80），公发（边）35 号，1980 年 2 月 26 日。

为了加强地方优待工作，1985年8月，民政部下发了《关于认真贯彻落实〈中共中央、国务院关于尊重、爱护军队积极支持军队改革和建设的通知〉精神的通知》，要求："各地要根据《兵役法》的规定，尽快制定相应的地方法规，提出本地区优待烈军属的具体办法和标准，做到依法办事。"①1985年11月18日，北京市政府公布了《北京市优待革命烈士家属、军人家属、残废军人和复员退伍军人暂行办法》，该办法规定对家居农村的义务兵、革命烈士家属、因公牺牲军人家属和病故军人家属、生活有困难的革命残废军人要实行现金优待等。1989年6月20日，北京市又颁布了《北京市城镇居民应征入伍义务兵优待暂行规定》，对现役军人补助金的发放、义务兵退伍后的工作安排等作了全面规定。1990年，北京市政府发布了第14号政府令，颁布了《北京市实施〈军人抚恤优待条例〉若干规定》，对北京市的军烈属及伤残军人在优待金的发放、享受的教育、医疗等方面的优待抚恤内容作出了相应的规定。1991年，北京市颁布了《北京市优抚对象医疗费减免办法》，对不享受公费医疗的烈军属、残废军人、老红军和复员军人等进行医疗费用优待。

与新中国成立之初相比，国家实施优待的对象和内容更为广泛。

关于优待对象。1988年国家颁布的《军人抚恤优待条例》在原来规定的优待对象基础上进一步扩大了优待对象范围。首先，该条例保留了原来的优待对象，即现役军人、烈军属、残废军人"享受本条例规定之优待"。② 其次，该条例还扩大了优抚对象的范围，主要包括复员军人、带病回乡的退伍军人、因公和因病牺牲军人的家属等。"复员军人为参加工作，因年老体弱、生活困难，按照规定的条件，由当地民政部门给予定期定量补助，并逐步改善他们的生活待遇"；③"因公牺牲军人、病故军人、

① 《民政工作文件选编》，华夏出版社1986年版，第142页。

② 《革命烈士家属革命军人家属优待暂行条例》，《民政工作文件汇编》（一），地质出版社1984年版，第207页。

③ 《军人抚恤优待条例》，《中国社会保障制度总览》，中国民主法制出版社1995年版，第1231页。

现役军人的家属以及带病回乡的复员退伍军人，不享受公费医疗待遇的，因病治疗无力支付医疗费，由当地卫生部门酌情给予减免”。[①]

基本的优待内容。1988 年的《军人优待抚恤条例》规定的优待内容主要分为两个方面：一是优待对象享有各种费用减免；二是优待对象享有一些优先权。就优待对象享有的各种费用减免优待内容来讲，条例除了保留原来规定的减免医疗费和学费的优待外，还增加了免信费。义务兵享有“从部队发出的平信，免费邮递”。[②] 在优待对象享有的一些优先权方面，条例保留了原来的入学优先权的同时，增加了优先就业和入伍的权利。家居农村的革命烈士家属“符合招工条件的，当地人民政府应安排其中一人就业”；[③] 革命烈士、因公牺牲军人、病故军人的子女、弟妹“自愿参军又符合征兵条件的，在征兵期间可优先批准一人入伍”。[④] 可见，国家在 1988 年颁布的《军人优待抚恤条例》的优待内容与新中国成立之初的相比已发生了较大变化，主要表现在两个方面：一是将一些社会政治优待不再写入条例之中；二是注重物质上优待。条例中优待内容的这些变化，一方面是经济发展的结果；另一方面也是长期的和平环境所致。

二、土地改革下的社会优待金

十一届三中全会后，农村开始了以联产承包责任制为主要形式的土地改革，结束农业合作化的生产方式。这种新的土地所有制实现方式的出现

---

① 《军人抚恤优待条例》，《中国社会保障制度总览》，中国民主法制出版社 1995 年版，第 1231 页。

② 《军人抚恤优待条例》，《中国社会保障制度总览》，中国民主法制出版社 1995 年版，第 1231 页。

③ 《军人抚恤优待条例》，《中国社会保障制度总览》，中国民主法制出版社 1995 年版，第 1231 页。

④ 《军人抚恤优待条例》，《中国社会保障制度总览》，中国民主法制出版社 1995 年版，第 1231 页。

使建立在农业合作化基础上的优待劳动日不得不做出改变，实施优待金制度逐渐成为农村的主要社会优待方式。

1984年5月通过的《中华人民共和国兵役法》对优待金实施的对象作了这样的规定："家居农村的义务兵家属，由乡、民族乡、镇的人民政府采取平衡负担的办法给予优待。家居城镇的义务兵家属，生活困难的，由县、自治县、市、市辖区的人民政府给予适当补助。"①

可见，现役军人家属是优待的主要对象。国家主要针对的是生活条件差的农村实施的，"为了鼓励适龄青年应征入伍，去年市政策拨专款对农村应征入伍的战士家庭发放430元优待金"，②但"一些省、市、自治区也对城镇籍的义务兵家属实行了普遍优待"。③

烈属、伤残军人、生活困难的在乡复员军人和带病回乡的退伍军人也是优待金发放的重点。"享受本条例规定的抚恤和补助待遇的优抚对象，生活仍有困难的，由所在地的人民政府给予优待照顾。"④但事实上，北京市在1985年11月颁布的《北京市优待革命烈士家属、军人家属、残废军人和复员退伍军人暂行办法》，就规定了残废军人及烈属家庭的基本优待要求："对家居农村的革命烈士家属、因公牺牲军人家属和病故军人家属要给予优待。对革命烈士家属的优待（包括国家给予的抚恤金在内），要高于义务兵家属的优待标准。"⑤

志愿兵或提干的军属则不能享受优待金待遇的。"义务兵转志愿兵或提干后，由于其已享受了部队的工资待遇，其家属不再享受优待金待遇；另外，从地方直接招收的军校学员和军队文艺、体育等专业人员的家属同

---

① 《中华人民共和国兵役法》，《中国社会保障制度总览》，中国民主法制出版社1995年版，第1220页。

② 《依靠社会各方建立服务网络北京"双拥"工作有新进展》，《人民日报》1988年2月4日。

③ 多吉才让等主编：《优抚保障》，中国社会出版社1996年版，第48页。

④ 《军人抚恤优待条例》，《中国社会保障制度总览》，中国民主法制出版社1995年版，第1231页。

⑤ 《北京志・政务卷・民政志》，北京出版社2003年版，第948页。

样也不享受此项待遇。”①

对于优待金的发放，就时间来讲，一般是年底。领取优待金时，义务兵家属持优待证到乡民政或街道办事处的民政科领取；但有的地方建立了优待金储金会，到服役完一次性的给予。就义务兵享受的优待金年限来说，都按照义务兵的服役年限设定，即陆军 3 年，空军和海军则是 4 年。

优待金的筹集存在着乡村和城镇的不同。在农村，优待金主要以乡统筹为主，由乡民政、财政共同负担。“实行了以乡为单位的统筹优待制度，各村平衡负担，克服了过去畸轻畸重的状况，保证了优待条款的落实兑现”，② 其办法就是，“优待金的筹集由乡财政负责，根据乡民政提出的预算金额，按全乡农业人口（或田亩）分摊，下达各村”。③ 实际上有的地方就将统筹扩展到县一级，主要以农业附加税或别的形式，县为单位，从城镇居民和农村村民中筹集，在职职工由所在单位支付。而城镇义务兵的优待金主要通过三个方面进行筹集：“一是财政拨款；二是军属所在单位或军人参军前所在单位承担；三是通过社会统筹方式予以优待。”④

随着经济的发展和国家财政的增长，国家开始逐渐减轻优待金的社会负担。由于优待金费负担额较大，“全国优待金统筹总额达 10 亿多元，占国家财政支出优抚事业经费的一半以上”，⑤ 但是“广大人民群众创造的财富已依法向国家缴纳税收……国家不应当再将优待金推给社会和人民群众”。⑥于是，1994 年年初，我国率先取消了城镇单位的优待金缴纳，“财政部、国家计委日前公布了全国第二批取消的收费项目……向企事业单位收取的

---

① 多吉才让等主编：《优抚保障》，中国社会出版社 1996 年版，第 49 页。

② 《支持爱护军队提高烈军属待遇今年民政部对优抚工作有较大改革》，《人民日报》1985 年 12 月 30 日，第 4 版。

③ 多吉才让等主编：《优抚保障》，中国社会出版社 1996 年版，第 49 页。

④ 多吉才让等主编：《优抚保障》，中国社会出版社 1996 年版，第 48 页。

⑤ 《国家和社会各界共同努力五千多万优抚对象生活有保障》，《人民日报》1993 年 1 月 29 日。

⑥ 庄元明：《关于优待金的筹集管理》，《中国民政》2003 年第 12 期，第 42 页。

义务兵及家属优待金”。①

就国家对优待金制度建设而言，1984年颁布的《中华人民共和国兵役法》则规定：“家居农村的义务兵家属，由乡、民族乡、镇的人民政府采取平衡负担的办法给予优待。……家居城镇的义务兵家属，生活困难的，由县、自治县、市、市辖区的人民政府给予适当补助。”②2004年、2011年两次修订的《军人抚恤优待条例》都规定了现役军人家属具有享有优待金的权利，“义务兵服现役期间，其家庭由当地人民政府发给优待金或者给予其他优待，优待标准不低于当地平均生活水平”。③

早在1985年11月，北京市政府公布了《北京市优待革命烈士家属、军人家属残废军人和复员退伍军人暂行办法》，提出：“对家居农村的义务兵家属，普遍给予优待，优待标准不低于所在乡农民的人均收入水平。对家居城镇的义务兵家属、生活困难的，由区、县人民政府给予适当补助。对家居农村的革命烈士家属、因公牺牲军人家属和病故军人家属要给予优待。对革命烈士家属的优待（包括国家给予的抚恤金在内），要高于义务兵家属的优待标准。”④“义务兵服役期间，其家庭由当地人民政府发给优待金或者给予其他优待，优待标准不低于当地平均生活水平。”⑤

三、定期定量补助

定期定量补助一直是国家实施的一项重要优待制度，但“文革”的发生使其遇到了前所未有的困难。首先，定期定量补助在“文革”期间不能正常实施导致了烈属、丧失劳动能力的复员军人等生活水平下降；其次，

① 《财政部、国家计委公布第二批取消的收费项目》，《人民日报》1994年1月4日。

② 《中华人民共和国义务兵役法》，《中国社会保障制度总览》，中国民主法制出版社1995年版，第1220页。

③ 《军人抚恤优待条例》，《人民日报》2011年8月1日。

④ 《北京志·政务卷·民政志》，北京出版社2003年版，第948页。

⑤ 栾居沪：《最新工伤保险理论与案例评析》，山东大学出版社2011年版，第317页。

原来的定期补助并未发挥应有的保障作用，因为从1962年开始实施以来一直由优抚对象所在的单位承担，可事实上单位对其规定的较严而且标准低，以致“家庭有困难的烈属、病故军人家属的生活得不到应有的保障。不少家属因此到部队上访，甚至住下来不走，要求给予长期补助”。①

随着“文革”的结束，国家开始对定期定量补助的实施作出调整。首先让民政部门负担定期定量补助费。民政部在1979年5月下发了《关于城市烈属、病故军人家属定期定量补助问题的通知》，提出：“为了使机关、企业、事业等单位的烈属、病故军人家属的生活得到可靠的保障，……都由县、市、市辖区民政部门给予定期定量补助，不再由机关、企业、事业单位去解决他们的长期生活困难。”② 对此，北京市民政局也向各区进行了转发。

“文革”结束后，国家就定期定量补助工作作出的另一个调整就是扩大定期定量补助的对象范围。

首先将退伍红军老战士列入定期定量补助的对象。1979年2月，民政部、财政部等部门联合下发了《关于退伍红军老战士称号和待遇方面存在的问题与解决意见的联合通知》，根据通知将1937年7月6日以前入伍并且有退伍手续没有叛敌的列入了定期定量补助的对象。同年10月，民政部和财政部又联合下发了《〈关于改进优抚对象定期定量补助工作的规定〉的通知》，对补助对象作了更全面的规定：

（一）孤老烈士家属和孤老病故军人、失踪军人家属；（二）没有亲属抚养或虽有亲属而无力抚养的烈士、病故、失踪军人的未成年子女；（三）丧失劳动能力而其子女又无力供养的烈士、病故军人、失踪军人的父母和配偶；（四）带病回乡不能经常参加生产劳动，生活特别困难的复员、退

---

① 民政部：《关于城市烈属、病故军人家属定期定量补助问题的通知》（79）民优字第118号，1979年5月28日。

② 民政部：《关于城市烈属、病故军人家属定期定量补助问题的通知》（79）民优字第118号，1979年5月28日。

伍军人；（五）完全丧失劳动能力、生活困难的复员军人。[①]

这标志着新的定量定期补助制度已开始实施。

复员军人被纳入定期定量补助的范围。1988 年国务院颁布的《军人抚恤优待条例》规定："复员军人未参加工作，因年老体弱、生活困难的，按照规定的条件，由当地民政部门给予定期定量补助"。[②]

民政部又将红军失散人员列入定期定量补助对象。1992 年 1 月 29 日，民政部下发通知，"按照国家规定，凡被确认属'红军失散人员'的，与在乡的老复员军人享受同等待遇，每人每月不低于 25 元生活补贴；带病回乡的红军失散人员支付医疗费如有困难，由卫生部门负责减免。除定期定量补助外，他们还享受各级政府及社会的特殊照顾，以确保生活达到或略高于当地群众的水平"，[③] 为此，国家还进一步"确认了 15 万红军失散人员的政治身份，落实了定期定量补助"。[④] 可以说，国家通过实施定期定量补助，"全面地有步骤地解决了红军老战士的待遇问题；进一步调整了在乡复员军人的定期定量补助标准，并扩大了补助面"。[⑤]

在定期定量补助不断扩大实施对象时，国家又对定期定量补助的实施对象进行了调整。1984 年，民政部不再将革命烈士家属、因公牺牲和病故军人家属列为定期定量补助的对象范围，而是"将孤老的革命烈士家属、因公牺牲和病故的军人家属的定期定量补助改为定期抚恤，提高了抚恤金标准"。[⑥] 就此，1988 年实施的《军人抚恤优待条例》对烈属和因公、病牺牲军人家属

① 民政部、财政部：《〈关于改进优抚对象定期定量补助工作的规定〉的通知》民发（1979）60 号、（79）财事字 355 号，1979 年 10 月 30 日。

② 《军人抚恤优待条例》，《人民日报》1988 年 7 月 26 日。

③ 《14 万多名红军失散人员得到优待》，《人民日报》1992 年 1 月 31 日。

④ 《民政部发布去年统计公报我国离婚率仅为千分之一点一福利企业产值突破百亿元三百余万户农民脱贫》，《人民日报》1988 年 3 月 24 日。

⑤ 《首都举行龙年春节"双拥"座谈会 军民共叙鱼水情谊互致节日问候》，《人民日报》1988 年 2 月 13 日。

⑥ 《支持爱护军队提高烈军属待遇今年民政部对优抚工作有较大改革》，《人民日报》1985 年 12 月 30 日。

的定期定量补助改为定期抚恤的这一变动作了法律上的规定："革命烈士、因公牺牲军人、病故军人的家属，按照规定的条件享受定期抚恤金。"①

在整个实施过程中，定期定量补助先后经历了初步推行的阶段、制度化建设阶段和提高时期。

"文革"结束后是定期定量补助实施的初步推行阶段。1979年10月，民政部和财政部在联合下发的《〈关于改进优抚对象定期定量补助工作的规定〉的通知》对补助标准作了规定："农村每人每月六至十元；小城市和城镇每人每月十至十五元；大、中城市每人每月十五至二十元"。② 为了做好定量补助工作，1979年11月9日，北京市革委会还批准了《北京市民政局关于修订本市烈军属定期补助办法和调整社会困难户定期救济标准的意见》，作了相应的补助的标准调整。"在城镇，对于劳动收入低或没有劳动收入的烈属、军属，生活经常有困难的，不能达到当地一般水准的，一定要给予定期或临时性的补助。其中，对于失去劳动力、没有依靠的孤寡老烈属和孤、老病故的军人家属，每人一个月补助30—35元，每增一口人要加20—25元，房租可另行补助；烈、军属家中有直系亲属在机关、企业，生活困难者先由单位解决，如解决不了，民政部再发给临时或定量补助。在郊区农村的，享受定量补助的对象是孤、老烈军属和孤、老病故军人家属；没有亲属抚养和虽有亲属却无力抚养的烈士和病故军人的未成年子女；已失去劳动能力而其子女又确实无力供养的烈士和病故军人的父母、配偶；年老体弱的丧失劳动能力生活有困难的复员军人；带病回乡不能经常参加劳动，生活有困难的复员、退伍军人。这些对象除了享受社、队优待劳动工分外，国家给予定期定量的补助，每人每月补助4—6元。当然个别收入较低的优抚对象，可给予稍高的补助。"③

---

① 《军人抚恤优待条例》，《人民日报》1988年7月26日。

② 民政部、财政部：《〈关于改进优抚对象定期定量补助工作的规定〉的通知》民发（1979）60号、（79）财事字335号，1979年10月30日。

③ 参见《北京志·政务卷·民政志》，北京出版社2003年版，第141页。

就在定量补助工作实施一年后，国家及时改进了定量补助工作中的一些问题。1980 年 2 月召开了关于改进定期定量补助工作的座谈会，会议强调："这次改进定期定量补助工作，是国家对一部分优抚对象准备实行长期抚恤的过渡，是定期定量补助工作进一步向制度化的一个重要步骤。"[①] 到了 1981 年 4 月，民政部下印发了《一九八〇年改进优抚对象定期定量补助工作的基本情况和今后的意见》的通知，要求："对一九八〇年改进优抚对象定期定量补助工作进行一次认真检查，坚决贯彻把烈军属复员军人补助费大部分用于定期定量补助的原则，……凡是用于定期定量补助的经费没有达到烈军属复员军人补助费的百分之六十至七十的，应当坚决达到这个比例。"[②]

为了给予优抚对象稳定的生活保障，国家在提高定期定量补助的基础上，着手定期定量补助的制度化建设。

1980 年 7 月，民政部在下发的建军三十五周年通知中就要求："要及时组织力量，加强领导，尽快地把优抚对象的定期定量补助落实下来，切实保障他们的生活。"[③] 翌年，民政部在下发的《一九八〇年改进优抚对象定期定量补助工作的基本情况和今后的意见》通知中提出了定期定量补助制度化的要求，"把定期定量补助费列为烈军属复员军人补助费中的一项固定开支。……保证定期定量补助工作的经常化、制度化"[④]。这种定期定量补助制度化的实施使"全国 50 多万烈士、因公牺牲军人、病故军人家属，由过去定期定量补助过渡到定期抚恤……革命战争入伍的复员军人，

① 民政部：《印发〈关于改进优抚对象定期定量补助工作座谈会纪要〉》民发（1980）第 19 号，1980 年 3 月 13 日。

② 民政部：《一九八〇年改进优抚对象定期定量补助工作的基本情况和今后的意见（节录）》民（1983）优 27 号，1981 年 4 月 10 日。

③ 《民政部为建军五十三周年发出通知拥军优属进一步密切军政军民关系》，《人民日报》1980 年 7 月 7 日。

④ 民政部：《一九八〇年改进优抚对象定期定量补助工作的基本情况和今后的意见（节录）》民（1983）优 27 号，1981 年 4 月 10 日。

有170万得到了定期定量补助”。①

最终，1988年8月实施的《军人抚恤优待条例》就定期定量补助的实施作了具体规定：“复员军人未参加工作，因年老体弱、生活困难的，按照规定的条件，由当地民政部门给予定期定量补助，并逐步改善他们的生活待遇。”② 这样，实施定期定量补助最终以法规的形式确立。

从1983年开始，定期定量补助的实施进入了一个全面提高的时期，其标准被多次提高。

1983年，国家开始提高“三老”（红军老战士、孤老烈士家属、孤老复员军人）的定期定量补助标准：“退伍红军老战士的定期定量补助，一律在原享受实际补助标准的基础上，每人每月增加十元。孤老烈属（包括因公牺牲军人家属、病故军人家属、失踪军人家属）和孤老复员军人定期定量补助，一律在原享受实际补助标准的基础上，每人每月增加五元”。③根据民政部的“三老”定量补助的规定，北京市民政局在1983年5月发出了《关于调整部分优抚对象定期定量补助的通知》，“退伍在乡老战士的定期定量补助，一律在原来基础上再增加9元；扩大复员军人的定期定量补助，抗日战争、解放战争时期入伍、年老体弱生活困难及带病回乡的老复员军人也给予定量补助，每人每月6元。家居市区和近郊的父、母、配偶，不论跟随哪个亲属生活的，凡本人没有工作的，没有享受定期定量补助的，每人每月给10元以上的补助”。④

北京市率先提高复员军人的定量补助标准。1985年8月13日，北京市财政局、民政局发出了《关于调整优抚对象定期抚恤金、定期定量补助和城镇孤老困难户定期救济标准的通知》，“对抗日战争期间入伍的在乡复员军人，居城镇者每人每月35元，居农村者20元；解放战争时期入伍的

---

① 《把拥军优属工作提高到新水平》，《人民日报》1987年7月29日。

② 《军人抚恤优待条例》，《人民日报》1988年7月26日。

③ 民政部：《关于调整部分孤老优抚对象定期定量补助标准的通知》民（1983）优17号，1983年3月7日。

④ 《北京志·政务卷·民政志》，北京出版社2003年版，第141页。

在乡复员军人，居城镇者每人每月补助 30 元，居农村的 12 元”。[①]

在 20 世纪 80、90 年代，国家一直不断提高定期定量补助标准。

四、优待形式的多样化

除了实施优待金和定期定量补助以外，国家、社会还给予了优待对象其他的一些物质优待措施。

（一）关于烈军属的优待

在改革开放初期，国家和社会给予了军烈属更多的就业、住房等物质优待。

军属享受就业、分房等方面的优待。1985 年，民政部队对未随军家属的住房待遇作出了规定：“凡在国家机关、人民团体、企事业单位的军队干部家属，享受双职工的分房待遇；如果爱人在海边防或高原部队，分配住房时，在同等条件下要优先安排”。[②]1988 年的《军人抚恤优待条例》也规定：“优抚对象在与其他群众同等条件下，享受就业、入学、救济、贷款、分配住房的优先权。”除此以外，针对现役的军队家属，国家在就业和住房方面还作出了这样的规定：“未随军的现役军官、志愿兵的家属住房困难，家属有工作单位的，由所在单位按本单位双职工待遇解决；家属无工作单位的，由当地房管部门统筹解决。”[③]但这些规定在很大程度上取决于“由省、自治区、直辖市人民政府根据本地区的实际情况，制定具体办法”。[④]

关于分配住房的问题，北京市早在 1985 年颁布的《北京市优待革命

① 《北京志 · 政务卷 · 民政志》，北京出版社 2003 年版，第 141 页。

② 《支持爱护军队提高烈军属待遇今年民政部对优抚工作有较大改革》，《人民日报》1985 年 12 月 30 日。

③ 《新编中华人民共和国民政法规汇编》，中国社会出版社 2003 年版，第 141 页。

④ 《新编中华人民共和国民政法规汇编》，中国社会出版社 2003 年版，第 141 页。

烈士家属、军人家属、残废军人和复员退伍军人暂行办法》就已规定：“分配住房和建房材料等方面，在同等条件下，对革命烈士家属、革命残废军人、现役军人家属等优抚对象，应给予优先照顾。分配职工住房时，要把现役军人计算为分房人口，使军人家属享受双职工分房待遇。”①

关于北京市给予烈军属的医疗优待。鉴于烈军属存在的实际生活困难和《革命烈士家属革命军人家属优待暂行条例》关于“贫苦烈、军属到公共卫生机关治疗疾病时，经区以上人民政府介绍，应酌情减免医药费”②的规定，北京市在 1985 年颁布了《北京市优待革命烈士家属、军人家属、残废军人和复员退伍军人暂行办法》，“对因病需要治疗的革命烈士家属、革命残废军人和实行兵役法以前入伍带病回乡的老复员军人，应优先照顾就医”。③

后来，北京又针对不享受公费医疗的烈军属等优抚对象实施了医疗费减免政策。北京市在 1991 年 2 月颁布了《北京市优抚对象医疗费减免办法》，规定了不享受公费医疗的烈军属医疗费用的具体减免数额，“享受国家发给定期抚恤金的革命烈士家属、因公牺牲军人家属的医药费减免 80%”，“享受国家发给定期抚恤金的病故军人家属的医药费减免 60%”。④

（二）关于现役士兵的社会生活优待

这一时期，无论国家还是地方都对现役军人的优待内容作了更多的规定，比如，现役士兵可以享受平信免费，农村户口的保留责任田，承包土

---

① 北京市人民政府：《北京市优待革命烈士家属、军人家属、残废军人和复员退伍军人暂行办法》京政发〔1985〕160 号，1985 年 11 月 18 日。

② 《革命烈士家属革命军人家属优待暂行条例》，《民政工作文件汇编》（一），地质出版社 1984 年版，第 208 页。

③ 北京市人民政府：《北京市优待革命烈士家属、军人家属、残废军人和复员退伍军人暂行办法》京政发〔1985〕160 号，1985 年 11 月 18 日。

④ 北京市主管委办局：《北京市优抚对象医疗费减免办法》京民优字（1991）第 101 号，1991 年 2 月 9 日。

地优先等优待。但北京市更是依据自身的实际情况作了更全面的现役士兵的优待政策。

除了对义务兵发放优待金外，北京市政府在1989年6月还颁布了《北京市城镇居民应征入伍义务兵优待暂行规定》，对补助金的发放情况作了详细规定：

> 入伍前是在职职工（包括合同制工人，下同）的，由原所在单位按月发给补助金；入伍前是学生、待业青年或个体工商户的，由区、县人民政府按月发给补助金；农村入伍的义务兵服役期间，其家属因建设征地按政府规定转为城镇居民户口的，应自转为城镇居民户口之日起，按本规定发给补助金。①

同时对现役士兵的工龄给予了优待规定：

> 在职职工应征入伍的义务兵，服役期间的军龄应计为工龄。服役期间，原单位调整工资时，对应征入伍的职工应按本单位在职职工同等对待；服役期间荣立二等功以上的义务兵退伍时，由原所在单位接收的，原单位应予晋升一级工资；新安排工作的，接收单位应予高定一级工资；企业招用的农民合同制（协议制）工人，在企业应征入伍的，应参照正式职工入伍后的优待标准执行；退伍后原招用单位应继续履行中断的合同或协议，或另行安排相应的工作。②

就优待制度方面来讲，这一时期的物质优待有了明显的提升，但政治

① 参见北京市政府：《北京市城镇居民应征入伍义务兵优待暂行规定》，北京市人民政府第17号，1989年6月20日。

② 参见北京市政府：《北京市城镇居民应征入伍义务兵优待暂行规定》，北京市人民政府第17号，1989年6月20日。

优待的下降是一个不争的事实。国家社会经济的发展促使国家将大量的社会资金投入到优待建设中来，一个明显的表现就是到 20 世纪 80 年代时广大优待对象的物质优待已经有了很大的提高，譬如，优待金的数额也是一再增加等。但在物质优待不断提高的同时，这一时期的社会政治优待并没有随着社会建设和发展的进行而得到提高，实际上在很大程度上是下降了。其中最为明显的就是这一时期对伤残军人及军烈属的慰问很多时候仅仅在重大节假日开展，而且在开展这一活动时大多是一种形式大于内容的进行。

在某种程度上之所以会在政治优待上出现下降，是多方面原因所引起的。其一，国家的重心所致。1978 年国家开始改革开放，国家的各项工作都以经济建设为重心。虽然这期间发生了对越自卫还击战，但作为一个局部的边境战争对整个国家的工作重心影响是相对较小的。这样的大背景下国家各级部门开展的优待政策相比过去势必会发生大的变化，当然也不可能像抗美援朝期间一样开展全社会性质的政治优待运动。

第二节　尊重生命

经过“文革”浪潮的侵袭，珍视生命、尊重生命逐渐成为社会的共识，也成为新时期抚恤工作的一项重要理念。因此，国家抚恤工作首先要解决的就是相关政策的落实，再就是推出了一些符合形势需要的新政策和法规，以及提高伤残、死亡的抚恤标准等。

一、伤残评定及相关待遇

恢复与发展伤残抚恤体系的同时，国家开始频繁提高伤残抚恤标准以保障伤残军人的生活。

（一）伤残抚恤体系的恢复与发展

在法规建设方面，国家依次制定了的几个重要法规都对伤残抚恤作出了基本的规定。1984 年 5 月，第六届全国人民代表大会第二次会议通过了《中华人民共和国兵役法》。1988 年 6 月，国务院第十一次常务会议通过了《军人抚恤优待条例》。1989 年 4 月，民政部又颁布了《关于贯彻执行〈军人抚恤优待例〉若干具体问题的解释》。

就这一时期制定的抚恤政策而言，主要有这样几类：提高抚恤标准的政策；评残工作的政策；关于伤残军人的抚恤医疗费用以及抚恤金的发放政策等。

提高抚恤标准的政策。“为了更好地安排在乡革命残废军人的生活”，[①]1977 年 12 月，财政部下发了《关于调整在乡革命残废人员抚恤标准的通知》，提高在乡的革命残废军人、残废工作人员、残废人民警察抚恤金和参战残废民兵民工抚恤金。针对越战自卫还击战的发生，1985 年民政部、财政部联合下发了《关于对越自卫还击作战牺牲人员家属增发抚恤金和提高革命烈士抚恤金标准的通知》，要求：“对一九七九年对越自卫还击作战牺牲的现役军人、支前民兵民工等人员的家属，均增发抚恤金三百元。望即转告县、市民政、财政部门尽快发给。”[②]

评残工作的新规定。国家一直比较重视评残工作，但是“根据各地的反映，在评残工作中还存在一些问题”。[③]1976 年财政部、总后勤部联合下发了《关于革命残废军人评残工作中几个问题的通知》，该通知对因公致残的评残、现役军人因病评残、因战和因公补发残废证等问题作了统一

① 财政部：《关于调整在乡革命残废人员抚恤标准的通知》（77）财事字第 190 号，1977 年 12 月 23 日。

② 民政部、财政部：《关于对越自卫还击作战牺牲人员家属增发抚恤金和提高革命烈士抚恤金标准的通知》民发（1980）58 号、（80）财事 335 号，1980 年 8 月 18 日。

③ 民政部、总后勤部：《关于革命残废军人评残工作中几个问题的通知》（76）财事字第 22 号、（76）后卫字第 37 号，1976 年 2 月 13 日。

的规定。为了解决好复员退伍军人的伤残评定工作，1979 年，总参谋部、总政治部和民政部下发了《关于复员退伍军人查找原部队证明个人历史和伤残问题的通知》，指出：“凡复员退伍军人要求查找原单位证明个人历史或残废情况者，一般不要由复员退伍军人个人出面”。①

关于伤残抚恤金发放的政策。1978 年，财政部下发了《关于残废抚恤方面几个问题的答复》，主要解决三等在乡革命残废人员残废抚恤费的发放问题。1979 年 5 月，民政部给内蒙古自治区民政局下发了《关于集体所有制企业、事业单位工作的革命残废人员的残废抚恤金按何标准发放问题的批复》。

与新中国成立之初的伤残抚恤内容相比，这一时期的伤残抚恤的内容主要发生了这样几个方面的变化：伤残性质及分类方面；抚恤方式；优待内容方面等。

关于伤残性质及分类方面的变化。1988 年颁布的《军人抚恤优待条例》将伤残的种类分为了三类，即因战致残、因公致残和因病致残。相反，新中国成立之初的《抚恤条例》仅有两类分类，即因战和因公致残。

抚恤的方式上也发生了变化。1988 年的《军人抚恤优待条例》规定主要用抚恤金的方式进行抚恤。新中国成立之初的《抚恤条例》主要用残废金食粮的方式。

对伤残革命军人的优待内容变化。在医疗费用优待方面，1988 年的《军人抚恤优待条例》对医疗费用减免规定更为详细，比如，“二等乙级以上（含二等乙级）革命伤残军人，享受公费医疗待遇。三等革命残废军人不享受公费医疗待遇”，② 但删除了新中国成立之初规定的“医药费及伙食费由医院供给”③。同时比原来还增加了免费乘坐交通工具的规定，“革命

① 总参谋部、总政治部、民政部：《关于复员退伍军人查找原部队证明个人历史和伤残问题的通知》(79) 参务字第 241 号，1979 年 6 月 20 日。

② 《中国社会保障制度总览》，中国民主法制出版社 1995 年版，第 1231 页。

③ 总参谋部、总政治部、民政部：《关于复员退伍军人查找原部队证明个人历史和伤残问题的通知》(79) 参务字第 241 号，1979 年 6 月 20 日。

伤残军人乘坐国营的火车、轮船、长途车公共汽车和国内民航客机，凭《革命伤残军人证》准予优先购票，并按规定享受票价优待”。[①]

（二）提高和完善伤残抚恤

就整个伤残抚恤工作而言，国家主要集中在两方面：提高抚恤标准和完善评残条件。

十年“文革”使中国的抚恤事业停滞、倒退，导致整个抚恤标准相对较低；其次，新中国成立之初制定和实施的各项抚恤规定已存在较长时间，不再适应社会发展需要；最后，社会经济改革和发展的初步成果使得国家已有财力去更好地发展抚恤事业。“根据国家财力，有计划、有步骤地提高国家抚恤和救济标准，不断提高优抚、救济对象的实际生活水平”。[②]“文革”一结束，国家就开始提高伤残抚恤标准。

1977 年 12 月，财政部下发了《关于调整在乡革命残废军人抚恤标准的通知》，并明确规定了各项抚恤标准：

> 革命残废军人、残废工作人员、残废人民警察抚恤金因战、公致残特等级，每年发抚恤金额 520 元、480 元，一等因战、公致残的每年发 460 元、430 元，二等甲级因战、公致残每年发 260、240 元，二等乙级因战、因公致残的每年发 196 元、186 元，三等甲级因战、公致残的每年发 100 元，三等乙级因战、公致残的每年发 80 元；而对于参战致残的民兵民工的抚恤金额，特等的是每年 460 元，一等 400 元，二等甲级 230 元，二等乙级是 170 元，三等甲级是 100 元，三等乙级是 80 元[③]。

---

① 《中国社会保障制度总览》，中国民主法制出版社 1995 年版，第 1231 页。

② 《新形势下民政工作的重点是啥?》，《人民日报》1985 年 1 月 6 日。

③ 参见财政部：《关于调整在乡革命残废人员抚恤标准的通知》（77）财事字第 190 号，1977 年 12 月 23 日。

国家又调整了在职革命残废军人残废金标准。1982 年 3 月，民政部、财政部下发了《关于调整在职革命残废军人残废金标准的通知》，提出了新的在职革命残废军人残废金标准：

> 特等因战、因公残废军人每年分别发给 90、78 元；一等因战、因公残废军人每年分别发给 76、66 元；二等甲级因战、因公的每年发给 60、54 元；二等乙级因战、因公的每年发给 52、46 元；三等甲级因战、因公每年发给 46、40 元；三等乙级因战、因公每年发给 40、36 元。[①]

这样在乡、在职的革命残废军人的残废金都在“文革”结束不久便得到了提高。

1994 年 2 月，民政部和财政部下发了《关于提高部分优抚对象抚恤补助标准的通知》，再次提高“革命伤残人员（革命伤残军人、伤残人民警察、伤残工作人员、伤残民兵民工）的伤残抚恤金和伤残保健金标准”。[②] 就伤残抚恤金而言：

> 特等因战、因公革命伤残人员每年发给 2240 元、2100 元；一等因战、因公和因病每年发给 1860 元、1740 元和 1620 元；二等甲级因战、因公和因病发给 1250 元、1150 元和 1070 元；二等乙级因战、因公和因病发给 856 元、780 元和 740 元；三等甲级因战、因公发给 536 元、516 元；三等乙级因战、因公发给 442 元。就伤残保健金来讲，特等因战、因公分别发给 450 元、420 元；一等因战、因公和因病分别发给 374 元、342 元和 332 元；二等甲级因战、因公和因病分

① 参见财政部、民政部：《关于调整在职革命残废军人残废金标准的通知》民（1982）优 18 号，1982 年 3 月 24 日。

② 《中国社会保障制度总览》，中国民主法制出版社 1995 年版，第 1359 页。

别发给231元、214元和210元；三等甲级因战、因公分别发给174元、160元；三等乙级因战、因公分别发给132元、122元。①

正是伤残抚恤标准的不断提高，北京市伤残抚恤费用的投入也在逐年增加，从1982年至1990年北京市伤残人员抚恤费发放一览表就可看出。

1982—1990年北京市伤残人员抚恤费发放一览表

（单位：万元）

年份	在乡者抚恤费	在职者抚恤费	护理费	治疗费	生活困难补助费	合计
1982	68.8	36.8	2.8	6.2	3.6	118.2
1987	118.9	72.4	5.6	14	24.8	235.7
1988	140.4	24.4	4.8	15.9	5.3	190.8
1989	174	107.5	5.5	25.9	21.6	334.5
1990	165.6	106.6	6.1	18.7	30.3	327.1

显然，除1988年外，北京市的抚恤费每年都有所增加，而且增加幅度较大。

这一时期，国家抚恤制度不断发展，逐步完善了评残条件。

“文革”一结束，解放军总后勤部和卫生部就制定了病残评残标准。1980年11月，解放军总后勤部和卫生部下发了《〈关于因病评残的参照条件〉的通知》。首先，规定了评定病残的对象范围，“凡确定复员、退伍回乡（含家居城市）的干部、战士，因病医疗基本终结，其劳动能力完全丧失或大部分丧失，为保障回乡后的基本生活和必要的医疗，在办理复员、退伍手续时可按病残评定残废等级，发给革命残废军人抚恤证，享受抚恤待遇”。②

① 参见《中国社会保障制度总览》，中国民主法制出版社1995年版，第1360页。

② 《中国人民解放军总后勤部卫生部（通知）〈关于因病评残的参照条件〉》，《民政工作文件汇编》（一），地质出版社1984年版，第447页。

关于评残条件，该通知作了这样详细的规定：

一等残废的评定标准是：1. 脑、脊髓疾病或手术后遗症致一肢瘫痪，或两肢以上功能严重障碍，或智力严重障碍；2. 一侧肺全切，或两侧肺各切除一叶伴有呼吸功能不全；3. 肝硬化伴有少量腹水长期不消退，或反复出现消化道出血；行门静脉高压症分流术；4. 各种心脏疾病或心脏手术后，心功能失调达三级，经长期治疗不能缓解；5. 一侧肾脏切除兼有对肾脏功能损害；双侧肾脏疾患致肾功能不全，尿素氮 25%毫克以上，酚红排泄试验两小时共排出低于 30%；6. 胃全部切除，或肠切除二分之一以上；7. 肝切除二分之一；8. 眼疾患致双目视力均在 0.06 以下，且不能恢复和矫正等。①

二等甲级残废的标准：

1. 脑、脊髓疾病或手术后遗症致一肢瘫痪，或两肢以上功能严重障碍，或智力严重障碍；2. 一侧肺全切，或两侧肺各切除一叶伴有呼吸功能不全；3. 肝硬化伴有少量腹水长期不消退，或反复出现消化道出血；行门静脉高压症分流术；4. 各种心脏疾病或心脏手术后，心功能失调达三级。经长期治疗不能缓解；5. 一侧肾脏切除兼有对侧肾功能损害；双侧肾脏疾患致肾功能不全，尿素氮 25 毫克%以上，酚红排泄试验二小时共排出低于 30%；6. 胃全切除，或肠切除二分之一以上；7. 肝切除二分之一；8. 眼疾患致双目视力均在 0.06 以下，且不能恢复和矫正；9. 其他疾患造成类似上述残情之一。②

---

① 《中国人民解放军总后勤部卫生部（通知）〈关于因病评残的参照条件〉》，《民政工作文件汇编》（一），地质出版社 1984 年版，第 447 页。

② 《中国人民解放军总后勤部卫生部（通知）〈关于因病评残的参照条件〉》，《民政工作文件汇编》（一），地质出版社 1984 年版，第 447—448 页。

二等乙级评残的标准：

1. 脑、脊髓疾病或手术后遗症致肢体部分瘫痪；2. 各种心脏病或心脏手术后，心功能失调达二级，并经长期治疗不能缓解；3. 胃大部分切除且伴有较重并发症；4. 早期肝硬化：肝肿大、质地中等硬度，并伴有蜘蛛痣或肝掌、脾肿大；谷丙转氨酶持续升高，并伴有絮浊试验明显异常或血浆蛋白减低、丙种球蛋白明显升高；5. 肺切除两叶，或切除一叶并作胸廓成形术；6. 慢性肾炎：尿蛋白（++）以上，尿素氮高于正常值，酚红排泄试验二小时共排出 30—50%；7. 肠切除三分之一伴有较重并发症；8. 再生障碍性贫血：血红蛋白在 8%克以下，白细胞总数 3500/ 立方毫米以下，血小板在 5 万 / 立方毫米以下；9. 糖尿病：空腹血糖 150%毫克以上，空腹尿糖持续在（++）以上，尚需药物维持治疗；10. 类风湿性关节炎致大关节强直、畸形，功能严重障碍等。①

1983 年 3 月，民政部优抚局、总后勤部和卫生部再次联合下发了《〈对革命残废军人优待抚恤暂行条例第三条若干条款掌握的意见〉的通知》，对评残条件进行了补充和说明：

（三）项乙、“两肢以上伤后部分强直，……”髋、膝、肩、肘关节有两个以上关节（包括两个）强直者，可视为两肢部分强直。二、（三）项丁、“视力高度障碍（仅能看见一米突近之物体）”。两眼裸视力均在 0.06 以下者，可视为高度障碍。三、（四）项甲、“一肢关节僵直”。系指大关节，如髋、膝、肩、肘关节中有一个关节僵直者，可按一肢关节僵直掌握。四、（四）项已、此条可按：一目失明另一

① 《中国人民解放军总后勤部卫生部（通知）〈关于因病评残的参照条件〉》，《民政工作文件汇编》（一），地质出版社 1984 年版，第 448 页。

目裸眼视力在0.3以下，或双眼裸视力均在0.1以下掌握。五、（四）项庚、脊椎（不含尾椎）两个以上损伤后强直或畸形，可按“头部或腰部运动发生较重障碍”掌握。六、（五）项甲、“双目视力均有障碍……”双目裸眼视力均在0.3以下者，可视为双目障碍。七、（五）项己、“伤筋骨动作不便”。系指长骨骨折或大关节（腕、踝关节以上）伤后遗留畸形愈合影响功能而言。小关节损伤或长骨骨折后对位愈合良好，无功能障碍，不在此例。八、（六）项乙、“听觉有重大障碍”。一耳全聋，或两耳听觉电测听检查语音频率平均值均在50分贝以上，可视为听觉重大障碍。九、（六）项丙、一手拇指失去末节；其他一指失去二节以上，或其他二指以上失去一节以上；可按本项掌握。十、（六）项戊、“关节筋肉因伤伸缩不便”。系指关节（其中手指和足趾在两指或趾以上）、肌腱损伤或较大面积软组织伤后瘢痕挛缩，致伸缩不便影响功能者。①

到了1989年，民政部颁发了《革命伤残军人评定伤残等级的条件》的通知，分别就伤残等级和病残等级的评定条件作了规定。关于革命伤残军人评定伤残等级的条件是：

现役军人因战、因公负伤致残，依其丧失劳动能力及影响生活能力的程度，评定伤残等级，分为四等六级：

（一）具有下列残情之一，劳动能力完全丧失，日常生活需要专人照顾的，为特等：

1. 三肢以上部分失去（自腕、踝关节以上）或三肢完全丧失功能；2. 两肢完全失去，不能安装假肢；3. 脊髓或脊神经受伤致两上肢完全瘫痪，或两下肢完全瘫痪且伴有大小便失禁；4. 髋、膝、肩、肘关节中四个以上强直，功能完全丧失；5. 具有一等两种残情或具有一等甲级的和二等的各一

① 民政部优抚局、总后勤部卫生部：《关于下发〈对革命残废军人优待抚恤暂行条例第三条若干条款掌握的意见〉的通知》（83）卫医字第069号，1983年3月2日。

种残情；6. 患有国家规定的职业病，相当上列残情的。

（二）具有下列残情之一，劳动能力基本丧失，日常生活大部分活动需要人扶助的，为一等：

1. 两肢部分失去（自腕、踝关节以上）或伤后髋、膝、肩、肘关节中三个强直，功能完全丧失；2. 一肢完全失去，不能安装假肢；3. 脊髓或脊神经受伤致两上肢基本瘫痪或两下肢完全瘫痪；4. 颅脑损伤致一侧上、下肢完全瘫痪；5. 两手全掌完全丧失或挛缩畸形经矫形仍完全失去功能；6. 两足各失去二分之一以上兼有一侧踝关节功能障碍；7. 颅脑损伤致成痴呆；8. 双目失明；9. 咀嚼和语言机能完全丧失；10. 肝脏切除三分之二或胰腺全切除；11. 心脏损伤致主动脉反流，二尖瓣腱索断裂；12. 胃全切除且小肠或结肠切除五分之一；13. 一侧肺全切除兼有对侧肺功能明显障碍；14. 三期矽肺或二期矽肺合并肺结核；15. 具有二等甲级两种残情或具有二等甲级和二等乙级的各一种残情；16. 其他部位受伤或患有国家规定的职业病，相当上列残情的。

（三）具有下列残情之一，劳动能力大部分丧失，日常生活活动受到较大影响，为二等甲级：

1. 一肢部分失去（自腕、踝关节以上）或功能完全丧失；两足各失去二分之一；2. 髋、膝、肩、肢关节中两个强直，功能完全丧失；3. 两手拇指全失兼有其他三指以上各失去两节以上（或三指伤后失去功能）；4. 脊椎三个以上（不含骶尾椎）损伤致强直、畸形、功能重大障碍；5. 颅脑损伤致经常（每月两次以上）发生癫痫；6. 两耳全聋（电测听检查语音频率平均值均在 90 分贝以上）且语言机能完全丧失；7. 咀嚼机能完全丧失，或舌缺损三分之二以上；8. 双目裸眼视力均在 0.06 以下，且不能矫正；9. 大便或小便失禁，或伤后行永久性肠或膀胱造瘘；10. 伤后双侧睾丸失去或外生殖器缺损；11. 一侧肺全切除或两侧肺各切除一叶；12. 胸廓改形术后严重影响呼吸功能或肋骨切除 6 条以上；13. 一侧肾切除兼有对侧肾轻度损伤；14. 胃全部切除或小肠或结肠切除三分之一以上；15. 肝脏切除二分之一以上，或胰腺切除三分之二以上，或膀胱全切除；16. 二期矽肺或一期矽肺合并肺结核；17. 具有二等乙级两种残情；18. 其他部位受伤或患有国家规定的职业病，相当上列残情的。

（四）具有下列残情之一，劳动能力丧失近半，日常生活活动有一定困难的，为二等乙级：

1. 髋、膝、肩、肘关节中一个强直且功能完全丧失，或腕、踝在节两个以上强直且功能重大障碍；2. 两手拇指全失，或一手拇指全失兼有同侧食指全失，或一手拇指全失兼有其他三指以上各失去两节以上；3. 两足足趾全失或一足失去二分之一以上；4. 脊椎两个以上（不含骶尾椎）损伤致强直、畸形且功能重大障碍；5. 语言功能完全丧失；6. 颌骨损伤，牙齿脱落二分之一以上，不能安装假牙；颌骨缺损二分之一或颞颌关节损伤致张口及咀嚼困难；7. 一目失明，另一目裸眼视力在 0.3 以下，或双目裸眼视力均在 0.1 以下，且不能矫正；8. 肺切除一叶且有较重并发症；9. 胃大部切除，或胃、肠、肝、膀胱某一脏器多处受伤经行修补术或部分切除且有较大重并发症；10. 一侧肾摘除；11. 烧伤后遗留瘢痕占全身面积百分之三十以上；12. 一期矽肺；13. 其他部位受伤或患有国家规定的职业病，相当上列残情的。

（五）具有下列残情之一，劳动能力和日常生活活动受到一定影响的，为三等甲级：

1. 一目失明，或双目裸眼视力均在 0.2 以下，且不能矫正；2. 鼻子脱落，或双鼻孔闭锁不能修复；3. 两耳全聋（电测听检查语音频率平均值均在 90 分贝以上）；4. 一手拇指全失，或一手拇指末节和同手食指失去两节以上，或一手拇指末节和其他二指以上各失去两节以上，拇指以外的其他三指以上全失；5. 两足拇趾全失或一足拇趾全失兼有其他足趾失去两个以上，拇趾以外的其他足趾失去五个以上，或五个以上跖趾关节强直；6. 脊椎一个堆体压缩性骨折（压缩二分之一以上），并伴有功能障碍；7. 长骨骨折畸形愈合或大关节（碗、踝关节以上）伤后畸形，致影响功能且不能矫正；8. 脾脏摘除；9. 面部烧伤后遗留瘢痕占面部三分之二以上；10. 其他部位受伤或患有国家规定的职业病，相当上列残情的。

（六）具有下列残情之一，劳动能力和日常生活活动稍有不便的，为三等乙级：

1. 语言不清；2. 一耳全聋，或两耳听觉有很大障碍（电测听语音频率平均值均在 50 分贝以上）；双侧耳廓全脱落或一侧耳廓全脱兼有一侧耳廓损伤；3. 双目裸眼视力均在 0.3 以下且不能矫正，或一目裸眼视力在 0.1 以下，且不能矫正；4. 一手拇指失去末节或其他二指以上各失去一节以上，或其他一指全失；5. 一足拇趾全失，或其他足趾失去两个以上；6. 一侧睾丸摘除；7. 其他部位受伤，相当上列残情的。①

在公布革命伤残军人评定伤残等级条件的同时，国家还就修订的军人评残条件进行了公布：

义务兵在服役期间患病，经医疗基本终结，退伍时依其丧失劳动能力及影响生活能力的程度，评定病残等级，病残分为两等三级：

（一）具有下列残情之一，致劳动能力基本丧失，日常生活大部分活动需要人扶助的，为一等：

1. 脑、脊髓疾病或手术后遗症而致痴呆，或两肢以上瘫痪；2. 眼疾患致双目失明；3. 其他疾患相当上列残情的。

（二）具有下列残情之一，致劳动能力大部分丧失，日常生活活动受到较大影响的，为二等甲级：

1. 脑、脊髓疾病或手术后遗症致一侧瘫痪，或两肢以上功能严重障碍，或智力严重障碍；2. 一侧肺全切除，或两侧肺各切除一叶伴有呼吸功能不全；3. 肝硬化伴有少量腹水长期不消退，或反复出现消化道出血；行门静脉高压症分流术；4. 各种心脏疾病或心脏手术后，心功能失调达三级，并经长期治疗不能缓解；5. 一侧肾切除兼有对侧肾功能损害，双侧肾

① 参见《新编中华人民共和国民政法规汇编》，中国社会出版社 2003 年版，第 148—149 页。

疾患致功能不全，尿素氮 25%毫克以上，酚红排泄试验 2 小时共排出低于 30%；6. 胃全切除，小肠或结肠切除二分之一以上；7. 肝切除二分之一以上；8. 眼疾患致双目裸眼视力均在 0.06 以下，且不能恢复和矫正；9. 其他疾患相当上列残情的。

（三）具有下列残情之一的，劳动能力丧失近半，日常生活活动有一定困难的，为二等乙级：

1. 脑、脊髓疾病或手术后遗症致肢体部分瘫痪；2. 各种心脏病或心脏后术后，心功能失调达二级，并经长期治疗不能缓解；3. 胃大部切除且伴有较重并发症；4. 早期肝硬化：肝肿大、地质中等硬度，并伴有蜘蛛痣或肝掌、脾肿大，谷丙转氨酶持续升高，并伴有絮浊试验明显异常或血浆蛋白减低、丙种球蛋白明显升高；5. 肺切除两叶，或切除一叶并作胸廓成形术；6. 一侧肾切除：慢性肾炎：尿蛋白持续在（++）以上，尿素氮持续高于正党值，酚红排泄试验 2 小时共排出 30—50%；7. 小肠或结肠切除三分之一伴有较重并发症；8. 再生障碍性贫血：血红蛋白长期持续在 8 克以下，白细胞总数 3500 ／立方毫米以下，血小板在 5 万立米毫米以下；9. 糖尿病：空腹血糖 150 毫克以上，空腹尿糖持续在（++）以上，尚需药物维持治疗；10. 类风湿性关节炎致大关节强直、畸形，功能严重障碍；11. 眼疾患致一目失明，另一目裸眼视力在 0.3 以下，或双目裸眼视力均在 0.1 以下，且不能矫正；12. 其他疾患相当上列残情的。①

二、牺牲和病故的全面褒恤

“文革”结束后，国家民政部门进一步将死亡抚恤工作细化，在抚恤的层次上更加分明，同时注重因公和病故抚恤的力度，相继出台了很多新的抚恤政策和法规。

① 参见《新编中华人民共和国民政法规汇编》，中国社会出版社 2003 年版，第 150 页。

（一）牺牲及死亡抚恤体系的恢复与发展

国家制定的一些综合法规对牺牲及死亡抚恤作了规定。其中有这样一些法规：1984 年 5 月第六届全国人民代表大会第二次会议通过的《中华人民共和国兵役法》；1988 年实施的《军人抚恤优待条例》；民政部在 1989 年 4 月颁布的《关于贯彻执行〈军人抚恤优待条例〉若干具体问题的解释》。

国家针对各种牺牲及死亡抚恤金发放制定和实施了一系列的政策。

关于军队和平建设时期一些死亡抚恤金政策。随着国家建设的扩大，有关工程兵牺牲后的褒恤是一个重要问题。1977 年 4 月，财政部、总政治部、总后勤部下发了《关于中国人民解放军基本建设工程兵干部、战士和职工牺牲、病故后家属抚恤安置办法的通知》，规定“基本建设工程兵部队的干部、战士和职工牺牲、病故后，家属的抚恤安置办法，可分别按照《革命军人牺牲、病故褒恤暂行条例》和《革命工作人员伤亡褒恤暂行条例》的规定办理。”① 针对对越自卫还击战中失踪军人家属的褒恤待遇，国家在 1979 年 7 月下发了《关于处理对越自卫还击作战中失踪军人的家属待遇问题的通知》，提出：“凡在对越自卫还击作战中失踪的军人，鉴于作战结束时间已久，中越双方遣俘工作已结束，至今没有获得其确切消息的，均按牺牲军人处理，并按现行标准发给家属一次抚恤金，以后如发现有的人为牺牲时，再予更正，已发的抚恤金不再追回。”② 针对“文革”期间一些军人自杀的褒恤处理，民政部在 1981 年 3 月 3 日下发了《关于转发总政治部〈关于对自杀军人定性处理问题的暂行规定〉的通知》，指出：“凡因受打击迫害被逼死自杀身死的，按病故处理，发给病故证明书。如已作了错误处理的，应予平反，恢复名誉。对其遗属应按有关规定给予抚

① 财政部、总政治部、总后勤部：《关于中国人民解放军基本建设工程兵干部、战士和职工牺牲、病故后家属抚恤安置办法的通知》（79）财事 9 号、民发（1979）2 号，1979 年 1 月 8 日。

② 总政治部、民政部：《关于处理对越自卫还击作战中失踪军人的家属待遇问题的通知》（1979）政组字第 159 号、民发（1979）33 号，1979 年 7 月 2 日。

恤和优待”。①

对于军队、机关工作人员的牺牲，民政部下发了《关于军人、机关人员因交通事故死亡的抚恤问题的通知》，规定：“一、军人、机关工作人员因公乘坐车、船、飞机发生意外事故死亡或因公外出（包括上下班途中）为车辆撞死责任不在自己的，除由有关部门按照规定发给保险金或赔偿费外，仍应由民政部门按照因公牺牲的抚恤标准发给其家属一次抚恤金。二、军人、机关工作人员因公外出（包括上下班途中）为车辆撞死责任在于自己或者非因公外出发生交通事故死亡（严重违法乱纪者不包括在内）、除按有关规定处理外，民政部门仍可按照病故抚恤标准发给其家属一次抚恤金。”②

关于和平建设时期一些牺牲、死亡的抚恤政策。1981 年 9 月 25 日，国务院颁布了《关于驻外、援外人员在国外牺牲、病故善后工作的暂行规定》，解决驻外、援外人员的牺牲、病故的善后问题。针对人民武装警察的抚恤问题，国家又下发了《公安部、民政部关于人民武装警察部队优待抚恤工作有关问题的通知》。1985 年 7 月，民政部还下发了《关于抗日义勇军对敌作战伤亡人员褒恤问题的批复》，提出：“对参加抗日战争，确因对敌作战（包对敌作战负伤后一年内伤口复发死亡者）、被敌捕杀，在敌监狱中受折腾致死的抗日义勇军官兵，其遗属主动提出申请，并有可靠证明者，经省人民政府批准，可追认为革命烈士，其家属享受革命烈士家属待遇。”③

关于提高牺牲及死亡抚恤金标准的政策。1979 年 1 月，财政部、民政部下发了《关于调整军人、机关工作人员、参战民兵民工牺牲、病故抚恤金标准的通知》，开始执行新的抚恤标准。针对当时军队中没有级别的志愿兵牺牲、病故后如何褒恤的问题，民政部、总参谋部及总政部在

① 民政部：《关于转发总政治部〈关于对自杀军人定性处理问题的暂行规定〉的通知》民（1981）优 13 号，1981 年 3 月 2 日。

② 民政部：《关于军人、机关人员因交通事故死亡的抚恤问题的通知》民（1982）优 37 号，1982 年 6 月 16 日。

③ 《民政工作文件选编》，华夏出版社 1986 年版，第 151—152 页。

1980年2月联合下发了《关于志愿兵牺牲、病故后享受抚恤金标准问题的通知》，规定："志愿兵牺牲、病故后，除服役二十年以上的（含义务兵年限）可享受营职干部的抚恤金外，其他均应享受连排职干部的抚恤金。"[①] 针对军人、机关工作人员牺牲、病故一次抚恤金的发放存在"少数县（市）民政部门按照上述条例的规定，坚持要由死者原籍县（市）人民政府发给，以致相互推诿，问题不能及时解决"[②] 的问题，民政部特此下发了《关于军人、机关工作人员牺牲、病故一次抚恤金应由家属居住地的县（市）民政部门发给的通知》，要求："对军人，机关工作人员牺牲、病故一次抚恤金，统一由家属居住地的县（市）民政部门发给"。[③]

关于革命烈士抚恤金发放的政策。1985年6月，民政部给广东省民政厅回复了《关于对家居香港新界的烈属实行定期抚恤的复函》，指出："对于家居港澳的烈属应同居住内地烈属一样给予换发、补发革命烈士证的精神，家居香港新界的烈属也按有关规定享受定期抚恤待遇。"[④]1983年6月8日，民政部作出了《关于对第二次国内革命战争时期肃反中被错杀人员的处理意见》，认为："（一）被错杀人员尚未得到平反昭雪的，应继续做好平反昭雪工作。凡被错杀人员的家属、战友提出申诉的，应予受理；亲友虽未提出申诉，但已发现被错杀了的，要主动予以复查。经复查确属被错杀的，应予平凡昭雪，恢复名誉，……被错杀人员平反昭雪后，对其中的革命军人、革命工作人员，一般可按因公牺牲对待，其直系亲属由居住地的民政部门按因公牺牲军人家属给予优待；对其他人员，其家属

① 民政部、总参谋部及总政部：《关于志愿兵牺牲、病故后享受抚恤金标准问题的通知》（1980）政联字第2号、民发（1980）12号，1980年2月2日。

② 民政部：《关于军人、机关工作人员牺牲、病故一次抚恤金应由家属居住地的县（市）民政部门发给的通知》民发（1980）第20号，1980年3月13日。

③ 民政部：《关于军人、机关工作人员牺牲、病故一次抚恤金应由家属居住地的县（市）民政部门发给的通知》民发（1980）第20号，1980年3月13日。

④ 民政部：《关于对家居香港新界的烈属实行定期抚恤的复函》（1983）优35号，1985年6月11日。

生活有困难的，由民政部门酌情给予照顾。”①

就牺牲及死亡抚恤的基本内容来讲，1988 年颁布的《军人抚恤优待条例》与新中国成立之初颁布的《革命军人牺牲、病故褒恤暂行条例》相比主要有三个方面的变化：死亡分类更明确的规定；按军功增加死亡抚恤金；实施定期抚恤金的发放。

关于牺牲及死亡性质，条例将原来的二类分为了三类进行褒恤，即革命烈士、因公牺牲军人和病故军人。“现役军人死亡，根据死亡性质确定为：（一）革命烈士；（二）因公牺牲军人；（三）病故军人。”②

关于褒恤金的计算方式，条例在依然按照级别进行褒恤的同时，增加了死者荣誉称号的褒恤比重。“立功和获得荣誉称号的现役军人死亡，一次性抚恤金分别按下列比例增发：（一）被中华人民共和国主席或者中央军事委员会授予荣誉称号的，增发百分之三十五；（二）被军区（方面军）授予荣誉称号的，增发百分之三十；（三）立一等功的，增发百分之二十五；（四）立二等功的，增发百分之十五；（五）立三等功的，增发百分之五”。③

关于定期抚恤金发放的规定。与新中国成立之初相比较，该条例规定了对革命烈士、因公牺牲军人和病故军人家属进行定期抚恤的制度。“革命烈士、因公牺牲军人、病故军人的家属，按照规定的条件享受定期抚恤金。前款军人的家属是孤老或孤儿的，定期抚恤金应适当增发。”④

可见，改革开放时期的死亡抚恤更加注重抚恤金额的提高。

---

① 国务院：《国务院批转民政部关于对第二次国内革命战争时期肃反中被错杀人员的处理意见的通知》国发（1983）91 号，1983 年 6 月 8 日。

② 《军人抚恤优待条例》，《中国社会保障制度总览》，中国民主法制出版社 1995 年版，第 1230 页。

③ 《军人抚恤优待条例》，《中国社会保障制度总览》，中国民主法制出版社 1995 年版，第 1230 页。

④ 《军人抚恤优待条例》，《中国社会保障制度总览》，中国民主法制出版社 1995 年版，第 1230 页。

（二）一次性抚恤标准和烈属定期抚恤标准

一方面，长期以来，国家执行了较低的牺牲、病故的一次性抚恤标准较低；另一方面，“文革”结束以后，整个国家的社会经济不断发展，为死亡抚恤标准的实施提供了有效的物质保障。

“文革”结束后，国家在 1977 年首次进行了一次性抚恤标准的提高。

> 参战民兵民工级因公 470 元，因病 370 元；战士、班长（工勤人员）级因公 500 元，因病 400 元；排连长（中央、省级机关办事人员，县、公社革委会一般干部）级因公 550 元，因病 450 元；营长（中央、省级机关的一般人员，县革委会局长、公社革委会主任）级因公 600 元，因病 500 元；团长（中央、省级机关的处长，县革委会主任）级因公 650 元，因病 550 元；师长（中央、省级机关的司局长，地区专员）级以上人员因公 700 元，因病 600 元。①

这一标准一直沿用到 1984 年 3 月。

1984 年 4 月 1 日起，国家再次调整和执行新的标准。“为了贯彻宪法关于保障残废军人生活的规定以及新兵役法关于残废军人抚恤办法的规定”，② 民政部、财政部再次下发了提高一次性抚恤标准的通知。该次调整的标准是：

师职或 13 级以上干部 2400 元；团职或 15 至 18 级干部 2300 元；营职或 19 至 20 级干部 2200 元；连排职或 21 级以下干部 2100 元，班长、战士、工勤人员、参战民兵民工、人民群众均为 2000 元。③

---

① 参见《山东省志 · 民政志》，山东人民出版社 1992 年版，第 37—38 页。
② 《民政部财政部决定调整提高残废军人抚恤标准》，《人民日报》1984 年 6 月 8 日。
③ 参见《四川省志 · 民政志》，四川人民出版社 1996 年版，第 148 页。

紧接着，到了 1985 年国家再次调整了烈士的一次性抚恤金标准。1985 年 10 月 29 日，民政部、财政部下发了《关于调整烈士一次抚恤金标准的通知》，规定：

> 烈士生前有工资收入的，按其牺牲时的四十个月工资计发；烈士生前无工资收入或工资低于军队二十三级正排职干部标准的，按其牺牲时军队二十三级正排职干部的四十个月工资计发。被军委或大军区授予英雄模范称号的烈士，增发应领一次抚恤金的三分之一。荣立二等功以上的军人、参战民兵民工被批准为烈士的，增发应领一次抚恤金的四分之一。①

1986 年 3 月，国家又对因公牺牲和病故的一次性抚恤金进行了调整，即按死者死亡时的 20 个月和 10 个月的工资计发。

在总结新中国成立以来一次性抚恤标准实施的经验基础上，国家在 1988 年通过颁布的《军人抚恤优待条例》对一次性抚恤标准作了详细规定。《军人抚恤优待条例》将一次性抚恤金的标准分为现役军人和立功的现役军人死亡两类区分。对于现役军人死亡的一次性抚恤金发放，“根据死亡性质和本人死亡时的工资收入，由民政部门发给家属一次性抚恤金。具体标准由民政部会同财政部制定。义务兵和月工资低于正排职军官工资标准的其他军人死亡时，按正排职军官的工资标准发给其家属一次性抚恤金”。② 对于立功和获得荣誉称号的现役军人死亡的一次性抚恤金分发，要求“(一) 被中华人民共和国主席或者中央军事委员会授予荣誉称号的，增发百分之三十五；(二) 被军区（方面军）授予荣誉称号的，增发百分之三十；(三) 立一等功的，增发百分之二十五；(四) 立二等功的，增发

---

① 《民政工作文件选编》，华夏出版社 1986 年版，第 167 页。

② 《中国社会保障制度总览》，中国民主法制出版社 1995 年版，第 1230 页。

百分之五；（五）立三等功的，增发百分之五”。①

显然，从“文革”结束后，国家对烈士一次性抚恤标准进行了较大提高。这既是国家不断重视优抚保障制度建设的结果，也是国家经济发展的结果。

这一时期，国家开展的另一项褒恤工作就是对烈属实施定期抚恤。

1982 年，总政治部、总后勤部下发了《关于调整随军的牺牲、病故干部遗属生活补助费的通知》，对牺牲、病故干部遗属的生活补助费标准进行调整：

> 一、未满十六岁或虽满十六岁但在校读书或因残疾而丧失了劳动能力的子女，每人每月发给生活补助费二十五元（不含物价补贴二元，下同）。二、牺牲、病故干部配偶，每月固定工资收入的，按干部生前的级别发生活补助费。即：十七级以下干部的妻子每月发给三十元；十六级干部的妻子每月发给三十五元；十五级干部的妻子每月发给四十元，其余以此类推逐级增发五元。三、牺牲、病故干部的父亲年满六十岁、母亲年满五十五岁，或虽未满上述年岁，但身体残废，长期患病而丧失劳动能力的，每人每月发给生活补助费二十五元。②

将革命烈士、病故军人家属的定期定量补助改为抚恤标准 1985 年民政部、财政部下发的《关于对革命烈士家属、因公牺牲军人家属、病故家属发给定期抚恤金的通知》，提出：

> （一）革命烈士家属、因公牺牲军人家属：居住农村的，每人每

① 《中国社会保障制度总览》，中国民主法制出版社 1995 年版，第 1230 页。

② 总政治部、总后勤部：《关于调整随军的牺牲、病故干部遗属生活补助费的通知》，地质出版社 1984 年版，第 387—388 页。

月二十至二十五元；居住小城镇的，每人每月三十元至三十五元；居住大城市的，每人每月三十五元至四十元。（二）病故军人家属：居住农村的，每人每月十五元至二十元；居住小城镇的，每人每月二十五元至三十元；居住大城市的，每人每月三十元至三十五元。（三）对孤老的革命烈士家属、因公牺牲军人家属、病故军人家属，其定期抚恤标准，可以根据他们的实际生活情况适当提高。①

1994 年 2 月，民政部和财政部再次下发了《关于提高部分优抚对象抚恤补助标准的通知》，提高了烈属、因公牺牲军人家属及病故军人家属的定期抚恤金，“在一九九三年民政部、财政部确定的标准基础上，每人每月再增加 5 元”，② 即烈属、因公牺牲军人家属在农村、小城镇及大中城市每月分别是 50—55 元、60—65 元和 65—70 元，而病故军人家属在农村、小城镇及大中城市每月分别是 45—50 元、55—60 元和 60—65 元。③

应当看到，这一时期国家开展的大量抚恤工作，包括提高各种抚恤标准，完善各种抚恤评定条件等，都发挥出了特殊作用。

抚恤制度的实施保障了伤残军人、烈属的基本生活。国家不断提高抚恤金的发放数额，尤其是进入新世纪以后，几乎每年都要提高抚恤标准。显然，这在很大程度上保障了伤残军人和烈属的基本生活。

抚恤制度的实施保障和维护了烈军属及残废军人的合法权益，促进了社会的稳定。比如，国家将烈军属的定期定量补助改为定期抚恤使得烈军属的基本生活有了一个稳定的来源和依靠。

但不可否认，就改革开放初期所进行的抚恤工作来讲，也存在不少的问题。

评残不足致使一部分人漏评，从而引发了部分军人的不满。“各地有

---

① 《民政工作文件选编》，华夏出版社 1986 年版，第 149 页。

② 《中国社会保障制度总览》，中国民主法制出版社 1995 年版，第 1359 页。

③ 参见《中国社会保障制度总览》，中国民主法制出版社 1995 年版，第 1361 页。

一批专业军人、复员军人和退伍军人向当地民政部门提出申请，要求承认他们是革命残废军人。有些人还到处寻找部队或老战友索取证明，有些人到各级民政部门上访，要求解决的情况”。[①]

评残工作的疏忽导致了评残的不平等，甚至误认为一些军人为残废军人。“有些人过去虽然负过伤，但只是皮肉伤，并未致成残废；有的原部队和老战友的证明材料，是根据本人自述成的，很不可靠；有的纯属假冒，把因为其他原因造成的残废，甚至是在国民党部队负过伤，假说是在我军负伤致残。有的地方的民政部门在处理这类问题时，由于缺乏细致调查，审查不严，已经发现有人不符合评残条件而取得了残废优待。”[②]针对这些评残工作中的问题，民政部在1979年8月下发了《关于处理当前转业、复员、退伍军人要求评残问题的通知》。同时还存在着抚恤标准执行不到位和抚恤标准偏低等问题。

第三节 褒扬立法

一、永久纪念

虽然一些过去的烈士褒扬形式包括追功授誉、悼念祭扫、修建纪念建筑物等仍被沿用，但实际的内容已发生了明显变化。

追功授誉工作，即对烈士批复和追认。在改革开放时期，很多军人因维护社会稳定、参加抗洪、抗震等突发事故而牺牲。针对这些军人牺牲情况的变化，国家对烈士评定工作作出了修订，将其纳入了烈士评定范围，

① 民政部：《关于处理当前转业、复员、退伍军人要求评残问题的通知》民发（1979）52号，1979年8月28日。

② 民政部：《关于处理当前转业、复员、退伍军人要求评残问题的通知》民发（1979）52号，1979年8月28日。

“为保卫或抢救人民生命、国家财产和集体财产壮烈牺牲的”。[①]

对烈士的悼念祭扫。“大力宣扬革命烈士的高尚品质”[②] 被视为褒扬制度建设的一项基本内容，而悼念扫祭则是对烈士精神宣扬、缅怀革命先烈英雄事迹的一种重要方式。这一时期，国家和北京都进行了一些重要扫祭活动，有些坚持了过去的，有些则属于新开始的悼念活动。

国家继续在清明节等传统重要节日对烈士进行扫祭活动。1986 年 4 月 5 日，清明节这一天，“天安门广场人民英雄纪念碑前，摆放着青少年精心制作的花圈和花篮。二十六名少先队员代表手持队旗，站在人民英雄纪念碑前的台阶上。少先队员们在这里高唱《我们是共产主义接班人》的队歌；刚入团的青年在这里向先烈们宣誓。”[③]

国家还相继推出了一些重大节日的扫祭活动。在改革开放时期，一些新的重要纪念日扫祭活动被推出，例如，抗战胜利纪念日、红军长征纪念日等。1986 年 10 月 22 日是红军长征胜利 50 周年纪念日，北京的青少年学生举行了扫祭活动，“在人民英雄纪念碑下，一群天真烂漫的少先队员中出现了两位年逾古稀的新队员，他们是原解放军总政治部副主任黄玉昆和原解放军总参谋部顾问孙毅。这两位系上了红领巾的红军老战士兴高采烈地参加三千名少年先锋队队员在这里举行的‘缅怀先辈业绩，继续新的长征’主题队会”。[④]9 月 2 日作为抗战胜利日是扫祭活动的重要日期。1985 年 9 月 2 日是抗战胜利 40 周年纪念日，这一天，北京各界参加了对人民英雄纪念碑的扫祭活动，“首都各界代表四百多人在人民英雄纪念碑前举行隆重的敬献花圈仪式，全国人大常委会副委员长陈丕显主持了仪式。陈丕显在讲话中说，今年是抗日战争和世界反法西斯战争胜利四十周年。今天，首都各界代表在这里举行隆重的敬献花圈仪式，以追念在抗日

---

① 《革命烈士褒扬条例》，《民政工作文件汇编》（一），地质出版社 1984 年版，第 230—231 页。

② 《革命烈士褒扬条例》，《民政工作文件汇编》（一），地质出版社 1984 年版，第 231 页。

③ 《首都青少年清明悼念革命先烈》，《人民日报》1986 年 4 月 6 日。

④ 《纪念红军长征胜利五十周年》，《人民日报》1986 年 10 月 23 日。

战争中牺牲的将士和死难的同胞。”[①]1995 年 9 月 3 日，北京举行了抗战胜利 50 周年纪念活动，还向英雄纪念碑进行了扫祭活动。“江泽民、李鹏、乔石、李瑞环、朱镕基、刘华清、胡锦涛、荣毅仁等出席了向人民英雄纪念碑献花篮仪式。……首都各族各界干部群众、解放军和武警官兵、少先队员从四面八方来到天安门广场，面向人民英雄纪念碑，排成整齐的方阵。2000 名抗战老战士，胸挂功勋章，精神抖擞地站立在队伍的正中间，特别引人注目”。[②]

国庆纪念日向人民英雄纪念碑进行扫祭的活动被固定下来。1989 年 10 月 1 日是新中国成立 40 周年纪念日，扫祭人民英雄纪念碑被列为重要内容，“凝重的《献花曲》引导一群身着 56 个民族服装的少先队员，将表示中华人民共和国诞生 40 周年的 4 个大花篮和代表全国各民族的 56 个小花篮，敬献在人民英雄纪念碑前。”[③]这是人民英雄纪念碑建成以来，国家首次在国庆纪念日举行扫祭活动。

而北京市也开展了各种扫祭活动。清明节是传统的扫祭活动，“清明时节，首都数十万少先队员和群众在人民英雄纪念碑和八宝山革命烈士陵园、北京万安公墓等地祭扫烈士墓。……北京市政府在李大钊烈士陵园举行凭吊仪式，并参观了李大钊烈士革命事迹陈列室”[④]。纪念三·一八烈士墓的活动，“今年 3 月，北大团委决定，共青团员们劳动 5 天，清山丘，栽松墙，将原北大烈士遗骸迁葬于燕园魏士毅女士墓旁，并扩建为‘三·一八烈士陵园’。3 月 18 日，烈士们罹难五十六周年，北京大学学生们在这天庄重集会，迁烈士遗骸于新陵园。”[⑤]北京还经常组织纪念

① 《追念抗日战争中牺牲的将士和死难同胞首都举行向人民英雄纪念碑献花圈仪式》，《人民日报》1985 年 9 月 3 日。

② 《首都各界向人民英雄纪念碑敬献花篮》，《人民日报》1995 年 9 月 4 日。

③ 《热烈庆祝中华人民共和国成立四十周年首都百万人举行盛大联欢晚会》，《人民日报》1989 年 10 月 2 日。

④ 《首都数十万人祭扫烈士墓》，《人民日报》1989 年 4 月 7 日。

⑤ 《一代有一代的责任北大学生祭扫烈士墓》，《人民日报》1982 年 4 月 22 日。

二·七大罢工的活动，“北京二七机车厂和二七车辆厂 2 月 4 日上午联合召开了纪念大会。五十多名参加过‘二·七’罢工的老工人和市总工会、市经委、铁路总工会的领导同志出席了大会。参加过‘二·七’大罢工的退休老工人在会上介绍了长辛店铁路工人参加‘二·七’大罢工斗争的英勇事迹”。[①]

北京市还对一些烈士人物进行专门扫祭活动。比如，1985 年 8 月 12 日、14 日，北京政协组织了祭扫佟麟阁将军、赵登禹将军墓；1988 年 2 月 14 日，北京市政府举行中共北平市委书记马骏烈士牺牲60周年纪念会。

“文革”一结束，国家就修建了一批纪念建筑物。

1978 年国家决定修建井冈山烈士陵园，以此纪念井冈山革命根据地斗争中牺牲的红军烈士。为褒扬在对越自卫还击战中牺牲的烈士，1979 年国家修建麻栗坡烈士陵园；1980 年国务院和中央军委办公厅再次下发了《关于修建对越自卫还击战作战烈士纪念碑问题的批复》，要求：“旅游点适当修建某些有意义的文物建筑”。[②]1983 年 10 月 29 日，李大钊烈士陵园在西郊万安公墓建成，占地 2200 平方米。

同样北京地方也修建了一些新的烈士陵墓。1984 年 9 月 28 日，北京市政府在海淀区城门公园，修建了革命烈士曹振贤塑像、纪念碑。截至 1988 年，北京全市共建有烈士纪念碑、塔、亭、祠、陵园、墓、纪念堂等 119 处，另有无专人管理的散葬烈士墓 605 个。

在修建革命烈士纪念建筑物的同时，国家仍禁止乱建烈士纪念建筑物，“中共中央和国务院三令五申要严格控制修建烈士纪念建筑物。更不宜在烈士纪念建筑物内修建病故人员骨灰堂和其他附属建筑”，[③]“其他一律严禁修革命的纪念建筑。请有关部门严加把关，使全党同志真正建立起

① 《北京郑州武汉等地纪念“二七”大罢工五十八周年》，《人民日报》1981 年 2 月 9 日。

② 国务院：《国务院办公厅、中央军委办公厅关于修建对越自卫还击战作战烈士纪念碑问题的批复》国办发（1980）30 号，1980 年 11 月 21 日。

③ 民政部：《关于严格控制修建烈士纪念建筑物的通知》民发（1979）9 号，1979 年 2 月 7 日。

这样一个观念：把全部资金用到四化建设上来”。①

同时，国家还采取了一些措施保护现有的烈士纪念建筑物，包括开展修缮工作、列入文物保护单位和制定管理条例等。

修缮烈士纪念建筑物，加强保护。“对于现有的烈士纪念建筑物，必须妥善维护管理，严防人畜破坏。已经毁坏了的，要及时修整”，②“国家机关、社会团体、企事业单位和个人应当珍惜和保护革命烈士纪念建筑物。禁止以任何方式破坏、污损革命烈士纪念建筑物”。③随着国家经济实力的逐步增强，国家加大了纪念建筑物的修理工作。

1991 年 3 月，国家首次整修人民英雄纪念碑。“30 多年来人民英雄纪念碑没有进行过维修，目前有些地方有不同程度损坏，需要维修。维修将按原设计、原样进行。所需石料由原用石料产地加工生产。维修工程将于今年 5 月 1 日完成”。④

国家还将一些革命烈士墓列为文物保护单位，进行重点保护。1986 年 10 月 15 日，李大钊陵园被列为第一批全国重点烈士纪念建筑物保护单位。1987 年 6 月，北京市政府又将高君宇、马骏、赵登禹、佟麟阁等的烈士墓列为北京市级文物保护单位。

国家通过规章制度对烈士纪念建筑物进行保护。北京地区首先重视用规章制度来保护烈士纪念建筑物。1982 年 6 月 30 日，北京市民政局向各区、县发出了《关于对烈士陵墓加强维护管理的通知》，要求各区、县重视烈士陵墓的维护和管理工作，要对散葬的烈士墓进行维护和修缮被毁坏的烈士陵墓，建立必要的规章制度。国家制定专门的烈士纪念建筑物保护条例。1995 年 7 月 21 日，国家颁布了《革命烈士纪念建筑物管理保护办

---

① 国务院办公厅：《国务院办公厅、中央军委办公厅关于修建对越自卫还击作战烈士纪念碑问题的批复》国办发（1980）30 号，1980 年 11 月 21 日。

② 民政部：《关于烈士纪念建筑物修建和管理工作的报告》，《民政工作文件汇编》（一），地质出版社 1984 年版，第 480 页。

③ 《新编中华人民共和国民政法规汇编》，中国社会出版社 2003 年版，第 143 页。

④ 《人民英雄纪念碑将维修》，《人民日报》1991 年 3 月 7 日。

法》，该办法对烈士纪念物提出了种种保护措施，比如，“在全国重点革命烈士纪念建筑物保护单位范围内进行其他建设工程。须经省、自治区、直辖市民政厅（局）报经民政部同意”；[①] 将全国的烈士纪念建筑物分列为这样几级，“（一）全国重点保护单位；（二）省、自治区、直辖市级保护单位；（三）自治州、市（地区、盟）级保护单位；（四）县、（市、旗）自治县级保护单位”；[②] 等等。

“革命烈士的英勇事迹应该得到褒扬”[③] 是烈士褒扬工作的一项基本要求，同时随着战争年代的远去，革命精神也在流逝，因此，国家重拾烈士事迹的编纂工作。正如 1980 年 6 月颁布的《革命烈士褒扬条例》所强调的那样，“各级人民政府应当搜集、整理、陈列著名革命烈士的遗物和斗争史料，编印《革命烈士英名录》，大力宣扬革命烈士的高尚品质”。[④]

1993 年，民政部组织出版了《中华英烈大辞典》。1996 年，民政部组织编写完成了《烈士英名录》；又联合总政治部拍摄了褒扬烈士的《国魂》电视片。

北京地区依据国家民政部门的要求还组织编写了英烈传，以此褒扬烈士精神。1991 年北京市民政局编写了《北京英烈传》等。显然，这些烈士事迹编纂工作的取得“卓有成效地弘扬了革命烈士的爱国主义精神，有力推动了社会主义精神文明建设”。[⑤]

二、法规条例

多种因素促使新的褒扬规定亟须产生。首先，“文革”结束后，依法

---

① 《新编中华人民共和国民政法规汇编》，中国社会出版社 2003 年版，第 143 页。

② 《革命烈士纪念建筑物物保护管理办法》，《新编中华人民共和国民政法规汇编》，中国社会出版社 2003 年版，第 142 页。

③ 《认真贯彻优抚政策》，《人民日报》1950 年 12 月 14 日。

④ 《革命烈士褒扬条例》，《民政工作文件汇编》（一），地质出版社 1984 年版，第 231 页。

⑤ 多吉才让主编：《优抚保障》，中国社会出版社 1996 年版，第 105 页。

治国的理念呼之欲出，“这次会议以后，要接着制定一系列的法律，比如工厂法等，也要制定。我们的法律是太少了，成百个法律总要有的，这方面有很多工作要做，现在只是开端”，[①] 同时民政部长崔乃夫在 1983 年 4 月 9 日召开的第八次全国民政工作会议上也明确提出了褒扬工作法制化的要求：“要加强民政立法工作，对五十年代、六十年代制定的民政工作法规条例，要结合民政工作的改革进行修订或重新制订。”[②] 其次，新中国成立之初的《革命军人牺牲、病故褒恤暂行条例》等几个褒扬条例已经与社会发展变化不适应，因为，新中国成立之初的褒恤条例实施的目的是为了解决抗美援朝和革命战争年代遗留下来的革命烈士问题，但到改革开放时，这一问题已经不存在。最后，在和平建设时期，较多军人因维护社会安定和保卫人民的生命财产安全而牺牲，需要对原来的烈士评定条件作出修改。

在这种情况下，国家接连颁布了一些重要的褒扬条例，包括烈士评定条例、烈士纪念建筑物保护条例等。

国务院在 1980 年 6 月通过了新的《革命烈士褒扬条例》，对革命烈士、烈属身份的评定，烈士的批准机关及烈士相关手续的办理等内容重新作了修订。这也是我国第一部专门的烈士褒扬法规条例。

制定有关烈士纪念建筑物保护条例，将烈士纪念建筑物的管理工作纳入正规。1982 年 6 月 30 日，北京市民政局向各区、县发出了《关于对烈士陵墓加强维护管理的通知》，要求各区、县要加强对烈士陵墓的维护和管理工作。1995 年 7 月，民政部颁布了《革命烈士纪念建筑物管理保护办法》，对革命烈士纪念建筑物的保护对象、经费来源、保护措施及管理单位等都作出了规定。

可见，新的褒扬条例主要集中在了这样几个方面：

一是设置专门的褒扬条例，与抚恤等其他内容分开。新中国成立之初的抚恤和褒扬是综合在一起的，但到改革开放之初国务院通过颁布《革命

① 《邓小平文选》第 2 卷，人民出版社 1994 年版，第 189 页。

② 《民政工作文件选编》，华夏出版社 1986 年版，第 31—32 页。

烈士褒扬条例》，设置专门的褒扬条款，将原来的抚恤和褒扬分开，以利于做好烈士褒扬工作，并强调褒扬烈士精神的重要性，“各级人民政府应当搜集、整理、陈列著名革命烈士的遗物和斗争史料，编印《革命烈士英名录》，大力宣扬革命烈士的高尚品质”。①

二是加强对烈士纪念建筑物的保护。新的褒扬制度把革命烈士纪念建筑物纳入制度化管理，将烈士纪念建筑物进行分级管理，“（一）全国重点保护单位；（二）省、自治区、直辖市级保护单位（三）自治州、市（地区、盟）级保护单位；（四）县、（市、旗）自治县级保护单位”，② 同时还将重要的烈士纪念建筑物列入文物保护单位等。

三、烈士评定工作的开展

这一时期的烈士褒扬工作主要在两个方面发生了较为明显的变化：烈士评定条件的修订和完善；烈士审批工作的改进。

国家根据国家安全形势等方面的变化对烈士评定条件进行了两次修订。

第一次对烈士评定条件的修订是通过 1980 年 4 月颁布的《革命烈士褒扬条例》。这次修订的烈士评定标准主要集中在了两个方面：

一是继续重视战时牺牲烈士的评定工作，“（一）对敌作战牺牲或对敌作战负伤后因伤死亡的；（二）对敌作战致成残废后不久因伤口复发死亡的；（三）在作战前线担任向导、修建工事、救护伤员、执行运输等战勤任务牺牲，或者在战区守卫重点目标牺牲的；（四）因执行革命任务遭敌人杀害，或者被敌人俘虏、逮捕后坚贞不屈遭敌人杀害或受折磨致死的”。③ 二是开始注重和平建设时期牺牲的烈士评定工作，“为保卫或抢救人民生命、

---

① 《革命烈士褒扬条例》，《民政工作文件汇编》（一），地质出版社 1984 年版，第 231 页。

② 《革命烈士纪念建筑物物保护管理办法》，《新编中华人民共和国民政法规汇编》，中国社会出版社 2003 年版，第 142 页。

③ 《革命烈士褒扬条例》，《民政工作文件汇编》（一），地质出版社 1984 年版，第 230—231 页。

国家财产和集体财产壮烈牺牲的”。[①] 显然，这些烈士评定条件的变化与长期和平建设的环境密不可分。

而针对烈士评定条件一再变动，北京也作出了相应的烈士审批工作调整。1982 年 4 月 27 日，北京市民政局转发了民政部《关于进一步做好审批革命烈士工作的通知》，要求各区县严格按照《革命烈士褒扬条例》规定的烈士审批条件和批准程序执行。同年 6 月，北京市又依据新颁布的《革命烈士褒扬条例》，共审批了 135 名革命烈士，其中市政府审批了 11 名，市政府委托市民政局审批了 111 名，区、县审批了 13 名。

第二次修订烈士评定条件则是通过在 1989 年 4 月发布的《关于贯彻执行〈军人抚恤优待条例〉若干具体问题解释》。这次修订与上次相比有这样一些变化：

一是烈士评定的条件更为详细，共 12 条。二是不仅重视战时烈士评定工作，还将在日常军事训练和执勤的牺牲列为烈士评定，比如，“因在边防、海防执行巡逻任务被反革命分子、刑事犯罪分子或其他坏人杀害的”“部队飞行人员在执行战备飞行训练中牺牲或在执行试飞任务中牺牲的”。[②] 三是重点突出了和平建设时期的烈士评定工作，尤其是强调了因维护社会治安而牺牲的烈士评定工作，“（七）因侦察刑事案件，制止现行犯罪或逮捕、追捕、看管反革命分子、刑事犯罪分子，被反革命分子、刑事犯罪分子杀害的；（八）因维护社会治安，同歹徒英勇斗争被杀害的；（九）因执行军事、公安、保卫、检察、审判任务，被犯罪分子杀害或报复杀害的；（十）因正确执行党的路线、方针、政策，坚持革命原则，维护国家利益和人民利益，被犯罪分子杀害或报复杀害的”。[③] 事实上，警察被视

① 《革命烈士褒扬条例》，《民政工作文件汇编》（一），地质出版社 1984 年版，第 230—231 页。

② 《关于贯彻执行〈军人抚恤优待条例〉若干具体问题的解释》，《中国社会保障制度总览》，中国民主法制出版社 1995 年版，第 1232 页。

③ 《关于贯彻执行〈军人抚恤优待条例〉若干具体问题的解释》，《中国社会保障制度总览》，中国民主法制出版社 1995 年版，第 1232 页。

为本次烈士评定的重点，一则反映出随着经济发展等各方面的原因，社会治安压力也在不断加大，二则表明在和平建设时期警察担负起了维护社会治安的主要责任。

进入改革开放后，为了适应烈士参评工作的变化，国家实施了多次烈士证书的换发辅助工作。

为了适应新的烈士评定工作，北京市民政局也进行了相应的烈士审批工作调整。1981 年 2 月 27 日，北京市民政局下发了《关于启用〈革命烈士证明书〉的通知》，要求新的《革命烈士证明书》发布后批准为革命烈士的（已发证的除外），都可以填写《革命烈士证明书》；同时要求《革命烈士证明书》由市民政局统一编号，并且各项内容由区、县人民政府进行填写等。

1983 年 4 月 6 日，北京市又进行了新一次的烈士证书换发工作，为烈属换发、补发新的《革命烈士证明书》，即对烈士直系亲属持有的新中国成立前人民军队或人民政府颁发的各种烈士证（包括革命军人、革命工作人员牺牲证明书）以及新中国成立后中央人民政府、人民解放军、内务部和县以上人民政府颁发的烈士证（包括《革命军人牺牲证明书》《抗美援朝军人牺牲证明书》），均凭所持证件换发《革命烈士证明书》。烈士的直系亲属已将烈士证遗失或者过去已经县以上人民政府批准享受烈属待遇尚未发证的，参考当地《革命烈士英明录》，经有关部门审核属实，补发《革命烈士证明书》。至 1983 年 6 月底，全市为 7000 余户烈属换发、补发了新的《革命烈士证明书》。

第四节　给军与属送温暖

在改革开放的初期，国家沿用了原来的一些拥军优属内容和形式，同时也根据社会经济等各方面的变化，设置了专门的拥军优属领导机构，开展双拥模范的评选工作和制定拥军优属法规和条例等。

一、节日与日常

在改革之初，节日期间的拥军优属活动同过去一样，以下发通知、走访慰问及工作检查等方式进行。

在春节、“八一”建军节期间，国家都要下发拥军优属通知。1979 年的春节来临时，民政部下发了《关于一九七九年新年、春节期间开展拥军优属活动的通知》，要求：“新年、春节期间，各地要广泛深入地开展拥军优属活动，以便进一步鼓舞部队士气，巩固国防，调动广大烈军属和残废、复员、退伍军人的社会主义积极性”。① 次年春节来临时，民政部又下发了《关于一九八〇年新年、春节期间开展拥军优属活动的通知》，要求：“决定在新年、春节期间，在全国城乡各地，广泛、深入地开展一次拥军优属活动，规模和声势要比往年更大、更热烈些，思想教育和实际工作要比往年做得更大、更热烈些，思想教育和实际工作要比往年做得更细致、更扎实些。”② 该年春节，中共中央也发出了《关于发扬拥军优属、拥政爱民的光荣传统，进一步加强军政军民团结的通知》，强调：“在一九八〇年新年和春节期间，广泛、深入开展一次拥军优属、拥政爱民的活动。”③1981 年春节来临时，民政部同样下发了《关于一九八一年新年、春节期间开展拥军优属活动的通知》。事实上，每年春节的拥军优属都是如此。

在 1983 年的“八一”建军节来临时，民政部在 1983 年 6 月 22 日发出了《关于庆祝中国人民解放军建军五十六周年开展拥军优属活动的通知》，要求：“根据各地的特点和条件，开展多种形式的纪念活动和慰问活

① 民政部：《关于一九七九年新年、春节期间开展拥军优属活动的通知》民发（1978）7 号，1978 年 12 月 6 日。

② 民政部：《关于一九八〇年新年、春节期间开展拥军优属活动的通知》民发（1979）73 号，1979 年 12 月 15 日。

③ 中共中央：《关于发扬拥军优属、拥政爱民的光荣传统，进一步加强军政军民团结的通知（节录）》中发（1979）94 号，1979 年 12 月 14 日。

动，如召开军民联欢会，优抚对象座谈会和‘双拥’先进代表座谈会，走访慰问边防、海防部队和伤病员等。”① 八一建军节对解放军的建立有其特殊的意义，国家一直注重这期间的拥军优属工作指导。

文艺汇演被列为拥军优属必不可少的内容。中共中央在 1979 年 12 月下发的《关于发扬拥军优属、拥政爱民的光荣传统，进一步加强军政军民团结的通知》中就明确要求：“各省、市自治区要组织慰问团（吸收省军区参加），带小型、轻便的文艺节目，到当地驻军及医院进行慰问，特别是要做好对边防、海岛部队的慰问工作。军队的文艺单位也要为当地政府和人民群众进行慰问演出。”② 由于文艺汇演在拥军优属中的重要性，重大节日都会举办大型文艺慰问演出。“首都三万军民在人民大会堂举行拥军优属、拥政爱民联欢晚会，互相勉励在新的一年里，进一步加强军政、军民团结，在建设四化、保卫四化的宏伟事业中携手并进。”③

国家各单位还要对军队进行各种各样的走访慰问。有的地方领导对部队进行慰问。“军队和地方的领导同志亲自出面，相互走访，征求意见”，④“由政府领导同志出面，表达政府及人民对子弟兵的亲切关怀，感谢部队对地方工作的支援，听取部队对地方工作的意见。通过走访、座谈，切实解决军政军民关系中存在的问题，不搞形式主义”。⑤ 当地社会民众也会对驻军进行慰问。“当地要对当地驻军（包括实行义务兵役制的各种人民警察）进行热情慰问，举行军民联欢大会，由当地党政领导同志

① 民政部：《关于庆祝中国人民解放军建军五十六周年开展拥军优属活动的通知》民（1983）优 60 号，1983 年 6 月 22 日。

② 中共中央：《关于发扬拥军优属、拥政爱民的光荣传统，进一步加强军政军民团结的通知（节录）》中发（1979）94 号，1979 年 12 月 14 日。

③ 《拥军优属拥政爱民共叙鱼水深情首都军民举行春节联欢会》，《人民日报》1980 年 2 月 17 日。

④ 中共中央：《关于发扬拥军优属、拥政爱民的光荣传统，进一步加强军政军民团结的通知（节录）》中发（1979）94 号，1979 年 12 月 14 日。

⑤ 民政部：《关于一九八一年新年、春节期间开展拥军优属活动的通知》民发（1980）70 号，1980 年 12 月 8 日。

出面讲话，表达党和政府对人民解放军的亲切关怀，感谢部队对地方工作的支援。……各省、市、自治区要组织精干的慰问团，带小型轻便的文艺节目，对边海防哨所的指战员和部队医院、革命残废军人休养院的伤病员进行慰问。对伤病员可赠送少量的慰问品。”①

很多北京的基层组织还要举行慰问座谈会。很多基层组织举行慰问烈军属的座谈会。“农村人民公社、生产大队，城市街道办事处和机关、团体、企业、事业单位，在拥军优属活动中，应当普遍召开烈军属、革命残废军人和复员、退伍安置工作的意见，按照政策和实际可能，解决他们提出的问题”。②“农村社队、城市街道办事处和居委会，对今冬明春回来的退伍军人要普遍进行走访，召开小型欢迎会或座谈会，介绍当地情况，鼓励他们在新的岗位上为四化做出贡献。……城市各行业的基层组织，要召开烈军属、革命残废军人和复员、退伍军人代表座谈会，表扬和鼓励他们在实现四个现代化中作出新贡献，征求他们对各项工作的意见”。③

与节日拥军优属比较而言，日常拥军优属的内容和形式都在一定程度上发生了的变化。

很多拥军优属帮扶小组出现。比如，“优抚小组”“军人家庭服务中心”“帮战友小组”“智力拥军优属小组”等基层活动组织遍布于北京各地区。“城市街道和农村社队较普遍地建立了拥军优属组织，参加活动的单位和人员越来越多，涌现了许多‘帮战友小组’‘送温暖小组’‘拥军优属联合服务网’等拥军优属组织形式。商业、服务行业较普遍地设立了现役军人、烈军属和残废军人优先柜台、服务窗口，对优抚对象中的孤老残病

① 民政部：《关于一九八〇年新年、春节期间开展拥军优属活动的通知》民发（1979）73号，1979年12月15日。

② 民政部：《关于一九八〇年新年、春节期间开展拥军优属活动的通知》民发（1979）73号，1979年12月15日。

③ 民政部：《关于一九八一年新年、春节期间开展拥军优属活动的通知》民发（1980）70号，1980年12月8日。

人员，还主动送货上门”。[①]

解决现役军人的生活困难成为拥军优属活动的重要内容。北京西城区的民政部门就以解决现役军人的婚姻、子女的上学、军人家属就业以及住房等问题作为拥军优属服务的目标。“给在一九九三年底从本区应征入伍的每位新兵办理三千元的家庭财产保险；走访烈军属，走访驻军单位，解决一批随军家属就业，及其子女入托、入学等问题”。[②] 当然，许多北京的基层单位还结合自己的实际，组织了青年服务队和学雷锋小组，开展修理服务上门，送货上门，为驻京部队和烈军属送温暖等活动。

二、保障与规范

进入改革开放后，不得不承认的一个事实就是长期的和平时期冲淡了社会的国防意识，显然，拥军优属活动是首当其冲。面对这种局面，国家开始了加强拥军优属的建设：成立“双拥”领导小组；制定拥军优属法规；评选拥军优属模范等。

（一）成立“双拥”领导小组

党的十一届三中全会以后，国家、中央军委高度重视拥军优属工作的开展，其中民政部和解放军总政治部先后联合在 1984 年 8 月和 1987 年 6 月召开拥军优属、拥政爱民大会上就提出了设立拥军优属机构的要求，“各级政府加强了拥军优属的领导，普遍成立了拥军优属领导机构，统一领导和协调拥军优属工作的开展”。[③]

为了更好地领导拥军优属工作，国家于 1991 年 6 月成立了由国务院

① 《崔乃夫黄玉昆在全国“双拥”先进代表大会上分别作报告》，《人民日报》1984 年 8 月 3 日。

② 《北京崇文区拥军优属办实事》，《人民日报》1994 年 1 月 30 日。

③ 周士禹等：《优抚保障》，中国社会出版社 1996 年版，第 37 页。

和中央军委共同领导的全国拥军优属拥政爱民工作领导小组，下设办公室，作为全国“双拥”工作领导小组的办事机构，负责承办日常工作。该小组由中共中央和国务院有关部委、解放军三总部、武警的领导同志组成。陈俊生任组长，崔乃夫、曾庆红等任副组长。① 该小组的主要职责是：统一指导和协调全国的军优属、拥政爱民工作，研究解决“双拥”工作中涉及全国性的问题，制定有关政策、法规；协调军地关系中的一些重大问题；推广“双拥”工作经验，表彰先进典型等。

同样，北京市也设立了拥军优属、拥政爱民工作领导小组，并明确规定了基本的职责：“市拥军优属、拥政爱民（以下简称“双拥”）工作领导小组负责指导和协调全市的“双拥”工作，组织研究制定有关政策、规划、措施；协调处理军地关系中的重大问题；组织交流情况，推广先进经验。市民政局是市人民政府拥军优属工作的主管部门，负责本规定的具体实施。”②

（二）评选拥军优属模范

以前国家开展了拥军优属模范人物的评选活动，但到改革开放时，国家开始提出“双拥”模范城和模范人物的共同评选。

1983年1月25日，首都军民纪念延安“双拥运动”四十周年大会举行，民政部长崔乃夫发表讲话，提出：“广泛地动员和依靠社会各方面的力量，积极开创‘双拥’工作的新局面，努力建立和发展体现社会主义精神文明的新型军政、军民关系，更好地促进军政、军民大团结，为实现党在新时期的总任务服务。”③ 这样评选“双拥”模范的工作逐步提到了日程上。

从1989年开始，一些地方就开始了“双拥模范城”的评选活动。比如，

① 参见《经国务院、中央军委批准全国“双拥”工作领导小组成立》，《人民日报》1991年7月7日。

② 《中华人民共和国地方民政法规总览》，中国社会科学出版社2003年版，第24页。

③ 《继承和发扬延安优良传统，掀起群众性拥军优属的新热潮》，《民政工作文件汇编》（一），地质出版社1984年版，第280页。

通化市被吉林省命名为“双拥模范城”；辽宁省本溪市分别被国家民政部、解放军总政治部和辽宁省授予全国“双拥”先进单位。1991 年 1 月 10 日，全国拥军优属、拥政爱民工作会议在福州举行，会议宣布了一批由民政部、解放军总政治部命名的“双拥模范城”“双拥模范县”，其中包括了河北省保定市、辽宁省本溪市、吉林省通化市、黑龙江省佳木斯市、江苏省徐州市、福建省厦门市、山东省烟台市等 10 个市县。这是新中国成立以来首批获得“双拥模范城”“双拥模范县”称号的市、县。在这一荣誉评选活动的推动下，许多地方都纷纷“在原有的基础上进一步完善了处理军民关系的地方性法规，以及通告、守则，为这一活动的顺利开展提供了保证”。①1992 年 1 月 16 日，国家再次举行了全国双拥模范城（县）命名大会。大会宣布北京的西城区、宁夏自治区的银川等 39 个市（区）县荣获全国“双拥模范城”“双拥模范县”荣誉称号，并“号召全国军民更加深入地开展“双拥”活动，进一步加强军政军民团结”。②1993 年 1 月 10 日，全国拥军优属拥政爱民工作领导小组又决定授予北京市海淀区、山西省太原市、忻州市、江苏省海门县、安徽省祁门县等 56（区）县为全国双拥模范城（县）。1994 年 7 月 22 日，全国双拥模范城（县）命名大会再次举行，全国双拥工作领导小组决定授予 136 个市（区）县为全国双拥模范城（县）的决定。在“双拥”命名大会上，全国双拥工作领导小组组长罗干提出：“要积极预防和妥善处理军民矛盾和纠纷，进一步密切军政军民关系；狠抓基层，讲求实效，把双拥工作的各项任务真正落到实处。要积极探索在社会主义市场经济条件下做好‘双拥’工作的新路子，注重建设，提高质量，广泛深入地开展创建双拥模范城（县）活动。”③

国家还评选了“双拥”模范人物。1983 年 4 月，民政部下发《关于开展向“爱国拥军模范”刘运奎学习活动的通知》，要求：“广泛宣传、学

① 《推广典型经验，制定规章制度》，《人民日报》1991 年 2 月 11 日。

② 《全国双拥模范城（县）命名大会举行》，《人民日报》1992 年 1 月 17 日。

③ 《全国双拥模范城（县）在京命名》，《人民日报》1994 年 7 月 23 日。

习刘运奎的先进思想和先进事迹。……激发广大让人民群众和优抚对象热爱党、热爱祖国、热爱人民军队的热情，促进社会主义物质文明建设和精神文明建设，促进‘双拥’活动的开展。”① 为了做好“双拥”模范人物的评选工作，北京市还专门设立了首都拥军优属拥政爱民模范奖。

（三）拥军优属的法制化

改革开放时期出现的新问题、新情况需要对拥军优属工作进行法制化规范。“随着改革开放的不断深入和社会主义市场经济的建立，军地之间的依赖性相对减少，相互之间的感情容易淡化；地方开发建设步伐的不断加快，涉及部队营房、道路、场地等军事设施保护的问题有所增多，军地容易引发利益矛盾；政府职能转变，现代企业制度建立，竞争原则的广泛运用，使军人优抚安置政策落实的难度增大；社会主义法制的不断完善，军政军民关系单靠行政干预和感情来协调难以奏效，需要法规制度的保障和支持，等等。这些新情况都为新形势下做好双拥工作提出了新的课题。双拥工作必须与时俱进、改革创新，在不断创新中求发展。根据形势任务的发展变化，及时制定完善各项法律、法规，把各级政府、各个部队和各族人民群众长期以来在实践中摸索总结出来的一些好的经验、做法，通过法律的形式固定下来，确保双拥工作有章可循，有法可依，逐步走上法制化的轨道”。②

为了推动和保障双拥工作的实施，国家先后颁布了一些双拥法规。1984 年 5 月 31 日，第六届全国人民代表大会第二次会议通过的《中华人民共和国兵役法》就对双拥工作作了规定：“现役军人，革命残废军人，退出现役军人，革命烈士家属，牺牲、病故军人军人家属，现役军人家

① 《发扬“双拥”优良传统，做好新时期拥政爱民工作》，《民政工作文件汇编》（一），地质出版社 1984 年版，第 286 页。

② 《继承和发扬延安双拥优良传统按照“三个代表”要求做好双拥工作（纪念延安双拥运动）》，《人民日报》2003 年 1 月 6 日。

属，应当受到社会的尊重，受到国家和人民群众的优待。”[①]1997 年国家颁布的《中华人民共和国国防法》，就对双拥工作作了规定：“国家和社会尊重、优待军人，保护军人的合法权益，开展各种形式的拥军优属活动。”[②]这一时期北京市也同样制定了较多的拥军优属条例。1993 年 3 月 29 日，北京市颁布了《首都军（警）民共建精神文明活动规定》。

由于拥军优属的良好社会基础和国家的不断推动，在“文革”结束后的较短时间内，国家双拥工作取得了较大成绩。正如时任民政部长崔乃夫所说的那样，“地方的拥军优属工作，在党的十一届三中全会以来，也有了新的进展。在全国范围内，开展了优抚对象普查登记，平反了大批冤假错案；调整了各项抚恤标准，改进了优抚对象的定量补助；随着农村各种形式的生产责任制的推行，还改进了对烈军属的优待工作；对每年近百万退伍军人，基本上都做到了妥善安置，并为接收、安置军队退休干部进行了必要的组织准备和物质准备。近年来，全国涌现出一批以赵珍妮、刘云奎、段兰英、张月好、马瑶芝和河北抚宁县七里涧大队为代表的爱国拥军模范。地方拥军优属工作虽然取得了一些成绩，但同部队拥政爱民工作相比，还有不少差距，这是地方干部和广大群众需要努力赶上的”。[③]

总体来看，这一时期的优抚制度建设是在改革开放初期阶段，由于各种社会条件的因素表现出了与以往不同的特点：

优抚制度逐步走上法制化道路。国家虽然在建国之初制定了几部优抚条例，但由于受“文革”等诸多因素的影响，在很长的一段时间里，并没有对优抚制度进行根本性的法律、法规建设。等到“文革”结束以后，国家的优抚法规已经明显不再适应社会保障制度发展的需求。此时，国家进

① 《中华人民共和国兵役法》，《中华人民共和国地方民政法规总览》，中国社会出版社 2003 年版，第 1220 页。

② 《中华人民共和国国防法 1997 年 3 月 14 日第八届全国人民代表大会第五次会议通过》，《人民日报》1997 年 3 月 19 日。

③ 崔乃夫：《民政工作的探索》，人民出版社 1989 年版，第 298 页。

行相关的优抚法规建设已是必然。

20 世纪 80 年代国家制定了一批重要的优抚法规。1984 年 5 月，第六届全国人民代表大会第二次会议通过了《中华人民共和国兵役法》，作为一部根本性的军人法规，优抚内容也被列入其中。同时，国家还颁布或修订了两部专门的优抚法规：国务院常务会议在 1980 年 6 月正式通过了新的《革命烈士褒扬条例》；国务院在 1988 年 6 月 28 日通过了《军人抚恤优待条例》。

这一时期，优抚法制化的另一个重要表现是北京等地方也加强了优抚法制建设。1985 年 11 月，北京市制定和实施了《北京市优待革命烈士家属、军人家属、残废军人和复员退伍军人暂行办法》，加强对革命烈士家属、军人家属、残废军人和复员退伍军人等的生活、医疗和就业等的优待。

该时期优抚制度建设表现出了承上启下的特征。“文革”结束以后，国家在优抚制度实施方面以恢复“文革”期间阻滞的一些政策为主。因此，国家仍是坚持了新中国成立之初颁布的五个优抚条例：《革命烈士家属革命军人家属优待条例》《革命残废军人优待抚恤暂行条例》《革命军人牺牲、病故褒恤暂行条例》《革命工作人员伤亡褒恤暂行条例》等。

随着市场经济的初步发展带来了一些新的优抚问题，国家在这一时期又制定了一些新的优抚条例。国家制定了《革命烈士褒扬条例》《军人优抚条例》《中华人民共和国兵役法》，而北京地方政府制定了《北京市新建、迁建烈士纪念建筑物管理办法》《北京市优抚对象医疗费用减免管理办法》等。事实上，这些优抚条例的制定为后来一些新条例的颁布和实施奠定了基本的内容。

第五章　优抚制度的完善与发展（1996—2012年）

第一节　优待工作的大幅改善

随着市场经济的不断发展，国家对原来制定的一些优待法规进行了修订，以便适应由于社会经济的发展所带来的国防、社会保障等各方面的变化。国务院于2004年、2007年分别两次修订了《军人抚恤优待条例》。第十一届全国人大常委会第23次会议于2011年修订了《中华人民共和国义务兵役法》等。

国家还制定了一些综合性优待政策。2008年10月20日，民政部、人力资源社会保障部、卫生部和财政部联合下发了《关于进一步加强优抚对象医疗保障工作的通知》，要求对"优抚对象医疗保障工作提供资金保障"；[①] 同年11月14日，民政部还专门下发了《关于开展优抚对象危房调查的通知》，给予优抚对象提供住房保障，"投入大量人力物力，使优抚对象的住房条件得到较大改善"。[②]

国家还对现役军人的优待政策进行了调整。为了调动更多青年尤其是学生积极参军，北京市民政局、财政局及教育局在2008年6月联合下发了《关于调整义务兵优待政策的通知》，统一城乡义务兵优待金标准、给

---

① 《民政工作文件选编》，中国社会出版社2009年版，第180页。
② 《民政工作文件选编》，中国社会出版社2009年版，第181页。

予从本市高等院校在校大学生中征集的外省市籍义务兵优待金补助、给予从本市高等院校在校大学生中征集的义务兵一次性助学经费等。1997 年 1 月 24 日，北京市民政局、市人民政府征兵办公室、劳动局和财政局联合下发了《关于提高城镇居民应征入伍义务兵优待补助标准的通知》，就城镇居民应征入伍义务兵的优待补助标准进一步提升，“1. 入伍前是在职职工（含合同制工人）的，由原所在单位按每人每月不低于 140 元的标准给予补助。企业效益好的，也可以适当多补助一些。2. 入伍前是学生、待业青年或个体工商户的，由户口所在地的区、县人民政府按每人每月 120 元的标准给予补助。”[①] 该通知使得 1993 年发布的《关于对城镇居民应征入伍义务兵优待补助标准的通知》被废止。

北京市制定了一些关于烈军属的优待政策。2007 年 11 月，北京市劳动和社会保障局、北京市财政局下发了《关于促进随军家属就业有关问题的通知》，作出了对随军家属相关就业优待政策的规定，包括建立随军家属纳入北京市就业服务体系、建立促进随军家属就业工作长效机制、支持各类用人单位吸纳随军家属就业、鼓励随军家属自谋职业、自主创业等。

经过 2004 年、2011 年两次修订后，《军人抚恤优待条例》的优待内容又有了一些新规定。

条例规定，现役军人除了享有平信免费外，还增加了“凭有效证件乘坐市内公共汽车、电车和轨道交通工具享受优待”“参观游览公园、博物馆、名胜古迹享受优待”[②] 的权利；在继续享有优待金和土地承包权的基础上，还增加了工作岗位的保留权和优先录用权等内容。“义务兵和初级士官入伍前是国家机关、社会团体、企业事业单位职工（含合同制人员）的，退出现役后，允许复工复职”，[③]“义务兵和初级士官退出现役后，报考国

---

① 《关于提高城镇居民应征入伍义务兵优待补助标准的通知》京民优字（1997）19 号，1997 年 1 月 24 日。

② 《军人抚恤优待条例》，《人民日报》2011 年 8 月 1 日。

③ 《军人抚恤优待条例》，《人民日报》2011 年 8 月 1 日。

家公务员优先录取”，[①]“现役军人凭有效证件优先购票乘坐境内运行的火车、轮船、长途公共汽车以及民航班机”。[②]

条例对军属、烈属及子女享受优待内容的规定既有保留也有删减。条例保留了烈属子女的入学优先录取、参军优先入伍权等，但由于免费义务教育的推行而删除了入学费用的减免内容。条例规定烈属可以享受医疗费用减免，但由于社会医疗保障的实施删减了军属的此项权益。条例还规定了烈属有优先购房权，“承租、购买住房依照有关规定享受优先、优惠待遇”。[③]而规定军属可以优先落户、就业等权力，“经军队师（旅）级以上单位政治机关批准随军的现役军官家属、文职干部家属、士官家属，由驻军所在地的公安机关办理落户手续。随军前是国家机关、社会团体、企业事业单位职工的，驻军所在地人民政府人力资源社会保障部门应当接收和妥善安置；随军前没有工作单位的，驻军所在地人民政府应当根据本人的实际情况作出相应安置”。[④]

总起来说，就整个修订后的条例来看，优待对象的费用减免和优先权方面变动较大。

一、优待金的筹集与变化

优待金作为一项物质优待，随着改革的深入，其筹集、管理等方式都发生了变化。

2004年、2011年两次修订的《军人抚恤优待条例》都规定了现役军人家属具有享有优待金的权利，“义务兵服现役期间，其家庭由当地人民政府发给优待金或者给予其他优待，优待标准不低于当地平均生活

① 《军人抚恤优待条例》，《人民日报》2011年8月1日。
② 《军人抚恤优待条例》，《人民日报》2011年8月1日。
③ 《军人抚恤优待条例》，《人民日报》2011年8月1日。
④ 《军人抚恤优待条例》，《人民日报》2011年8月1日。

水平”。[①]

到了2000年，“北京市18个区县均出台了义务兵优待金统筹管理办法，现已逐步进入实际征收阶段”。[②] 为了统一整个北京地区的优待金发放管理工作，2004年1月1日，北京市实施了《北京市义务兵优待金发放管理办法》，对优待金的筹集、发放的方式及发放对象等都作了详细规定。同年，北京市东城区依据北京的义务兵优待金管理办法，进一步提高了优待标准，“义务兵服役期间获得荣誉称号或者立功的，东城区按下列比例增发优待金：（一）获得军区以上单位授予荣誉称号的，增发50%；（二）荣立一等功的，增发30%；（三）荣立二等功的，增发15%；（四）荣立三等功的，增发5%”。[③]

进入新世纪后，北京市政府还统一了城乡优待金和给在北京高校外籍参军的青年学生发放优待金。2008年6月，北京市民政局下发了《关于调整义务兵优待政策的通知》，“为体现社会公平，统一城乡义务兵优待金标准。从2008年起，凡具有本市户籍且从本市入伍的义务兵，按照每人每年1万元标准，由其入伍地所在区县予以优待”；[④]“为使从本市高等院校在校大学生中征集的外省市籍义务兵享有与本市籍义务兵同等标准的优待金，其服役期满1年后，可凭入学前户籍所在乡镇（街道）以上民政部门出具的优待金发放证明，由义务兵入伍时就读学校所在区县，参照本市义务兵优待金标准，补助与其已领取优待金的差额部分”。[⑤]

与此同时，北京地区借助自身的经济优势在优待金发放数额上也是逐步提高。2011年，北京市根据民政部、财政部《关于调整部分优抚对象等人员抚恤和生活补助标准的通知》，决定提高优待金标准，“义务兵优待金标准由每人每年1.8万元提高到每人每年2万元，其中赴西藏地区服役

---

① 《军人抚恤优待条例》，《人民日报》2011年8月1日。

② 《北京爱心真情献功臣》，《人民日报》2000年2月24日。

③ 《北京市东城区义务兵优待金管理暂行办法》，《北京民政年鉴（2004）》，第477页。

④ 《关于调整义务兵优待政策的通知》，《北京民政年鉴（2008）》，第356页。

⑤ 《关于调整义务兵优待政策的通知》，《北京民政年鉴（2008）》，第356页。

的义务兵按照双倍标准发放，每人每年 4 万元，新标准从 2011 年冬季征兵开始执行”。①

但事实上，优待金在实施过程中仍然存在着较大的问题。首先，优待金没有统一标准，各地区依据本地的经济状况而定，以致“现行各地优待金标准不一，同样的义务兵不能享受同样的待遇”，② 由此“拉大了优待标准的差距，导致义务兵及其家属互相攀比，影响了义务兵安心服役”。③ 其次，优待金由于按照兵源数分摊，以致“既不科学也不合理，兵源多的地方，政府负担就重，落后地区义务兵较多，优待金也较多，越是贫困地区，贫困群众的负担则越重”。④ 再者，优待金的管理较为混乱，使用效益差，导致了“挪用和挤占现象的发生”。⑤

随着经济的发展和国家财政的增长，国家开始逐渐减轻优待金的社会负担。由于优待金费额度较大，“全国优待金统筹总额达 10 亿多元，占国家财政优抚事业经费的支出一半以上”，⑥ 但是“广大人民群众创造的财富已依法向国家缴纳税收……国家不应当再将优待金推给社会和人民群众”。⑦ 于是，1994 年初，国家率先取消了城镇单位的优待金缴纳，“财政部、国家计委日前公布了全国第二批取消的收费项目……向企事业单位收取的义务兵及家属优待金”。⑧

2006 年农业税取消以后，优待金的统筹方式再次发生变化。2006 年 1 月 1 日，国家废止了《农业税条例》，这样农村以统筹形式缴纳的优待费用也停止。这时地方确立了新的优待费统筹方式，将优待金纳入县乡财

---

① 《关于提高义务兵优待标准的通知》，《北京民政年鉴（2009）》，第 349 页。

② 庄元明：《关于优待金的筹集管理》，《中国民政》2003 年 12 期，第 42 页。

③ 多吉才让等主编：《优抚保障》，中国社会出版社 1996 年版，第 50 页。

④ 庄元明：《关于优待金的筹集管理》，《中国民政》2003 年 12 期，第 42 页。

⑤ 多吉才让等主编：《优抚保障》，中国社会出版社 1996 年版，第 50 页。

⑥ 《国家和社会各界共同努力五千多万优抚对象生活有保障》，《人民日报》1993 年 1 月 29 日。

⑦ 庄元明：《关于优待金的筹集管理》，《中国民政》2003 年 12 期，第 42 页。

⑧ 《财政部、国家计委公布第二批取消的收费项目》，《人民日报》1994 年 1 月 4 日。

政经费预算，按照县乡地方财政分担的比例，进行统筹。“义务兵优待金纳入财政预算，由区县财政负担”。[①]从此，农村优待费被划为了地方财政，在减轻社会负担的同时，还使得义务兵优待金的发放更有保障。

随着国家税制改革的完成，对优抚制度所带来的一个最直接影响就是以国家为主体的优抚制度真正建立起来了，但在形成的同时，国家的优抚制度建设也出现了一个问题，那就是社会参与优抚、优待的方式、状况却出现了明显的下降。当然，这一时期的拥军优属建设也在不断地发展和完善，包括设立拥军优属模范城等奖励项目以及重大节日优待内容的实施等。但一个现实的问题就是长期的和平建设，社会对军人的尊重程度相较以前是有了很大的下降，除了重大节日以外，很少有社会组织及个人主动的参与到社会优抚保障建设中来，而且即便在重大节日有一些拥军优属活动，但更多的是形式大于内容。

二、定期定量补助的提高

在这一时期，定期定量补助的发展主要表现在两个方面：定期定量补助的标准不断获得提高；开始对部分复员军人实施定期定量补助。

首先，国家几次提高了定期定量补助标准，而且随着经济的发展，提高的幅度也在加大。

到2006年，民政部、财政部再次调高了在乡复员军人定期定量补助标准。“每人每年增加240元。复员军人，是指在1954年10月31日之前入伍、后经批准从部队复员的人员。在乡复员军人现行定期定量补助按抗日时期入伍和其他时期入伍2个标准执行，分别为1382元和1022元。”[②]

2010年9月，民政部和财政部再次发出通知，决定“从10月1日起，残疾军人（含伤残人民警察、伤残国家机关工作人员、伤残民兵民工）残

① 《北京市义务兵优待金发放管理办法》，《北京民政年鉴（2004）》，第468页。

② 《国家再次提高部分优抚对象抚恤标准》，《人民日报》2006年7月29日。

疾抚恤金标准、烈属（含因公牺牲军人遗属、病故军人遗属）定期抚恤金标准、在乡退伍红军老战士生活补助标准，在现行基础上分别提高 10%，在乡老复员军人定期定量补助在现行基础上每人每年提高 480 元，以上提标经费由中央财政承担。同时，国家还将享受待遇的带病回乡退伍军人、参战参试人员的生活补助标准由现行每人每月 200 元提高至 220 元，中央财政和地方财政按比例承担经费”。① 这次调整以后，“居住在城镇的烈属定期抚恤金标准提高到每人每年 8730 元，达到 2009 年全国城镇居民人均可支配收入的 51%；居住在农村的烈属提高到每人每年 5240 元，达到 2009 年全国农民人均纯收入的 102%。在乡退伍红军老战士及在乡西路军红军老战士和红军失散人员生活补助标准，分别提高到每人每年 19890 元、19890 元和 8600 元”。② 这是第二十次提高在乡退伍红军老战士生活补助标准。

2011 年国家又进一步提高定期定量补助标准，“从 10 月 1 日起，残疾军人（含伤残人民警察、伤残国家机关工作人员、伤残民兵民工）残疾抚恤金标准，烈属（含因公牺牲军人遗属、病故军人遗属）定期抚恤金标准，在乡退伍红军老战士、在乡西路军红军老战士、红军失散人员生活补助标准，在现行基础上分别提高 15%至 20%，在乡老复员军人定期定量补助标准在现行基础上每人每年提高 720 元”。③

其次，这一时期定期定量补助的另一个重要工作就是扩大了补助的对象范围，将 1954 年后参军并参战的部分退役人员和参加核试验的退役人员列入定期定量补助实施的范围，“从 2007 年 8 月 1 日起，再次提高部分优抚对象抚恤补助标准，对部分 1954 年 11 月 1 日后入伍并参战的军队退役人员发给生活补助，完善曾参加核试验退役人员生活补助政策”。④

国家从改革开放以来就非常重视定期定量补助工作，一再提高定期定

① 《下月起国家再次提高部分优抚对象抚恤补助标准》，《人民日报》2010 年 9 月 21 日。

② 《下月起国家再次提高部分优抚对象抚恤补助标准》，《人民日报》2010 年 9 月 21 日。

③ 《优抚对象抚恤补助标准再提高》，《人民日报》2011 年 10 月 1 日。

④ 《党中央国务院就进一步做好优抚对象和军队退役人员有关工作作出重大决策》，《人民日报》2007 年 7 月 23 日。

量补助的标准和扩大实施的对象范围。“改革开放以来，中央财政先后 14 次提高残疾军人抚恤金标准，17 次提高烈属定期抚恤金标准和在乡退伍红军老战士生活补助标准，5 次提高在乡复员军人的定期定量补助标准，各级财政部门不断加大资金投入”。① 从根本上讲，这些定期定量补助标准的不断提高，在一定程度上既是源于国家经济发展的结果，也是国家不断重视优抚制度建设的结果。当然也应当看到，即使国家一再提升定量补助等优待标准，但仍与物价上涨的实际情况存在一定的差距。同时还存在定期定量补助地区差异的问题，因为，定期定量补助在国家的指导下，大都依据各自的情况确定补助的标准，“复员军人生活困难的，按照规定的条件，由当地人民政府民政部门给予定期定量补助，逐步改善其生活条件”。②

三、物质优待的丰富

除了实施优待金和定期定量补助以外，国家、社会还给予了优待对象其他的一些物质优待措施。

在改革开放时期，国家和地方给予了烈军属更多的优待，包括就业、住房等方面。

为了体现对烈属生活的关心和照顾，在上海世博会期间，国家还在 2010 年 9 月组织了杨开慧、宋学义、刘胡兰、罗盛教、李向群、苏宁、邱光华、朱晓平等 102 名著名烈士的家属，③ 参观上海世博园区、中共“一大”会址和上海双拥工作展览馆等地方。

北京市给予随军家属更多的就业优待。2007 年北京市劳动和社会保

---

① 《党中央国务院就进一步做好优抚对象和军队退役人员有关工作作出重大决策》，《人民日报》2007 年 2 月 23 日。

② 《军人抚恤优待条例》，《人民日报》2011 年 8 月 1 日。

③ 《全国百名烈士家属受邀参观上海世博会》，《人民日报》2010 年 9 月 19 日。

障局、北京市人事局、北京市财政局联合下发了《关于促进随军家属就业有关问题的通知》，对北京吸纳随军家属就业的单位实施优惠政策，“国家机关、社会团体、企事业单位、个体经济组织等各类用人单位招用随军家属，与其签订 1 年及以上期限劳动合同并缴纳社会保险费的，在合同期内给予 3 年的社会保险补贴；对距法定退休年龄不足 5 年的可给予最长不超过 5 年的社会保险补贴”等①。同时通知还对自主创业的随军家属给予了优待政策，“可申请小额担保贷款，贷款期限一般不超过 2 年，到期确需延长的，可延期一次。为从事个体经营提供的小额担保贷款金额一般不超过 5 万元；为自主、合伙创办小企业提供的小额担保贷款金额一般不超过 20 万元，或根据安置本市城镇失业人员人数，按人均不超过 5 万元提供担保，最高不超过 50 万元”② 等。

《军人抚恤优待条例》对现役军人的优待规定较多，比如，平信免费，农村户口的保留责任田，承包土地优先权等。除了这些国家统一规定外，北京市还根据地区的实际情况制定了一些优待政策，包括补助金的实施与发放、工资待遇等政策。

北京市对义务兵除了实施优待金外，还发放补助金。“入伍前是在职职工（包括合同制工人，下同）的，由原所在单位按月发给补助金。补助费用，国家机关、事业单位由单位预算中列支，工业企业由营业外收入中列支，商业企业由费用中列支，预算外单位由预算外列支；入伍前是学生、待业青年或个体工商户的，由区、县人民政府按月发给补助金”。③

同时还规定了义务兵的工资优待政策。“在职职工应征入伍的义务兵，服役期间的军龄应计为工龄。服役期间，原单位调整工资时，对应征入伍的职工应按本单位在职职工同等对待。”④ 而且还对在部队立功的军人作出

---

① 《关于促进随军家属就业有关问题的通知》，《北京民政年鉴（2007）》，第 198 页。

② 《关于促进随军家属就业有关问题的通知》，《北京民政年鉴（2007）》，第 298 页。

③ 《中华人民共和国地方民政法规总览》，中国社会科学出版社 2003 年版，第 18 页。

④ 《中华人民共和国地方民政法规总览》，中国社会科学出版社 2003 年版，第 18 页。

了进一步的优待规定："服役期间荣立二等功以上的义务兵退伍时，由原所在单位接收的，原单位应予晋升一级工资；新安排工作的，接收单位应予定高一级工资。"①

北京市还对在校参军的大学生进行一次性学费资助。"为鼓励更多具有较高文化素质的在校大学生投身到国防和军队现代化建设中，从2008年冬季征兵开始，对从本市高等院校在校大学生中征集的义务兵，正常退伍时，由其入伍时就读学校所在区县给予一次性助学经费，每人1万元"。②

针对当地驻军，北京市在乘坐公共交通、景点旅游等方面实施了费用减免的规定。"铁路、公路客运站对军人优先售票，有条件的设立军人售票窗口。本市市属的颐和园、天坛公园、北海公园、景山公园、中山公园、香山公园、陶然亭公园、双秀公园、紫竹院公园、玉渊潭公园、劳动人民文化宫等11个公园对现役军人免受门票"。③虽然北京地方制定了较多的现役军人的物质优待保障措施，但实际上往往由于法制化程序的缺失，很多时候执行并不到位。

显然，这些优待制度既保障了烈军属等优待对象的权益，完善了社会保障制度的基本内容，又在某种程度上提高了社会民众的国防意识。

第二节 抚恤的全面提高

随着市场化的不断发展和保障制度的完善，国家继续大幅提高抚恤标准，使抚恤制度建设进入了一个新的历史阶段。

---

① 《中华人民共和国地方民政法规总览》，中国社会科学出版社2003年版，第18页。

② 《关于调整义务兵优待政策的通知》，《北京民政年鉴（2008）》，第356页。

③ 《中华人民共和国地方民政法规总览》，中国社会科学出版社2003年版，第25页。

一、伤残人的生活

这一时期，国家和地方在已取得的抚恤制度建设基础上又制定和实施了众多新的抚恤政策和法规。

关于抚恤法规的制定。为了给予因维护社会治安而受伤致残的人民警察抚恤，1996 年 11 月 19 日，公安部和民政部下发了《公安机关人民警察抚恤办法》。1997 年 4 月 1 日，民政部颁布了《伤残抚恤管理暂行办法》，就民政部门负责评残的对象、评残的手续和审批程序作了规定。关于评残对象的规定，“（一）《军人抚恤优待条例》实施以前退出现役的军人；（二）参战民兵民工、参加县级以上人武部门或预备役部队组织的军事训练的无工作单位人员；（三）为维护社会治安同犯罪分子进行斗争致残的无工作单位人员；（四）国家机关行政编制人员；（五）授予警衔的行政编制人民警察”。[①] 而就评残的程序则是这样规定的，“（一）本人向所在工作单位或街道办事处、乡镇人民政府提出书面申请，说明致残经过和残情等情况。（二）申请人所在工作单位或街道办事处、乡镇人民政府审查后写出证明材料，连同本人档案材料（包括原始证明、病历和现场证人提供的证明材料等）、书面申请和本人近期二寸半身免冠照片（人民警察须着制式服装）等一并报送县（市、区）民政部门审查。（三）县（市、区）民政部门经审查认为具备评残资格的，通知本人到指定医院进行残情检查，由医院伤残鉴定小组做出残情鉴定。县（市、区）民政部门根据残情鉴定，写出综合报告，填写《伤残等级审批表》和伤残证件，连同本人申请、单位证明等有关材料，一并报送地（市）民政部门审查。（四）地（市）民政部门经审查认为符合评残条件的，在上报的《伤残等级审批表》上签署审查意见，连同其它材料一并报省、自治区、直辖市民政厅（局）审批。（五）省、自治区、直辖市民政厅（局）经审查认为符合评残条件的，在

① 《伤残抚恤管理暂行办法》，《北京民政年鉴》（1998），北京民政年鉴编纂委员会编，294 页。

《伤残等级审批表》和伤残证件上签署审批意见，加盖印章，并通过县(市、区）民政部门将伤残证件发放给本人。”[①] 还进一步完善了伤残证件的分类工作，即伤残证共分为四类，“(一）军人在服役期间因战因公因病致残，发给《革命伤残军人证》；(二）民兵、民工、农村村民、城镇居民、学生因战因公致残，发给《民兵民工伤残抚恤证》；(三）国家机关行政编制工作人员因战因公致残，发给《国家机关工作人员伤残抚恤证》；(四）授予警衔的行政编制人民警察因战因公致残，发给《人民警察伤残抚恤证》”。[②] 同年 8 月 20 日，国家安全机关和民政部又下发了《国家安全机关人民警察抚恤办法》，对国家安全机关工作人员的伤残抚恤各方面进行了规定。到了 1998 年 5 月，国家又公布和实施了《人民法院、人民检察院司法警察抚恤办法》。

随着国家在 2011 年再次完成《军人抚恤优待条例》的修订，伤残抚恤内容的规定已有了较大调整：残废等级分类及鉴定机构、伤残人员的医药费分类、增加了护理费。

重新分类残废等级及规定鉴定机构。2011 年修订的《军人抚恤优待条例》将残废类别分为十个等级。条例对因战、因公、因病致残性质的认定机构进行了规定，比如，“义务兵和初级士官的残疾，由军队军级以上单位卫生部门认定和评定”。[③]

伤残人员的医药费分类更为明确。“国家对一级至六级残疾军人的医疗费用按照规定予以保障，由所在医疗保险统筹地区社会保险经办机构单独列账管理”“七级至十级残疾军人旧伤复发的医疗费用，已经参加工伤保险的，由工伤保险基金支付，未参加工伤保险，有工作的由工作单位解

① 《伤残抚恤管理暂行办法》，《北京民政年鉴》（1998），北京民政年鉴编纂委员会编，第 294—295 页。

② 《伤残抚恤管理暂行办法》，《北京民政年鉴》（1998），北京民政年鉴编纂委员会编，第 295 页。

③ 《军人抚恤优待条例》，《人民日报》2011 年 8 月 1 日。

决，没有工作的由当地县级以上地方人民政府负责解决”。[①]

增加伤残人员的护理费。“对分散安置的一级至四级残疾军人发给护理费，护理费的标准为：（一）因战、因公一级和二级残疾的，为当地职工月平均工资的 50%；（二）因战、因公三级和四级残疾的，为当地职工月平均工资的 40%；（三）因病一级至四级残疾的，为当地职工月平均工资的 30%”。[②]

伤残抚恤标准的提升。由于经济的发展，尤其进入 20 世纪 90 年代以来的进一步加快，这就为实施新的伤残抚恤标准奠定了基础。

1997 年北京市民政局、人事局和财政局联合下发了《关于提高我市特、一等革命伤残人员护理费标准的通知》，对特、一等革命伤残人员的护理费进行了提高，“一、因战、因公特等革命伤残人员的护理费标准为每人每月 400 元；二、因战、因公一等革命伤残人员的护理费标准为每人每月 320 元；三、因病一等革命伤残人员的护理费标准为每人每月 240 元”。[③]

1998 年北京市又进一步提高了特、一等革命伤残人员护理费。北京市根据民政部、人事部和财政部下发的《关于提高特、一等革命伤残人员护理费标准的通知》（民优发［1993］10 号）精神，提高了特、一等革命伤残人员的护理费标准，“一、因战、因公特等革命伤残人员的护理费标准为每人每月 450 元；二、因战、因公一等革命伤残人员的护理费标准为每人每月 360 元；三、因病一等革命伤残人员的护理费标准为每人每月 270 元”。[④] 同时北京市在 11 月 25 日，下发了《关于调整优抚对象定期抚恤补助标准的通知》，要求：“各类优抚对象定期抚恤补助标准在原标准的

① 《军人抚恤优待条例》，《人民日报》2011 年 8 月 1 日。

② 《军人抚恤优待条例》，《人民日报》2011 年 8 月 1 日。

③ 北京市民政局、人事局、财政局：《关于提高我市特、一等革命伤残人员护理费标准的通知》京民优发（1997）188 号，1997 年 6 月 23 日。

④ 北京市民政局、人事局、劳动局、财政局：《关于提高我市特、一等革命伤残人员护理费标准的通知》京民优发（1998）282 号，1998 年 8 月 27 日。

基础上，每人每月增加40元。”[1]具体的标准如下：

> 北京市的孤老烈属（因公）城市和农村的，分别提高到了350、280元；孤老病故军人家属城市和农村的，分别提高到了330、270元；孤老复员军人城市和农村的，分别提高到了320、260元；孤老伤残军人城市和农村的，分别提高到了300、260元；烈属（因公）城市和农村的，分别提高到了300、240元；病故军人家属城市和农村的分别提高到了290、230元；红军老战士城市、农村的分别提高到了440、390元；抗日战争复员军人城市和农村的分别提高到了280、230元；解放战争复员军人城市和农村的，分别提高到了270、225元；建国后复员军人城市和农村的，分别提高了265、220元；抗日三等伤残军人城市和农村的，分别提高到了260、210元；解放三等伤残军人城市和农村的，分别提高到了250、205元；建国后三等伤残军人城市和农村分别是245、200元；抗日二等伤残军人城市、农村分别是240、195元；解放二等伤残军人城市和农村，分别提高到了235、190元；建国后二等伤残军人城市、农村的分别提高到了230、185元；特一等伤残军人城市、农村的，分别提高到了240、190元；带精神病回乡复退军人城市、农村的，分别提高到了290、255元。[2]

根据1998年北京市民政局的统计，北京市的优抚对象总人数达到了289034人，其中革命伤残人员12327人，烈军属达到157947人，在乡的退伍红军老战士3人，在乡的复员军人15015，在乡的退伍达到了103742人。[3]

---

① 北京市民政局、财政局:《关于调整优抚对象定期抚恤补助标准的通知》京民优发（1998）372号，1998年11月25日。

② 《北京市优抚对象定期抚恤补助标准调整表》，《北京市民政年鉴》（1999），北京民政年鉴编纂委员会编，第239页。

③ 《优抚对象人员情况》，《北京市民政年鉴》（1999），北京民政年鉴编纂委员会编，第459页。

2003 年 7 月，民政部、财政部下发了《关于提高部分优抚对象抚恤补助标准的通知》，从 2003 年 7 月起提高优抚对象的抚恤标准，“在乡革命伤残人员的伤残抚恤金，在 2002 年标准的基础上，特等每人每年提高 1560 元，一等每人每年提高 1200 元；在职革命伤残人员的伤残保健金，在 2002 年标准的基础上，特等每人每年提高 340 元，一等每人每年提高 280 元。其他等级依次递减”。[①] 提高后的革命伤残人员的具体抚恤标准如下：

> 特等因战、因公的抚恤金标准分别是 9960、9800 元，保健金分别是 2140、2110 元；一等因战、因公和因病的抚恤标准分别是 7680、7550 和 7420 元，保健金标准则是 1720、1680 和 1670 元；二甲因战、因公和因病分别是 3880、3770 和 3680 元，保健金分别是 810、790 和 770 元；二乙因战、因公和因病分别是 2600、2520 和 2480 元，保健金分别是 680、660 和 650 元；三甲因战、因公分别是 1560、1540 元，保健金分别是 510、490 元；三乙因战、因公分别是 1390、1390 元，保健金分别是 430、420 元。[②]

从 2006 年 1 月 1 日算起，民政部、财政部再次提高部分优抚对象抚恤补助标准，“残疾军人（含伤残人民警察、伤残国家机关工作人员、伤残民兵民工）的残疾抚恤金、烈属（含因公牺牲军人遗属、病故军人遗属）的定期抚恤金、‘三红’的生活补助标准，平均分别比 2005 年提高了 30%、18%和 18%。调整后，一级因战、因公、因病残疾抚恤金标准分别为每人每年 14560 元、14040 元、13570 元，在 2005 年这一标准分别为每人每年 11200 元、10800 元、10440 元。‘三红’即在乡退伍红军老战士、

① 民政部、财政部：《关于提高部分优抚对象抚恤补助标准的通知》民发（2003）89 号，2003 年 7 月 18 日。

② 《新编中华人民共和国民政法规汇编》，中国社会出版社 2003 年版，第 188 页。

在乡西路军红军老战士和红军失散人员的生活补助标准，分别提高到每人每年 11400 元、10200 元和 3360 元”。①

2010 年 9 月，民政部、财政部发出通知，再次提高部分优抚对象等人员抚恤和生活补助标准，从 10 月 1 日开始执行。“调整后，一级因战、因公、因病残疾军人抚恤金标准为每人每年 28690 元、27780 元、26870 元，分别比 2009 年提高了 2610 元、2530 元、2440 元，一级因战残疾抚恤金标准达到了 2009 年全国职工平均工资的 89%”。② 这是自改革开放以来，国家第十七次提高残疾军人残疾抚恤金标准，第二十次提高烈属定期抚恤金标准。

2012 年 10 月 1 日，国家再次调整了残疾人员（残疾军人、伤残人民警察、伤残国家机关工作人员、伤残民兵民工）残疾抚恤金标准，“三属”（烈属、因公牺牲军人遗属、病故军人遗属）定期抚恤金标准。调整后：

> 一级因战、因公、因病残疾军人抚恤金标准为每人每年 37940 元、36740 元、35540 元；因战、因公、因病残疾军人的二级抚恤标准每人每年是 34330 元、32530 元、31310 元；三级因公、因战、因病残疾军人的抚恤标准每人每年是 30120 元、28310 元、26510 元；四级因战、因公、因病残疾军人的抚恤标准每人每年是 24690 元、22290 元、20480 元……十级因战、因公残疾军人的抚恤标准每人每年是 4220 元、3610 元。同时还规定烈属、因公牺牲军人遗属、病故军人遗属在城镇的分别是 12050 元、10340 元、9730 元，而在农村的分别是 6930 元、6620 元、6340 元。③

① 《国家再次提高部分优抚对象抚恤标准》，《人民日报》2006 年 7 月 29 日，第 4 版。

② 《10 月 1 日起国家再次提高部分优抚对象抚恤补助标准》，《中国民政年鉴（2010 年）》，中国社会出版社 2011 年版，第 786 页。

③ 《10 月 1 日起国家再次提高部分优抚对象抚恤补助标准》，《人民日报》2012 年 9 月 29 日。

从 20 世纪九十年代至今，国家对伤残抚恤对象抚恤标准进行了大幅提高，据统计，“1996 年至 2001 年，国家各级财政累计投入抚恤资金为 292 亿元”。① 显然，这对伤残人员生活的保障起到了重要作用。

二、死亡者的补偿

国家在继续完善死亡抚恤政策和法规的同时，也在不断地提高一次性抚恤和定期抚恤的标准。

（一）牺牲及死亡抚恤体系的完善与发展

关于牺牲及死亡抚恤法规、政策的制定。这一时期的综合法规条例主要有：1988 年实施的《军人抚恤优待条例》及分别于 2004 年、2011 年进行的修订条例；民政部在 1989 年 4 月颁布的《关于贯彻执行〈军人抚恤优待条例〉若干具体问题的解释》。而 2006 年北京市又实施了《北京市实施〈军人抚恤优待条例〉办法》。

这一时期，国家还加强了警察、国家安全人员死亡抚恤法规的建设。1996 年 11 月，公安部、民政部又联合制定了《公安机关人民警察抚恤办法》对公安人员的因公牺牲、病故作了详细情况，同时还对一次性抚恤金发放数额等作了规定。1997 年 8 月，国家安全部和民政部联合下发了《国家安全机关人民警察抚恤办法》对因牺牲、因病死亡的几种情况作了详细规定。1998 年，国家还颁布了《人民法院、人民检察院司法警察抚恤办法》，重点对因公牺牲的情况进行了规定。

国家针对各种牺牲及死亡抚恤金发放制定和实施了一系列的政策，尤其针对公安人员、国家安全人员等的牺牲、病故抚恤金的发放问题。1995 年 3 月，民政部下发了《关于检察人员伤亡抚恤待遇问题的通知》，

---

① 《中国的劳动和社会保障状况》，《人民日报》2002 年 4 月 30 日。

对立功和获得荣誉称号的检察人员死亡后的一次性抚恤金发放进行了规定；5月17日，公安部、民政部和财政部下发了《关于发给公安机关做出特殊贡献的牺牲病故人民警察家属特别抚恤金的通知》，对一次性抚恤金的发放作了规定；而11月18日，国家安全部、民政部、财政部又下发了《关于发给国家安全机关做出特殊贡献的牺牲病故人民警察家属特别抚恤金的通知》，对牺牲和病故的国家安全人员的一次性抚恤金发放问题作了规定。到了1996年，民政部和财政部又将警衔津贴纳入一次性抚恤金计算的标准，并下发了《关于将警衔津贴计入人民警察死亡一次性抚恤金的通知》。

从新制定的抚恤政策和法规来看，这一时期的牺牲、死亡抚恤内容有两方面的重要变化：

一次性抚恤金额增加。国家在2011年重新修订了《军人抚恤优待条例》，在原来规定的死亡性质分类和按荣誉称号进行褒恤的基础上，增加了一次性抚恤的数额，“烈士和因公牺牲的，为上一年度全国城镇居民人均可支配收入的20倍加本人40个月的工资；病故的，为上一年度全国城镇居民人均可支配收入的2倍加本人40个月的工资”。[①] 与此同时颁布的《烈士褒扬条例》也突出了一次性抚恤金的发放规定，“国家建立烈士褒扬金制度。烈士褒扬金标准为烈士牺牲时上一年度全国城镇居民人均可支配收入的30倍。战时，参战牺牲的烈士褒扬金标准可以适当提高”。[②]

一次性抚恤金与荣誉称号相结合。“（一）获得中央军事委员会授予荣誉称号的，增发35%；（二）获得军队军区级单位授予荣誉称号的，增发30%；（三）立一等功的，增发25%；（四）立二等功的，增发15%；（五）立三等功的，增发5%”，[③] 同时还规定“多次获得荣誉称号或者立功的烈士、因公牺牲军人、病故军人，其遗属由县级人民政府民政部门按照其中

① 《军人抚恤优待条例》，《人民日报》2011年8月1日。

② 《烈士褒扬条例》，《人民日报》2011年8月1日。

③ 《军人抚恤优待条例》，《人民日报》2011年8月1日。

最高等级奖励的增发比例，增发一次性抚恤金”。[①]

（二）一次性抚恤标准和定期抚恤标准的提高

改革开放时期，国家接连多次提升一次性抚恤标准。

2001 年 9 月，民政部、财政部下发了《关于调整一次性抚恤金发放办法的通知》，决定从 2002 年 1 月 1 日起，再次对一次性抚恤金发放办法进行调整，要求：“一、国家机关（含民主党派、人民团体）工作人员、人民警察因公牺牲、病故后，一次性抚恤金由死者生前所在单位发放，发放标准和计算方法仍按民政部、财政部的有关规定执行，列‘抚恤金’课目。二、革命烈士和因公牺牲、病故军人的一次性抚恤金发放办法仍按现行政策执行，即由家属户口所在地的民政部门发放。”[②]

2004 年国务院颁布的《军人抚恤优待条例》又对一次性抚恤标准进行了调整：

> 烈士，80 个月工资；因公牺牲，40 个月工资；病故，20 个月工资……获得荣誉称号或者立功的烈士、因公牺牲军人、病故军人，其遗属在应当享受的一次性抚恤金的基础上，由县级人民政府民政部门按照下列比例增发一次性抚恤金：(一) 获得中央军事委员会授予荣誉称号的，增发 35%；(二) 获得军队军区级单位授予荣誉称号的，增发 30%；(三) 立一等功的，增发 25%；(四) 立二等功的，增发 15%；(五) 立三等功的，增发 5%。多次获得荣誉称号或者立功的烈士、因公牺牲军人、病故军人，其遗属由县级人民政府民政部门按照其中最高等级奖励的增发比例，增发一次性抚恤金。第十三条对生前作出特殊贡献的烈士、因公牺牲军人、病故军人，除按照本条例规

---

① 《军人抚恤优待条例》，《人民日报》2011 年 8 月 1 日。

② 民政部办公厅：《关于国家机关事业单位工作人员死亡后遗属生活困难补助归属管理问题的复函》民办函（2001）163 号，2001 年 9 月 18 日。

定发给其遗属一次性抚恤金外，军队可以按照有关规定发给其遗属一次性特别抚恤金。①

这次抚恤条例的修订，主要是“对原条例中涉及军人和优抚对象切身利益、不适应社会主义市场经济发展要求的有关条款进行了较大修订”。②

2011年7月，国务院颁布了新修订的《军人抚恤优待条例》，对一次性抚恤作了这样的规定：

“烈士和因公牺牲的，为上一年度全国城镇居民人均可支配收入的20倍加本人40个月的工资；病故的，为上一年度全国城镇居民人均可支配收入的2倍加本人40个月的工资。月工资或者津贴低于排职少尉军官工资标准的，按照排职少尉军官工资标准计算。”同时还规定：“获得荣誉称号或者立功的烈士、因公牺牲军人、病故军人，其遗属在应当享受的一次性抚恤金的基础上，由县级人民政府民政部门按照下列比例增发一次性抚恤金：(一）获得中央军事委员会授予荣誉称号的，增发35%；(二）获得军队军区级单位授予荣誉称号的，增发30%；(三）立一等功的，增发25%；(四）立二等功的，增发15%；(五）立三等功的，增发5%。多次获得荣誉称号或者立功的烈士、因公牺牲军人、病故军人，其遗属由县级人民政府民政部门按照其中最高等级奖励的增发比例，增发一次性抚恤金。第十四条对生前作出特殊贡献的烈士、因公牺牲军人、病故军人，除按照本条例规定发给其遗属一次性抚恤金外，军队可以按照有关规定发给其遗属一次性特别抚恤金。”③

国家还在2011年颁布的《烈士褒扬条例》中对一次性抚恤作了附加规定，“烈士遗属除享受本条例第十一条规定的烈士褒扬金外，属于《军人抚恤优待条例》以及相关规定适用范围的，还享受因公牺牲一次性抚恤

① 栾居沪：《最新工伤保险理论与案例评析》，山东大学出版社2011年版，第315页。
② 《新修订的〈军人抚恤优待条例〉开始实施》，《人民日报》2004年10月2日。
③ 《军人抚恤优待条例》，《人民日报》2011年8月1日。

金；属于《工伤保险条例》以及相关规定适用范围的，还享受一次性工亡补助金以及相当于烈士本人 40 个月工资的烈士遗属特别补助金。不属于前款规定范围的烈士遗属，由县级人民政府民政部门发给一次性抚恤金，标准为烈士牺牲时上一年度全国城镇居民人均可支配收入的 20 倍加 40 个月的中国人民解放军排职少尉军官工资”。①

显然，从改革开放之初到今天，国家对烈士一次性抚恤标准进行了较大提高。这既是 30 年改革开放经济发展的结果，也是国家不断完善抚恤保障内容的结果。

在提升一次性抚恤标准的同时，国家也一再提高烈属的定期抚恤数额。

1994 年 2 月，民政部和财政部下发了《关于提高部分优抚对象抚恤补助标准的通知》，提高了烈属、因公牺牲军人家属及病故军人家属的定期抚恤金，“在一九九三年民政部、财政部确定的标准基础上，每人每月再增加 5 元”，② 即烈属、因公牺牲军人家属在农村、小城镇及大中城市每月分别是 50—55 元、60—65 元和 65—70 元，而病故军人家属在农村、小城镇及大中城市每月分别是 45—50 元、55—60 元和 60—65 元。③

2003 年 7 月，民政部、财政部下发了《关于提高部分优抚对象抚恤补助标准的通知》规定：“烈属、因公牺牲军人家属和病故军人家属的定期抚恤金，在 2002 年标准的基础上，居住在城镇的，每人每月提高 60 元；居住在农村的，每人每年提高 30 元。”④ 这样烈属、因公牺牲军人家属和病故军人家属每月的抚恤金达到了以下标准⑤：

---

① 《烈士褒扬条例》，《人民日报》2011 年 8 月 1 日。

② 《中国社会保障制度总览》，中国民主法制出版社 1995 年版，第 1359 页。

③ 《中国社会保障制度总览》，中国民主法制出版社 1995 年版，第 1361 页。

④ 民政部、财政部：《关于提高部分优抚对象抚恤补助标准的通知》民发（2003）89 号，2003 年 7 月 18 日。

⑤ 《新编中华人民共和国民政法规汇编》，中国社会出版社 2003 年版，第 188 页。

	烈士家属	因公牺牲军人家属	病故军人家属
城镇	255	250	245
农村	195	190	185

从2006年1月1日起，民政部、财政部再次提高烈属（含因公牺牲军人遗属、病故军人遗属）的定期抚恤金，“居住在城镇的烈属的定期抚恤金标准为每人每年4980元，居住农村的烈属为每人每年3120元，分别比2005年提高了780元、480元”。[①]2007年7月，在建军八十周年之际，国家第17次提高烈属定期抚恤金标准。

2010年9月，民政部、财政部决定从10月1日开始执行新的烈属定期抚恤标准。“烈属（含因公牺牲军人遗属、病故军人遗属）定期抚恤金标准……在现行基础上分别提高10%。”[②] 这是自改革开放以来，国家第十七次提高残疾军人残疾抚恤金标准，第二十次提高烈属定期抚恤金标准。

从2012年10月1日起，国家再次调整“三属”（烈属、因公牺牲军人遗属、病故军人遗属）定期抚恤金标准。调整后，烈属、因公牺牲军人遗属、病故军人遗属在城镇的分别是12050元、10340元、9730元，而在农村的分别是6930元、6620元、6340元。[③]

这一时期，虽然国家对伤残、一次性抚恤标准都进行了大幅提升，但就整个国家经济发展水平及国家财政支出比较而言，国家对社会优抚保障资金的投入还是较少的，与整个国家的社会经济发展水平还不能成正比。下表1996年的抚恤补助标准数据就能反映这一问题。[④]

---

① 《国家再次提高部分优抚对象抚恤标准》，《人民日报》2006年7月29日。

② 《10月1日起国家再次提高部分优抚对象抚恤补助标准》，《中国民政年鉴（2010年）》，中国社会出版社2011年版，第786页。

③ 《10月1日起国家再次提高部分优抚对象抚恤补助标准》，《人民日报》2012年2月29日。

④ 张东江等：《当代军人社会保障制度》，法律出版社2001年版，第326页。

项　目	年平均水平（元 / 人）	比上年增长 %
烈属	749	6.3
在乡革命伤残人员	857	12.9
在乡复退军人	445	12.1

虽然上表表明抚恤补助的增幅比例较大，但这种抚恤补助的增长水平与同期城乡居民家庭的人均收入相差还是较大的。“1996 年，农村居民家庭人均纯收入 1926 元，城镇居民家庭人均生活费收入 4377.2 元”。①

第三节　褒扬的新趋向

一、内容与形式

这一时期，国家除在继续采取追功授誉、悼念祭扫、修建纪念建筑物等褒扬形式的前提下，一些新的褒扬形式和内容也被引入。

（一）传统的褒扬形式

烈士批复和追认工作。为了做好烈士追认工作，国家进一步修订和完善了烈士评定条件。

继两次修订烈士评定条件后，国家在 2004 年通过《军人抚恤优待条例》对烈士评定工作进行了第三次修订。本次修订重点表现出了这样几个变化：

一是该条例主要涉及军人烈士等方面的评定；二是该次修订在强调战时烈士评定工作的基础上，还强调了日常训练及武器试验的牺牲烈士评定工作，“因执行军事演习、战备航行飞行、空降和导弹发射训练、试航试

① 张东江等：《当代军人社会保障制度》，法律出版社 2001 年版，第 326 页。

飞任务以及参加武器装备科研实验死亡”。①

第四次修订烈士评定条件则是2011年国家颁布的《烈士褒扬条例》。该条例对于烈士的评定工作的修订重点突出了两个方面的变化，一是将反恐纳入烈士评定工作，“在依法查处违法犯罪行为、执行国家安全工作任务、执行反恐怖任务和处置突发事件中牺牲的”；② 二是将维和、援外等对外交往活动纳入烈士评定工作，“在执行外交任务或者国家派遣的对外援助、维持国际和平任务中牺牲的”。③ 之所以出现这些烈士评定工作的变化，更多是基于当前国际恐怖主义威胁的存在，致使国家公民面临新的国际风险的原因。

同样国家还授予了一批在抗洪、抗震及救火等灾害中牺牲的军人烈士称号。1998年国家授予了一批在抗洪抢险中牺牲的军人为烈士，9月3日，中央军委举行了高建成烈士“抗洪英雄”荣誉称号命名大会，后来又授予周丽平、李向群等军人烈士称号。2008年7月，中央军委授予在汶川地震救灾中牺牲的烈士武文斌为“抗震救灾英雄战士”称号。2008年6月，胡锦涛签署命令，授予成都军区某陆航团“抗震救灾英雄陆航团”荣誉称号，其中张鹏被成都军区追认为烈士，追授一等功。

“大力宣扬革命烈士的高尚品质”④ 被视为褒扬制度建设的一项基本内容，而悼念扫祭则是对烈士精神宣扬、缅怀革命先烈英雄事迹的一种较好的方式。

国家相继推出了一些重大节日的扫祭活动。1995年9月3日，北京举行了抗战胜利50周年纪念活动，还对英雄纪念碑进行了扫祭活动。“江泽民、李鹏、乔石、李瑞环、朱镕基、刘华清、胡锦涛、荣毅仁等出席了向人民英雄纪念碑献花篮仪式。……首都各族各界干部群众、解放军和武

---

① 《最新工伤保险理论与案例评析》，山东大学出版社2011年版，第315页。

② 《烈士褒扬条例》，《人民日报》2011年8月1日。

③ 《烈士褒扬条例》，《人民日报》2011年8月1日。

④ 《革命烈士褒扬条例》，《民政工作文件汇编》（一），地质出版社1984年版，第231页。

警官兵、少先队员从四面八方来到天安门广场，面向人民英雄纪念碑，排成整齐的方阵。2000 名抗战老战士，胸挂功勋章，精神抖擞地站立在队伍的正中间，特别引人注目”。[①] 在 2005 年 9 月 3 日举行的纪念抗战胜利 60 周年活动上，国家也对人民英雄纪念碑进行扫祭。在 2007 年“八一”建军节八十周年时，解放军英模代表向人民英雄纪念碑进行了扫祭活动，“31 日上午在北京天安门广场人民英雄纪念碑前隆重举行敬献花篮仪式，深切缅怀为党和人民的事业英勇献身的革命先烈，表达继承先烈遗志，弘扬听党指挥、服务人民、英勇善战的优良传统，努力为开创国防和军队建设新局面而奋斗的坚强决心”[②]。

国庆纪念日向人民英雄纪念碑进行扫祭的活动被固定下来。从 2008 年 10 月 1 日开始，每年的国庆日国家领导都要举行扫祭人民英雄纪念碑的活动。

这一时期，国家将更多的财力、人力集中到了烈士纪念建筑物的保护工作上来。

经济发展使烈士纪念建筑物的保护工作面临紧迫的形势。虽然国家一再强调烈士纪念建筑物的保护工作，但很多地方的烈士纪念建筑物被毁坏较为严重。事实上，这种毁坏烈士纪念建筑物的状况是多种自然原因造成的，“一些全国重点烈士纪念建筑物因缺乏必要的维修经费，未能及时修缮，出现了地基下沉、碑身断裂、馆堂漏雨、损坏严重”[③]。有的则是由于公众淡化了对革命烈士人物的褒扬意识，忽视了烈士纪念建筑保护工作。“有的百姓竟然以烈士墓占用自家田地为由，毁坏烈士墓”，[④]“方志敏烈士墓地原来枝繁叶茂、修剪齐整的龙柏树林已是枝丫缺损，狼藉不堪，二百二十多株树无一幸免。拱卫在墓地甬道口的一对球状龙柏，硕大的冠盖已‘秃’

---

① 《首都各界向人民英雄纪念碑敬献花篮》，《人民日报》1995 年 9 月 4 日。

② 《全军英雄模范代表向人民英雄纪念碑敬献花篮》，《人民日报》2007 年 8 月 1 日。

③ 冯更新主编：《21 世纪中国城市社会保障体制》，河南人民出版社 2001 年版，第 298 页。

④ 倪光辉、卢军、熊永岭、曹英华、龚朴、谭维维：《给散葬烈士一片安息之地（国防视线）》，《人民日报》2013 年 4 月 7 日。

了顶。……从会上反映的情况来看，这种盗树毁林现象全国其他不少地方的烈士陵园也有发生”。[①] 再者，经济建设和城镇化导致烈士纪念建筑的毁坏等，“甚至一些地方政府为搞‘形象工程’，也打起了让烈士墓腾地方的主意”。[②] 对此，国家在这一时期开始加强了对烈士纪念建筑物的保护工作，包括开展修缮工作、列入文物保护单位和制定管理条例等。

多次修缮烈士纪念建筑物，加强保护。2006 年 6 月，国家再次修整人民英雄纪念碑。2006 年 9 月，民政部和财政部又联合下发了《关于向在乡红军老战士发放慰问金和维修红军烈士纪念设施的通知》，要求“各地要把维修改造的重点放在破损情况严重、改造见效快的烈士纪念馆（堂）、烈士纪念碑（塔、祠、亭）和烈士墓上，力争做到纪念设施保护完好，园容园貌庄严肃穆，陈列展示主题鲜明，教育功能发挥良好”。[③] 而到了 2009 年，民政部决定“争取中央投资 5 亿元，改造了 133 所全国重点烈士纪念设施”。[④] 但事实上，“尽管国家近几年增加了一些优抚事业经费的投入，但由于优抚事业单位数量多，工程、设备材料大幅度涨价及维修面大，因此，现有的优抚事业经费严重不足”。[⑤] 于是，在烈士纪念建筑物维护过程中，资金仍是最大的问题，“首先就是资金问题，虽然争取到了中央的补助资金，但还是不够，加上后期维护，所需资金更多，这需要各级政府的大力支持”，[⑥] 国家还将一些革命烈士墓列为文物保护单位，进行重点保护。2009 年 3 月，民政部优抚安置局又将平北抗日烈士纪念园、天津市烈士陵园、察哈尔烈士陵园等 71 处列为重点

---

① 《迅速制止盗卖烈士陵园树木的行为》，《人民日报》1985 年 6 月 26 日。

② 倪光辉、卢军、熊永岭、曹英华、龚朴、谭维维：《给散葬烈士一片安息之地（国防视线）》，《人民日报》2013 年 4 月 7 日。

③ 《我国将对红军纪念设施进行集中维修》，《人民日报》2006 年 9 月 22 日。

④ 《民政部走访慰问解放军四总部、各军兵种和武警总部》，《人民日报》2010 年 2 月 4 日。

⑤ 冯更新主编：《21 世纪中国城市社会保障体制》，河南人民出版社 2001 年版，第 299 页。

⑥ 倪光辉、卢军、熊永岭、曹英华、龚朴、谭维维：《给散葬烈士一片安息之地（国防视线）》，《人民日报》2013 年 4 月 7 日。

纪念建筑物保护单位，“至此，全国已有 181 处全国重点烈士纪念建筑物保护单位”。①

国家通过规章制度对烈士纪念建筑物进行保护。1995 年 7 月 21 日，国家颁布了《革命烈士纪念建筑物管理保护办法》，该办法对烈士纪念物提出了种种保护措施，比如，“在全国重点革命烈士纪念建筑物保护单位范围内进行其他建设工程。须经省、自治区、直辖市民政厅（局）报经民政部同意”② 等。就整个烈士设施的保护工作来讲，虽然建立管理保护办法，但“烈士纪念设施保护工作在法律层面的空白仍在持续”。③

加强零散烈士纪念设施抢救保护工作。由于历史等原因，“目前我国有 100 多万座散葬烈士墓和 7000 多处零散烈士纪念设施”，④ 同时还有“11.5 万多人牺牲并埋葬在国外”。⑤ 为此，民政部、财政部开始在全国范围内开始实施零散烈士纪念设施抢救保护工程。到 2011 年时，中央财政维修改造补助经费增加到 1.7 亿元，并在以后逐年增加。

在新时期，国家继续编纂大量烈士事迹。1996 年民政部组织编写完成了《烈士英名录》；又联合总政治部拍摄了褒扬烈士的《国魂》电视片。为了发扬英烈事迹，民政部还编纂了《华夏魂全国百处爱国主义教育基地》一书，“介绍了为纪念一九一九年‘五四’运动以来牺牲的革命烈士而修建的一百处烈士纪念建筑物”。⑥2000 年 9 月 16 日，由民政部组织编写的《中华著名英烈》一书出版，该书编录了李大钊、黄兴和李向群等 4000 多名烈士事迹，是“新中国成立以来第一部比较系统、完整、权威地反映中

---

① 《71 处烈士纪念建筑列入全国重点保护》，《人民日报》2009 年 4 月 1 日。

② 《新编中华人民共和国民政法规汇编》，中国社会出版社 2003 年版，第 143 页。

③ 倪光辉、卢军、熊永岭、曹英华、龚朴、谭维维：《给散葬烈士一片安息之地（国防视线）》，《人民日报》2013 年 4 月 7 日。

④ 倪光辉、卢军、熊永岭、曹英华、龚朴、谭维维：《给散葬烈士一片安息之地（国防视线）》，《人民日报》2013 年 4 月 7 日。

⑤ 倪光辉、卢军、熊永岭、曹英华、龚朴、谭维维：《给散葬烈士一片安息之地（国防视线）》，《人民日报》2013 年 4 月 7 日。

⑥ 翟启运、陈雁：《彩色图集〈华夏魂〉出版》，《人民日报》1997 年 4 月 10 日。

华著名烈士革命事迹的大型丛书”。①

（二）新的褒扬形式

随着互联网的发展，国家开始注重用网络褒扬和缅怀烈士，主要在网上设立烈士纪念馆、举行悼念仪式等方式，而在这些网络褒扬方式中既有国家办理的，也有社会自发组织的。

网上烈士纪念馆较多，包括爱国主义教育基地网上纪念馆、中国人民志愿军网上纪念堂、中国革命烈士网上纪念馆、抗洪救灾烈士纪念馆及对越自卫还击战烈士陵园等。这些烈士纪念馆主要分为两大类：一类是网友自发建立，包括对越自卫还击战烈士陵园等；另一类就是国家设立，例如爱国主义教育基地网上纪念馆。这些网上纪念馆都对设立纪念馆的原因、烈士名单等进行介绍，应当说，内容是比较丰富的。同样网上悼念的方式也是多样的，包括网上陵园、网上祭奠、在乡追悼会、网上纪念堂等。

同时一些重要的烈士纪念建筑单位都设立了专门的门户网站。八宝山革命烈士陵园、华东革命烈士陵园、台儿庄战役纪念馆等都建立了网站。显然，这些网络褒扬方式的兴起对烈士革命英勇精神的传播起到了重要作用。

近几年社会组织的网络褒扬活动也在不断增加。2008 年汶川地震后，社会民众就在网络上自发组织了祈福汶川活动。近年，许多对越自卫还击战的退伍军人，自发建起了越战纪念堂悼念牺牲的战友。

二、褒扬金制度

进入新世纪后，国家为了适应新的国防形势变化在原来的基础上进一步加强了褒扬制度的立法工作。2004 年 8 月，中央军委和国务院共同颁

① 《继承先烈崇高精神抒写时代崭新篇章》，《人民日报》2000 年 9 月 27 日。

布了《军人抚恤优待条例》。根据褒扬工作的实际需要，国家又在 2011 年 8 月重新修订并实施了《烈士褒扬条例》。

通过一系列褒扬条例的制定和颁布，新的褒扬内容逐步建立起来，其内容与以前相比发生了明显的变化。

这一时期的褒扬制度仍然重视精神褒扬。2011 年颁布的《烈士褒扬条例》仍强调烈士的精神褒扬，"各级人民政府应当把宣传烈士事迹作为社会主义精神文明建设的重要内容，培养公民的爱国主义、集体主义精神和社会主义道德风尚。机关、团体、企业事业单位应当采取多种形式纪念烈士，学习、宣传烈士事迹"。①

但 2011 年颁布的《烈士褒扬条例》更加注重物质褒扬，主要表现在这样几个方面：首先，设立了烈士褒扬金制度，"国家建立烈士褒扬金制度。烈士褒扬金标准为烈士牺牲时上一年度全国城镇居民人均可支配收入的 30 倍。战时，参战牺牲的烈士褒扬金标准可以适当提高"。② 其次，条例还统一了烈士和因公牺牲的一次性抚恤标准，"烈士遗属除享受本条例第十一条规定的烈士褒扬金外，属于《军人抚恤优待条例》以及相关规定适用范围的，还享受因公牺牲一次性抚恤金；属于《工伤保险条例》以及相关规定适用范围的，还享受一次性工亡补助金以及相当于烈士本人 40 个月工资的烈士遗属特别补助金"。③ 显然，这种褒扬金制度从某种程度上讲有助于调动民众的社会责任感，激发同违法犯罪分子和国家分裂主义进行斗争的行为。

虽然国家对褒扬内容进行了法制化建设，但与社会发展相比还是表现出了一定的滞后性。以烈士资格评定修订工作为例，20 世纪 90 年代末，国家就面临着比较重的反恐任务，乃至一些社会民众在反恐斗争中牺牲，但国家直到 2011 年颁布的《烈士褒扬条例》中才包括反恐规定；再就是

① 《烈士褒扬条例》，《人民日报》2011 年 8 月 1 日。
② 《烈士褒扬条例》，《人民日报》2011 年 8 月 1 日。
③ 《烈士褒扬条例》，《人民日报》2011 年 8 月 1 日。

关于维和牺牲的烈士评定工作，20 世纪 90 年代中国军队就开始了海外维和，并且有人牺牲，但此类性质的烈士评定内容也是直到 2011 年颁布的《烈士褒扬条例》才有所规定。

第四节　双拥活动

一、与时俱进

在市场化日益凸显的状况下，节日和日常的拥军优属活动都已发生了明显地变化，其内容与市场经济的内在因素紧密相连。

（一）节日拥军优属

每到春节、“八一”建军节等重大节日将要来临时，各部门都要下发拥军优属通知。1999 年 12 月，民政部和解放军总政治部下发了通知，要求做好新年春节的拥军优属工作，提出：“2000 年新年春节期间的拥军优属、拥政爱民工作，要以党中央、国务院、中央军委关于加强军政军民团结的重要指示为指导，紧紧围绕促进国家的改革发展稳定和军队建设，扎扎实实地开展各项双拥活动。”[①]2003 年春节期间也是双拥运动 60 周年纪念日，为此，民政部、总政治部和全国双拥工作领导小组联合下发通知，要求围绕双拥运动 60 周年纪念，开展春节期间的双拥纪念活动，进行双拥光荣传统宣传教育和双拥模范城（县）创建评选工作。[②]2004 年 12 月，民政部、解放军总政治部发出通知，要求各地各部队积极做好元旦春节期

① 《民政部、解放军总政治部发出通知要求做好新年春节期间双拥工作》，《人民日报》1999 年 12 月 28 日。

② 《纪念延安双拥运动 60 周年做好新年春节期间双拥工作》，《人民日报》2002 年 12 月 11 日。

间的拥军优属、拥政爱民工作，“各地各部队要紧密联系国际国内形势的变化，以‘爱中华、奔小康、强国防’为主题，开展多种形式的活动，深入进行伟大民族精神、国防责任义务和双拥光荣传统教育，引导广大军民进一步强化国防观念和双拥意识”。①

同样“八一”建军节即将来临时，国家各部门也会下达各种拥军优属通知。在 1999 年“八一”建军节来临时，民政部和总政治部则发出了通知，要求各地开展“组织小型慰问团组，走访驻军部队和军队离退休干部以及优抚对象，慰问边防、海岛等艰苦地区的基层官兵”② 等活动。2012 年 7 月 22 日，民政部会同解放军总政治部又下发了《做好“八一”期间拥军优属拥政爱民》的通知，要求“要在深入进行双拥光荣传统宣传教育的同时，加大支持驻军部队建设的力度。各地各部门要结合节日期间的军地走访慰问，主动了解部队在战备执勤、训练演习和工作生活中的实际困难和问题，及时帮助解决”。③ 八一建军节对解放军的建立有其特殊的意义，国家一直注重这期间的拥军优属工作指导。

各单位及社会团体对部队的走访慰问。2003 年春节期间恰逢双拥运动开展 60 周年，民政部部长多吉才让于 2003 年 1 月 17 日来到北京军区部队进行慰问，“还向部队赠送了慰问金，并观看了军事训练表演”。④

（二）日常拥军优属

支援部队的人才建设成为一项重要的拥军优属内容。2004 年北京市双拥工作领导小组下发了《关于贯彻全国双拥工作会议精神与时俱进做好新形势下双拥工作的意见》，要求“深入开展科技拥军活动，紧紧围绕‘打得赢’这一课题，发挥首都高等院校和科研单位多的优势，支持部队

① 《做好元旦春节期间双拥工作》，《人民日报》2004 年 12 月 18 日。

② 《民政部总政治部发出通知要求做好“八一”期间双拥工作》，《人民日报》1999 年 7 月 21 日。

③ 《做好“八一”期间拥军优属拥政爱民》，《人民日报》2012 年 7 月 23 日。

④ 《民政部慰问北京卫戍区解放军官兵》，《人民日报》2003 年 1 月 15 日。

实施人才战略工程。协助有关高等院校做好国防生培养工作，依托全市140多个军地两用人才培训基地，为部队培养军地两用人才，建设学习型军营，使更多的战士做到‘入伍即入学，退伍即成才’”。[①]2005年北京市“依托140个军地两用人才培训基地，为部队开办文化补习、烹调、电脑、英语、种植等培训班237期，培训官兵3万多人次；普遍开展军民共建学习型军营活动，与部队基层单位共建图书室75个，赠送部队图书11.6万册”。[②]

2006年北京地区的高校开展了具体人才培养工作，比如，中央党校、清华大学、北京大学等高校，采取开办军营本科班、研究生班等形式，为部队培养高素质人才。“依托全市140余个军地两用人才基地，为部队开办文化补习、烹饪、电脑、英语、种养殖培训班357期，培训官兵4万余人次，为提高官兵科学文化素质，加强国防和军队现代化建设做出了突出的成绩。”[③]

丰富部队的业余生活也是地方拥军优属的重要内容。增加部队的文化娱乐实施建设。“援建军营图书室活动反响良好。……积极开展了以‘援建军营图书、共建学习型军营’为主要内容的系列文化拥军活动。一年中先后为驻京部队新建、改建图书室63个；援建多媒体教育培训中心和文化娱乐中心28个；捐赠书柜、书架690个；捐赠电脑1800余台；捐赠图书800余万册”。[④]为了丰富驻军的生活，北京市在2006年还启动了“连连通油路”、“连连通有线电视”工程。“市双拥办积极协调市交通委、市财政局、市广电局、歌华公司以及有关区县，集中全力抓好落实。‘八一’前夕，在某连隆重举行了‘连连通油路’、‘连连通有线电视’工程启动暨‘援建军营图书室’仪式，市双拥工作领导小组副组长、副市长吉林同志

---

① 《全国双拥工作年鉴》(2004)，中国社会出版社2006年版，第62页。

② 《全国双拥工作年鉴》(2005)，中国社会出版社2007年版，第337页。

③ 《全国双拥工作年鉴》(2006)，中国社会出版社2007年版，第223页。

④ 《全国双拥工作年鉴》(2006)，中国社会出版社2007年版，第223页。

到会剪彩”。[①]改善部队的饮食条件。“近几年来，北京市投入3000万元支持驻京部队‘菜篮子工程’建设，拿出3000万元支持驻京部队完成了商业、饮食保障社会化改革（占全军改革任务的22%），驻京部队营房、交通、医药等后勤保障社会化也取得了很大进展”。[②]

进行经济帮扶成为拥军优属的一项重要工作，其中解决烈军属的就业、住房等问题成为重点。比如，北京大兴区的民政部门就为很多现役军人解决婚姻、子女上学、军人家属的工作就业以及住房等问题。“驻区某部大龄单身军官较多，大兴区民政局领导了解到情况后，为部队成立了婚姻介绍管理档案，并指定专人负责，适时举行军地联谊活动，为部队未婚军官架起了通往爱情的桥梁。某部随军随调家属多、就业难，子女入学入托难，民政、人事、劳动、教育等部门共同协商，制定了周密措施。几年来，先后解决了20多名随军家属的工作，安排了40多名子女入学入托，为部队解决了后顾之忧。部队住房紧张，很多营职干部只能住在单身宿舍。大兴区人大常委会主任杨书启专程到部队现场办公，并积极与大兴房地产开发公司协商，以合资方式修建50套住房，缓解了部队住房紧张的压力，解决了一直困扰部队领导的难题”。[③]

加强国防教育宣传。北京地区为了搞好拥军优属工作，加强国防教育宣传：“一是抓‘龙头’。市、区县坚持召开常委议军会，研究支持国防建设和党管武装工作；邀请党政军领导干部到军营参加‘军事日’活动。二是搞好宣传。在‘八一’、春节等重大节日及全国国防教育日期间，在电视、电台、报纸等新闻媒体广播刊登国防教育内容，在闹市区、繁华地段悬挂宣传标语，在街道、乡镇开办国防教育橱窗、报纸、墙报。充分利用广告功能开展‘国防教育神州行’公益广告宣传活动，在市区主要街道、社区、学校设立国防教育公益广告牌200多块。三是建设‘阵地’。投资50多万元，在

---

① 《全国双拥工作年鉴》（2006），中国社会出版社2007年版，第223页。

② 《全国双拥工作年鉴》（2004），中国社会出版社2006年版，第276页。

③ 《北京大兴拥军优属落到实处》，《人民日报》2003年1月14日。

房山区韩河村建成了集国防教育街、国防教育图书室、国防教育学校、兵器园、元帅林、神舟五号载人飞船和长征火箭模型等设施的‘国防教育主题公园’。”①

二、双拥建设

为了进一步做好双拥工作，国家依然注重三个方面的工作：设立专门的拥军优属机构，法制化建设以及开展表彰活动等。

除了成立双拥工作领导小组外，国家还相继成立了一些其他的拥军优属组织，以便协助开展拥军优属工作。

2008 年 1 月，全国首家全国性拥军优属社会组织——中国拥军优属基金会在北京成立。该组织通过接受和管理国内外社会团体和个人的捐赠，将资助于拥军服务、军休服务、烈士褒扬等各项工作和活动，主要帮助那些生活上有困难的革命伤残军人、烈军属、复员退伍军人等。

2011 年 6 月 11 日，中国爱国拥军促进会成立大会在北京人民大会堂举行，其宗旨就是“广泛动员社会力量，开展拥军优属活动，搭建政府与社会、军队与地方、个人与组织合作平台，进行有益于爱国、拥军的相关工作和实践，凝聚民族力量，激发爱国热情，增强拥军意识”。②

评选拥军优属的模范个人和组织是推动拥军优属工作的一项重要措施。2008 年 1 月，全国双拥模范城（县）命名暨双拥模范单位和个人表彰大会在北京召开，会议强调“拥军优属、拥政爱民是我党我军我国人民的光荣传统和特有的政治优势，加强军政军民团结是我们党在革命战争年代形成并长期坚持的一贯思想”③，确定了 355 个市（区）县为全国双拥

① 《全国双拥工作年鉴》（2004），中国社会出版社 2006 年版，第 276 页。

② 《中国爱国拥军促进会成立》，《人民日报》2011 年 6 月 12 日。

③ 《全国双拥模范城（县）命名暨双拥模范单位和个人表彰大会在京举行》，《人民日报》2008 年 1 月 5 日。

模范城（县），同时还授予了北京市交通委员会、北京市公园管理中心和北京歌华有线电视网络股份有限公司等 180 个单位为爱国拥军模范单位称号。

2012 年 2 月，全国双拥模范城（县）命名暨双拥模范单位和个人表彰大会在北京举行，在会上又公布了包括北京市西城区、海淀区等 391 个双拥模范城（县）和包括北京市朝阳区奥运村街道办事处、北京法政实业集团有限公司等 61 个全国爱国拥军模范单位。同时还提出了一些优待退役军人的措施，“完善大学生士兵退役后报考公务员和事业单位的优惠政策。实行退役军人免费职业技能培训。对愿意就读职业学校的可免试入学，家庭经济困难的适当减免学费。政府购买服务的公益性岗位，优先安置就业困难的退役军人”。①

为了更好地推动拥军优属的开展，国家先后颁布了一些法规，逐步完善双拥工作的法制建设。

新时期国家的一些法规再次对拥军优属作出了规定。1997 年国家颁布的《中华人民共和国国防法》，就对拥军优属作了规定，“国家和社会尊重、优待军人，保护军人的合法权益，开展各种形式的拥军优属活动”。②国家又在 2001 年 4 月颁布了《中华人民共和国国防教育法》，强调了拥军优属宣传的必要性，“城市居民委员会、农村村民委员会应当将国防教育纳入社区、农村社会主义精神文明建设的内容，结合征兵工作、拥军优属以及重大节日、纪念日活动，对居民、村民进行国防教育”。③

进入新世纪后，国家又制定了一批专门的拥军优属规章、条例，规范双拥模范城的评选工作。2002 年国家颁布和实施了《双拥模范城（县）创建命名管理办法》，规定了双拥模范城（县）的基本标准、命名程序

① 《全国双拥模范城（县）命名暨双拥模范单位和个人表彰大会在京举行》，《人民日报》2012 年 2 月 18 日。

② 《中华人民共和国国防法 1997 年 3 月 14 日第八届全国人民代表大会第五次会议通过》，《人民日报》1997 年 3 月 19 日。

③ 《中华人民共和国国防教育法》，《人民日报》2001 年 5 月 1 日。

和权限、命名后的管理等四部分，重点强调了双拥模范城（县）的评选程序，“全国双拥模范城（县）三年命名一次，特殊情况可提前或延期。……省、自治区、直辖市双拥工作领导小组推荐全国双拥模范城（县），要征求所在大军区的意见，经省、自治区、直辖市党委、政府和省军区（卫戍区、警备区）研究同意后，向全国双拥工作领导小组写出推荐报告，并附被推荐单位的事迹材料”。[①] 尤其强调了双拥模范城（县）的评选意义，以防止和避免评选活动的形式化，“创建双拥模范城（县）活动，是拥军优属、拥政爱民优良传统的继承和发展，是新时期双拥工作的重要载体，是加强军政军民团结的有效途径”。[②] 鉴于拥军优属工作的新发展，国家在 2010 年又修订和实施了新的《双拥模范城（县）创建命名管理办法》。

为了做好拥军优属模范人物的评选工作，北京市还专门设立了首都拥军优属拥政爱民模范奖。1997 年北京市颁布的《北京市拥军优属工作若干规定》就拥军优属拥政爱民模范奖的评定作了专门规定：“本市设立首都拥军优属拥政爱民模范奖，对拥军优属工作成绩显著的集体予以表彰奖励。”[③] 同时北京市还明确规定了本市的双拥模范县（区）必须具备的条件：“（一）组织领导坚强有力；（二）国防教育广泛深入；（三）双拥活动坚持经常；（四）军民共建富有成效；（五）政策法规落到实处；（六）军政民关系融洽。”[④]

这一时期北京市还制定了其他的一些拥军优属法规。早在 1993 年 3 月，北京市就颁布了《首都军（警）民共建精神文明活动规定》，到了 2003 年 12 月又进行了修订，重新确立了军（警）民共建活动的基本形式、军（警）民共建活动的基本原则等诸多内容。1997 年 7 月 25 日，北京市

① 《新编中华人民共和国民政法规汇编》，中国社会出版社 2003 年版，第 185 页。

② 《新编中华人民共和国民政法规汇编》，中国社会出版社 2003 年版，第 184 页。

③ 《北京市拥军优属工作若干规定》北京市政府（1997）第 6 号令，1997 年 7 月 25 日。

④ 《北京市拥军优属工作若干规定》北京市政府（1997）第 6 号令，1997 年 7 月 25 日。

颁布并实施了《北京市拥军优属工作若干规定》，要求："本市各级人民政府应当加强拥军优属工作的领导，及时解决拥军优属工作中存在的问题，保证拥军优属工作的落实。"[①] 就在同一年，北京市还颁布并实施了《驻京部队拥政爱民工作若干规定》，共分为军民共建、表彰和奖励等八章内容，就表彰和奖励的内容提出了"第三十八条注意发现、培养拥政爱民先进典型，依据军队《纪律条令》，适时给予表彰和奖励。……第四十条加强拥政爱民工作的宣传报道。通过广播、电视、报纸、简报等形式，大力宣传驻京部队拥政爱民工作的先进事迹。"[②] 等内容。就此，北京已建立起了双拥活动的基本法律保障。

同时为了更好地领导拥军优属工作，国家在 2007 年制定和实施了《全国双拥工作领导小组职能和工作制度》，在规定了双拥工作的主要任务、工作职能和报告工作制度的同时，主要强调了会议制度：

> 全国双拥工作领导小组全体会议。每年召开一至两次。会议由组长或副组长召集。出席人员为领导小组组长、副组长、成员、办公室负责同志。可根据需要邀请有关部门负责人列席。会议的主要内容有：研究贯彻落实党中央、国务院、中央军委关于双拥工作的方针、政策和重要指示；研究决定开展双拥工作的基本原则、主要任务和重大措施；研究军政军民关系方面的重大问题；审定年度全国双拥工作要点；审议年度全国双拥工作总结报告；审批全国双拥模范城（县）、双拥模范单位和双拥模范个人；审批各省、自治区、直辖市双拥工作领导小组、全国双拥工作领导小组成员单位的重要请示；听取全国双拥工作领导小组办公室工作报告；研究其他需要领导小组全体会议讨论决定的重要事项。领导小组全体会议由办公室承办。会前应将议题和所议内容送达领导小组全体成员，会后整理形成纪要，由会议召

---

① 《北京市拥军优属工作若干规定》北京市政府（1997）第 6 号令，1997 年 7 月 25 日。

② 《北京民政年鉴》(1997)，北京民政年鉴编纂委员会 1998 年版，第 389 页。

集人签发。(二)全国双拥工作领导小组组长办公会。由组长视情召集。出席会议人员为组长、副组长和办公室负责同志。可根据需要邀请有关部门负责人列席。会议的主要内容是:研究解决双拥工作中一些紧急和重要问题以及其他需要由组长办公会决定的事项。(三)全国双拥工作会议。报请党中央、国务院、中央军委批准后以全国双拥工作领导小组、民政部、总政治部名义召开。一般每五年举行一次,必要时可提前或推后召开。会议的主要任务是:研究制定双拥工作的方针、政策,总结工作,交流经验,部署任务。(四)全国双拥模范城(县)、双拥模范单位和双拥模范个人命名表彰大会。报请党中央、国务院、中央军委批准后以全国双拥工作领导小组、民政部、总政治部名义召开。一般每三年召开一次,命名表彰全国双拥模范城(县)、双拥模范单位和双拥模范个人。命名表彰大会与工作会议时间相近时,可一并举行。①

显然,这些双拥工作的开展有利于加强和平时期的国防建设。通过双拥工作的开展提高了国家对广大现役官兵和军烈属的优待,广大青年就会积极参军,尤其是进入21世纪以来,国家实施了国防生计划,采取一系列的优待政策鼓励青年大学生参军参战,这在很大程度上提高了国防军队的素质和国防现代化程度。因为广大青年大学生接受过正规的大学教育,具有很高的理论水平,让这些大学生积极参军保证了军队高科技的推广和应用。显然,这对提高国家的国防实力是具有明显作用的。

同样这些双拥工作的进行有利于建立新型的军民关系。首先双拥工作法制化不仅有利于双拥工作的开展,也使得双拥工作可以有法可依,依法进行,在某程度上避免了社会运动式的拥军优属的开展,使得军民在基本的法律框架内实现一种良性的互动。但目前双拥工作也明显存在一些问

---

① 《全国双拥工作年鉴》(2007),中国社会出版社2008年版,第65页。

题，比如，社会参与不断下降，法制化明显不足等等。

应当说，在改革开放深入发展的时期，我国的优抚制度建设表现出了与以往不同的特点：

一是优抚制度法制化进一步加强、完善，优抚法律体系确立。无论从优待制度、抚恤内容，还是褒扬建设，都表现出了明显的法制化趋势。从国家层面来讲，制定了一批重要的优抚法规。1995 年 7 月民政部专门颁布了《革命烈士纪念建筑物管理保护办法》，为烈士纪念建筑物的保护和管理工作提供了基本的法制依据。进入 21 世纪以来，国家鉴于社会的发展变化，主要对原来的一些优抚法规进行了完善。2004 年 8 月，中央军委和国务院在原来的基础上修订并颁布了《军人抚恤优待条例》，该部法规奠定了现代的优抚制度的法制基础。2011 年 8 月，国家再次在原来的基础上修订了《烈士褒扬条例》等等。

优抚法制化的另一个重要表现就是地方加强了优抚法制建设。以北京为例，2004 年 1 月，北京地区开始实施《北京市义务兵优待金发放管理办法》等。据统计，到现在为止，全国的优抚法规“以国务院军人优抚优待条例为基础，民政部、解放军总政治部等部门制定颁布的配套性法规文件目前已达 30 多个，全国 2000 多个县以上行政区域出台了优抚法规”，①“目前，全国有 28 个省、自治区、直辖市制定了优抚法规，1128 个县、市、区制定了法规性文件，使国家、社会、群众相结合的优抚工作走上法制化轨道。”②

但与中国市场经济的发展程度相比较，优抚保障制度的法制化存在明显不足的问题。作为社会保障制度的一个重要组成部分，优抚制度更需要在制度建设上加快，比如，社会优抚经费投入的制度建设、优抚对象的抚恤金长效增长机制，更多的是要有一个长效的依据经济水平的增长机制而

① 张东江等：《当代军人社会保障制度》，法律出版社 2001 年版，第 325 页。

② 《国家和社会各界共同努力五千多万优抚对象生活有保障》，《人民日报》1993 年 1 月 29 日。

不是人为的进行提高，“但缺乏国家基本法的强制，在市场经济条件下，不少地方执行起来很困难。特别是条例中规定的优待内容在实际过程中很难进行具体的量化，特别是有关具体的比例系数，一切以地方政府部门对优待对象的偏好来进行处理”。① 同样中国优抚保障制度的法制化难与世界接轨。国外的优抚保障制度建设比较完善，比如，国外建立了军人的薪金福利制度、薪金制度、现役军人的保险制度，这些制度建设在发达国家尤其明显，同样在发展中国家的印度也建立了集体保险制度、土耳其的军队互助组织及新加坡、泰国的军人保险等；但中国在优抚保障法制化方面显然还存在很大的缺陷。

二是以物质为主的优待体制形成。改革开放使中国的社会经济发展为提高各方面的优待和抚恤金标准奠定了物质基础。无论是优抚法规内容的规定还是优抚措施的具体执行，都体现出了物质优抚标准不断提高的特点。

较之过去，许多优抚法规对优待及抚恤金标准的规定有了明显提高。1988 年 6 月颁布的《军人抚恤优待条例》对军人各种死亡的一次性抚恤金数额也作了较高的物质标准规定：“（一）被中华人民共和国主席或者中央军事委员会授予荣誉称号的，增发百分之三十五；（二）被军区（方面军）授予荣誉称号的，增发百分之三十；（三）立一等功的，增发百分之二十五；（四）立二等功的，增发百分之十五；（五）立三等功的，增发百分之五。”②2004 年重新修订的《军人抚恤优待条例》，又进一步提升了物质抚恤的标准，“现役军人死亡，根据其死亡性质和死亡时的月工资标准，由县级人民政府民政部门发给其遗属一次性抚恤金，标准是：烈士，80 个月工资；因公牺牲，40 个月工资；病故，20 个月工资。月工资或者津贴低于排职少尉军官工资标准的，按照排职少尉军官工资标准发给其遗属一次性抚恤金”。③ 国家在 2011 年 7

① 张东江等：《当代军人社会保障制度》，法律出版社 2001 年版，第 327—328 页。

② 《中国社会保障制度总览》，中国民主法制出版社 1995 年版，第 1229 页。

③ 栾居沪：《最新工伤保险理论与案例评析》，山东大学出版社 2011 年版，第 315 页。

月又颁布的《烈士褒扬条例》中则规定："国家建立烈士褒扬金制度。烈士褒扬金标准为烈士牺牲时上一年度全国城镇居民人均可支配收入的 30 倍。战时，参战牺牲的烈士褒扬金标准可以适当提高。"①

显然，物质标准的不断提升成为这一时期优抚制度发展的一个重要趋势。

三是以国家为主体的多层次的优抚保障体制形成。国家成为优抚财政支出的主要负担者。在建国之初，由于客观因素致使国家很难担负起全部的优抚费用，社会担负了较大一部分的优抚任务。但改革开放后，国家担负了绝大部分的优抚费用，以 2011 年国家抚恤费用支出为例，"落实优抚对象等人员抚恤和生活补助待遇，适时调整抚恤补助标准，支出 236.88 亿元"。② 在国家成为优抚费用支出主要负担者的同时，各级地方财政也积极投入优抚建设。以北京为例，"2009 年，北京计划新开工建设和收购政策性住房 850 万平方米，竣工 200 万平方米，完成旧城 2 万户居民住房修缮整治，启动门头沟、通州、丰台三片棚户区改造，为农村 5000 户特困家庭和 1000 户优抚家庭翻建维修住房"。③

四是与市场经济发展相适应的优抚体制形成。众所周知，从 1978 年开始的改革开放，是市场化不断发展的过程，建立与市场经济相适应的社会优抚制度也是实现市场化的基本要求。

建立与市场经济发展相适应的抚恤标准则是优抚体制市场化的一个重要表现。市场经济的发展使社会优抚对象的伤残军人、烈军属及"三红"人员的抚恤金标准的不断提高，"国家在连续 13 年提标的基础上，又以 15%—20%的幅度提高了残疾军人、参战参试退役人员等 11 种对象的补助标准。全年中央财政安排优抚经费 295 亿元，比上年增长 26%，再创

① 《烈士褒扬条例》，《人民日报》2011 年 8 月 1 日。

② 《关于 2011 年中央和地方预算执行情况与 2012 年中央和地方预算草案的报告》，《人民日报》2012 年 3 月 17 日。

③ 《首都北京，中华民族团结的象征（共和国从这里走来）》，《人民日报》2009 年 9 月 7 日。

历史新高”。[1]市场经济的发展也使得褒扬制度在重视精神褒扬的基础上加大了物质褒扬的力度，以 2011 年修订的《烈士褒扬条例》为例，“国家首次设立烈士褒扬金制度，从根本上解决了烈士待遇过低的问题”。[2]

建立严格的纪念建筑物管理制度则是优抚制度市场化的另一表现。市场经济是典型的管理型经济，市场经济越发达，管理规则就越完善，烈士纪念建筑物管理工作的规范化就是明显的例证。进入 20 世纪 90 年代，随着市场经济发展，制度化建设成为明显的一个特征。1995 年 7 月，民政部针对此则颁布了《革命烈士纪念建筑物管理保护办法》，对烈士纪念建筑物管理单位的职责、人员配备、经费来源及管理要求等都作出了详细的规定。

① 《去年中央财政优抚经费增长 26%》，《人民日报》2012 年 1 月 19 日。
② 《去年中央财政优抚经费增长 26%》，《人民日报》2012 年 1 月 19 日。

结　语

一、社会影响

优抚制度是社会保障制度的一个重要组成部分，发挥了重要的社会保障作用，更大程度上体现了国家对优抚对象的人文关怀。在每一个历史时期对烈军属等优抚对象的生活都起到了保障作用。

在合作化运动时期，针对烈属生活水平较低和优待劳动日不能充分优待生活的条件下，国家提出了实施定期定量补助的决定，并且为“文革”结束以后烈属定期抚恤的实施奠定了基础；对于新中国成立前和抗美援朝所遗留的大量伤残军人和烈属等的医疗问题，内务部相继出台了针对烈军属、伤残军人的医疗优待措施，下发了专门《关于烈、军属疾病治疗仍应按“革命烈士家属革命军人家属诊治疾病优待暂行办法”执行的联合通知》；针对三等残废军人抚恤费用较低和生活没有保障的情况，国家从 1962 年开始实施长期抚恤；同样为了照顾和抚恤烈属的生活，开始实施定期抚恤金制度，“牺牲、病故军人，工作人员的家属的定期抚恤金，享受定期抚恤金的条件是军人、工作人员死亡以后，必须依靠他们供养的家属”。①

优抚制度的调整和实施使优抚对象的权益在“文革”后得到了进一步的保障。国家加强了优抚对象各方面的费用，使得优抚费用在不断提高。

① 《关于优抚、救济事业》（1962 年），北京市海淀区档案馆，档案号：2—114—103。

"1983年，全国享受定期定量补助的优抚对象共有一百六十八万人，定期定量补助费达1.8亿元",[①]"1985年末全国优抚对象总人数为4123.4万人，其中革命残废军人85.8万人，烈军属2271.2万人，在乡复员军人332.6万人，在乡退伍军人1433.7万人。到1996年底，国家抚恤补助优抚对象人数达447万，国家财政用于抚恤的支出达32.78万亿元。保障资金由中央财政与地方共同承担，中央确定全国性的基本标准，地方在全国基本标准的基础上再适当提高。1996年中央财政年基数为12亿元，其余由地方财政负担。对义务兵家属实行普遍优待，按标准享受抚恤补助。优待经费由社会统筹，优待标准一般不低于当地上年人均收入的70%，优待方式一般为现金支付。1996年全国优待义务兵家属304万户，发放优待金25.2亿元"。[②]

改革开放以来，优抚保障制度更加注重烈军属的就业、住房等方面的优待，"各地民政部门将解决优抚对象住房难作为优抚工作的一项重要任务来抓"，[③]"义务兵和初级士官退出现役后，报考国家公务员、高等学校和中等职业学校，在与其他考生同等条件下优先录取"。[④]

同时这一时期的优抚保障制度更加注重烈军属及伤残军人的生活提高，因此不断提高各项抚恤和补助标准。"从今年7月1日起，调整提高残废军人的抚恤标准。根据不同的残废等级，新的抚恤标准比原标准提高了7.9%至80%。这是因为上次调整抚恤金标准时，各个等级的幅度大小不一，因而这次提高的比例不尽相同"。[⑤]事实上，在整个改革开放时期，国家前后17次提高了伤残抚恤标准。

为了进一步完善保障事业，国家还进一步加强了社会优抚制度建设，制定和修改一些优抚条例，比如《革命烈士褒扬条例》《军人优抚条例》

---

① 孟韶华等：《中国民政史稿》，黑龙江人民出版社1986年版，第166页。

② 张东江等：《当代军人社会保障制度》，法律出版社2001年版，第324页。

③ 《民政工作文件选编》，中国社会出版社2009年版，第181页。

④ 《军人抚恤优待条例》，《人民日报》2011年8月1日。

⑤ 《民政部财政部决定 调整提高残废军人抚恤标准》，《人民日报》1984年6月8日。

《中华人民共和国兵役法》，而北京地方政府的《北京市新建、迁建烈士纪念建筑管理物办法》、《北京市优抚对象医疗费用减免管理办法》等。正是这些法律条例的实施使中国的民政事业改变了"文革"时期的混乱局面，走上了正轨，"关于优抚、安置工作，在地方党委、政府的领导下，对全国五千多万优抚对象进行了普查登记，平反了九万多起优抚对象的冤假错案，落实了优抚政策；确定了退伍老红军的称号和待遇；改进了对一百三十五万烈属、复退军人的定期定量补助和对家居农村的义务兵家属的优待办法"。①

弘扬和保持了优良的革命精神和传统，促进了社会精神文明建设的发展。

优抚保障制度作为上层建筑的一个重要部分，其完善不仅关系到社会保障制度建设的问题，还关系到社会主义精神文明建设的问题。在"文革"结束后，褒扬制度的恢复与发展对社会主义精神文明建设起到了很大作用。众所周知，社会主义精神文明建设离不开传统革命主义精神，传承和弘扬革命主义精神是褒扬工作的一项重要内容，为了发挥褒扬的这种社会主义精神文明的建设作用，国家于1980年颁布了《革命烈士褒扬条例》，重点强调了"各级人民政府应当搜集、整理、陈列著明革命烈士的遗属和斗争史料，编印《革命烈士英明录》，大力宣扬革命烈士的高尚品质"。②这既加强了烈士遗物的保护工作，又发扬了烈士的革命精神，促进了社会主义精神文明建设。

褒扬条例各项内容的完善更是体现了国家对革命传统精神的发扬。为了弘扬英勇革命精神，国家专门出台了《革命烈士纪念建筑物管理保护办法》，明确提出了弘扬烈士革命精神的要求，"革命烈士纪念建筑物保护单位，应当收集、整理、陈列革命烈士史料和遗物，宣传革命烈士的英雄事

① 《第八次全国民政会议纪要》，《民政工作文件汇编（一）》，地质出版社1984年版，第4页。

② 《革命烈士褒扬条例》，《民政工作文件汇编》，地质出版社1984年版，第231页。

迹、献身精神和高尚品质”。[①]

优抚制度推动了国防建设与发展，是国防建设不可或缺的一部分。

抗美援朝战争的胜利与优抚制度有着密切的联系，为抗美援朝的胜利提供了保障。“全国人民进行了大规模的优待革命烈士家属、革命军人家属的工作，把优抚工作作为支援前线的重大任务。在‘先军属、后自己’的口号下，各地城市和农村的人民都尽了很大努力，采取许多措施，以保证烈属军属的生活和生产，这样不仅鼓舞了烈属军属的生产积极性，而且直接鼓舞了前方将士的士气”，[②]“全国人民把优抚工作当成巩固国防和巩固部队的重大政治任务。……这样不仅鼓舞了烈属、军属的生产积极性，而且直接鼓舞了前方战士的士气，加强中国人民志愿军部队的战斗力”。[③]

优抚建设仍是和平时期的国防建设推动力。“文革”时期的优抚制度陷入了瘫痪的境地，使其失去了特有的社会功能。改革开放后，恢复后的优抚制度在国防建设中发挥出了重要作用。以拥军优属的开展为例，在战争年代双拥工作的一个重要作用就是要调动广大社会民众参军参战的积极性。同样和平时期的双拥工作对于广大民众提高参军积极性具有同样重要的意义。因为通过双拥工作的开展提高了国家对广大现役官兵和军烈属的优待，广大青年积极参军，而且每个家庭也会积极支持子女参军参战。显然，这就加强了我军的军队建设。

同样在改革开放时期，国家制定优抚制度的一个重要目的就是调动社会民众投入国防建设的积极性。比如，国家及地方都在优抚条例中规定了参军青年人的诸多优待，“义务兵和初级士官退出现役后，报考国家公务员、高等学校和中等职业学校，在与其他考生同等条件下优先录取”，[④]“在本市入伍的义务兵以及考入外省市全日制高等院校的本市户籍

① 《新编中华人民共和国民政法规汇编》，中国社会出版社2003年版，第143页。

② 《关于中国人民志愿军抗美援朝工作的报告》，《人民日报》1953年9月13日。

③ 《中国人民抗美援朝运动贡献巨大为朝鲜停战的实现奠定坚实基础》，《人民日报》1953年7月28日。

④ 《军人抚恤优待条例》，《人民日报》2011年8月1日。

大学生在当地入伍的义务兵服现役期间，其家庭享受优待金”。[①]

制定的各项优抚条例强调：“优抚主要包含优待、抚恤及褒扬等三方面的内容，一方面强调的是实现优抚对象的保障权利，就是通过各种物质优待和伤残抚恤等方式，不仅在于保障优抚对象的各项生活权益，也在于弘扬。”

优抚制度具有重要的阶段性社会功能，在不同社会历史发展时期发挥了不同重要作用。

新中国成立之初的优抚制度奠定了新中国的社会保障制度基础。1950年12月，内务部颁布的《革命烈士家属革命军人优待暂行条例》《革命残废军人优待抚恤暂行条例》《革命军人牺牲、病故褒恤暂行条例》《革命工作人员伤亡褒恤暂行条例》及《民兵民工伤亡抚恤暂行条例》等五个条例基本上奠定了中国优抚保障制度的基础。“从此，在全国范围内有了统一的优抚工作法规，统一的革命烈士条件；统一了革命军人负伤评残条件和残废等级；统一了牺牲病故、残废抚恤金标准和抚恤制度；统一了优待制度；统一了优抚证件式样（革命军人残废证、烈属证、军属证等），开始把我国的优抚工作推向新的阶段”。[②] 事实上，在改革开放时期颁布和修订《褒扬管理条例》、《褒扬条例》以及《军人优抚条例》等都是在新中国成立之初的优抚条例基础上进行的修订和调整。比如，新中国成立之初条例规定的烈军属家庭可以享受实物补助的项目，这就为后来定期定量补助的实施奠定了基础；而新中国成立之初规定的烈军属可以享受减免医疗费用、烈士子女享受的教育公费和助学金等待遇，这些优待内容就为以后优待制度的修订提供了大量的参考。

推动了社会主义改造的顺利完成。这一时期的社会主要分为两个阶段，一个阶段是社会主义改造时期，另一个阶段则是社会主义全面建设时期，总体说这一时期国家是在经历了抗美援朝战争之后的一个和平稳定时

---

① 《北京民政年鉴》（2007），北京市民政年鉴编纂委员会2007年，第278页。

② 孟韶华等：《中国民政史稿》，黑龙江出版社1986年版，第160页。

期，主要以社会主义经济建设主体，作为社会保障制度体系重要组成部分的优抚制度，发挥了服务社会主义建设的重要作用，在社会主义改造时期体现得非常明显。

农业改造是当时社会主义改造的一个重要部分，其中主要涉及土地集体所有制方式及合作发展农业生产的方式，那这就必然涉及一个优待内容的重要问题，即代耕问题。因为代耕是优待新中国成立之初烈军属及残废军人的优待方式，这种优待方式有一个核心问题就是建立在土地个人所有制的基础上，“农村实行合作化以后，随着土地报酬的取消，按劳分配制度的实施，建筑在个体经济基础上的代耕制度已不适应新的生产关系”。① 可见，代耕的推行已经与当时农业合作化道路产生了深刻的矛盾，这一矛盾的根结所在就是土地的所有制方式的巨大差异。动员广大享受代耕的优待对象参与农业合作化成为农业合作运动发展中的一个重要环节。显然，优待劳动日的实施，使优抚制度与当时的社会发展呈现出了一致性，对农业合作化的发展有着推动作用。

在“文革”时期，部分优抚政策的实施保持了军队的稳定，避免了国家的分裂。优抚制度的根本目的就是保障广大军人的权益，为国防建设提供有效的保障。可以说，军队的稳定是社会稳定的基石。“文革”期间，即便各类机关受到了阶级斗争路线的冲击，还是出台了一些旨在保障军人及家属权益、维护军队稳定的措施。比如，国家颁布了一些旨在解决伤残军人优待问题的政策，1966 年 9 月 18 日，内务部、林业部发出《关于解决森林警察因公牺牲、残废和病故人员抚恤待遇问题的联合通知》，同年 10 月 15 日，内务部发给江苏省民政厅的《关于矽肺病退伍军人的残废待遇问题的复函》，11 月 10 日，内务部向湖南省人民委员会作出的《关于特、一等革命残废军人病故后其遗属的生活困难如何给予照顾问题的复函》。1967 年 6 月，内务部还下发了《关于所提工役制工人因公死亡待遇问题的复函》。

① 多吉才让等主编：《优抚保障》，中国社会出版社 1996 年版，第 47 页。

为了保障和稳定复员军人的生活，内务部于1966年4月1日发出了《关于执行〈国务院关于修改军队退休干部生活费标准的通知〉的通知》；1966年4月9日，劳动部、内务部下发的《关于军队转业干部在集体所有制单位工作的以及转业干部中的原起义军官工资待遇问题的复函》等。

二、基本经验

当今优抚制度成就的取得，其根本原因在于60年的发展历程中遵循了若干重要的规律。

优抚制度发展经历了几个重大转变：负担主体、优待方式及推行方式等方面的变化。

首先，从新中国成立到今天，优抚制度的负担主体经历了由社会负担到国家负担的转变，其中代耕优待的发展就是最好的说明。新中国成立之初，国家主要推行的是以社会负担为主体的优待措施。基于社会财政的薄弱和对革命战争年代优待制度传统的需要，国家将代耕列为最大的优待措施，代耕主要是用农民劳动力给予社会优抚对象以优待，保证基本的物质生活。虽然后来为了适应农业合作化道路的发展需要，农村的代耕方式也发生了较大变化，代耕赖以存在的土地个体所有制度方式已被农业集体所有制所代替，继而代耕也被优待劳动日所取代，但事实上，这种优待方式仍然建立在社会民众的帮扶基础上，显然仍未改变优抚由社会负担的格局。改革开放初期，家庭联产承包责任制取代了农业合作化的模式，迫使农村优待劳动日的这种优待方式不得不作出改变，继而农村实施了优待金政策，但这种优待政策的资金来源是建立在“由社队统筹”[①]或农业税统筹的基础上，可以说，这种优待方式仍然是建立在社会负担的基础上。从根本上来讲，社会负担优抚的格局真正改变则是发生在2006年农业税的

---

① 崔乃夫：《民政工作的探索》，人民出版社1989年版，第14页。

取消，从此以后，优抚费用才由国家财政统筹实现，真正实现了由社会负担到国家负担的转变。

其次，新中国成立以来，优抚制度实现了优待方式的转变，即由实物到金钱的转变。革命战争年代，中国共产党在各个革命根据地规定了诸多的实物优待措施，“对红军战士及其家属分给房屋、土地”“包耕代耕”①等等，事实上，在抗战、解放战争时期也都是以实物为主要内容的优待方式，“公有土地、房屋、场所、器具、物品之分给、借用、租赁、售卖于私人者，抗属得优先承领、承借、承租、承买”。②即使到了新中国成立之初，国家仍然沿用了以实物为主的优待方式，其中就包括了代耕、实物补助等。“在农村，可尽量组织其参加各种农、副业生产，对土地较少而又缺乏劳动力者，得采用代耕或其他办法帮助其解决生产中的困难”“对个别生活极端困难之烈、军属，……给予实物补助”。③到农业合作化以后，实施的优待劳动日也是一种实物补助的方式，“优待劳动日同自作劳动日一样，参加实物和现金的分配”。④应当说，这些实物优待方式一直延续到“文化大革命”期间。之所以在这么长的时期里，实物优待被作为主要的优待方式，更多的是由相对较低的社会生产力导致社会经济的不发达、国家财政贫乏的因素所致。

优待方式由实物转变为金钱方式则是在 1979 年 10 月颁布了《关于改进优抚对象定期定量补助工作的规定》以后，“农村每人每月六至十元；小城市和城镇每人每月十至十五元；大、中城市每人每月十五至二十元”。⑤从此，国家不仅将现金作为主要的优待方式，也一再提高优待现

---

① 孟韶华等：《中国民政史稿》，黑龙江出版社 1986 年版，第 136 页。

② 孟韶华等：《中国民政史稿》，黑龙江出版社 1986 年版，第 140 页。

③ 《革命烈士家属革命军人家属优待暂行条例》，《民政工作文件汇编》（一），地质出版社 1984 年版，第 208 页。

④ 多吉才让等主编：《优抚保障》，中国社会出版社 1996 年版，第 47 页。

⑤ 《关于改进优抚对象定期定量补助工作的规定》，《民政工作文件汇编》（一），地质出版社 1984 年版，第 228 页。

金数额。1984 年国家颁布的《兵役法》则是更明确规定，“家居农村的义务兵家属，由乡、民族乡、镇人民政府采取平衡负担的办法给予优待”。① 到了 2004 年，北京制定了《北京市义务兵优待金发放管理办法》，更是对优待金的发放、管理、来源及标准等作出了明确的规定。

再者，优抚制度的推行方式经历了由社会运动到制度化、程序化的转变。在革命战争年代，优抚制度为了革命的需要往往通过社会动员的方式进行，“凡苏维埃公民从十六岁起至五十五岁止，具有劳动力的，不论男女，均须加入优待红军家属耕田队”。② 到了抗美援朝时期，国家还是更多地通过社会动员的方式来实现优抚政策的落实，“总之，优抚工作是一种政治性的工作，必须大家重视这个工作，动员广大人民群众经常进行。应该经常向群众进行政治教育，长期努力，把这个工作作好”。③

改革开放后，国家的优抚保障制度才逐渐走上了制度化、程序化的轨道。

首先，这要得益于国家和平建设环境的出现。因为战争年代迫于革命形势发展的需要，更多措施是需要短时间内获得实际效果，优抚制度的推行必然会选择一种社会动员的方式，保障革命目的的实现。

其次，在和平建设时期，优抚实施方式上的转变也是国家法制化、依法治国理念不断提升的结果。自改革开放以后，国家一直重视法制建设，“现在的问题是法律很不完备，很多法律还没有制定出来。……应该集中力量制定刑法、民法、诉讼法和其他各种必要的法律” ④ 优抚制度建设也走上了法制化道路，一大批优抚法规条例相继颁布，比如，《烈士褒扬条例》《烈士纪念建筑物管理条例》《军人优抚优待条例》《北京市义务兵优待金发放管理办法》等。显然，这样的优抚法规建设必然带给优抚制度的

① 《中国社会保障制度总览》，中国民主法制出版社 1995 年版，第 1220 页。

② 孟韶华等：《中国民政史稿》，黑龙江出版社 1986 年版，第 138 页。

③ 《必须做好优抚工作》，《人民日报》1951 年 7 月 22 日。

④ 《邓小平文选》第 2 卷，人民出版社 1994 年版，第 146 页。

是基本制度和程序的健全、完善。

优抚制度经历了由小到大的发展：投入由少到多，覆盖面由窄到广。

在优抚制度60多年的发展过程中，国家对其费用投入有一个明显的变化，即由少到多。事实上，这一优抚费用投入变化在很大程度上是由不同社会发展时期的优抚对象的数量、国家经济状况和优抚保障制度的建设状况决定的。

新中国成立之初，优抚任务繁重。过去长期革命战争遗留下来了大量优抚对象，“由于长期战争的结果，全国有烈属、军属三千万人，复员转业回乡军人二百余万人，其中有残废军人约六十万人”，[①] 抗美援朝战争带来了更大数量的优抚对象（材料）。在这种情况下，国家投入了较多的优抚费用。但由于整个国家的社会经济非常薄弱，“中华人民共和国成立初期，中央政府财政入不敷出。1949年度的财政收支中，约有1/2的赤字依靠发行钞票来弥补”，[②] 国家不得不让社会承担了以代耕为主要内容的大量优抚负担。与实际需要的优抚费用数额相比，国家通过财政经费进行的优抚投入则明显偏少。

抗美援朝战事结束后，随着国家财政经济状况的好转和经济建设成就的取得，国家开始增加优抚费用的投入，但三大改造、工业化总路线和五年计划的实施对大量财政需求的增加，又使国家对优抚费用的投入受到了很大制约，为了搞好国家工业化建设不得不减少优抚费用的财政支出比例。而其后发生的“大跃进”和三年自然灾害对国民经济构成了严重破坏，国家财政收入明显下降，同样国家的优抚费用投入出现了一定程度的下降。而“文革”更是对优抚事业的发展带来前所未有的困难，也使国家的优抚费用投入降至最低点。

---

① 《中央人民政府内务部党组关于四年来工作的检查总结和今后工作意见的报告》，《向中央所作重要报告请示汇编》（第1辑），政务院政治法律委员会党组秘书处1954年编，第30页。

② 丛树海等：《新中国经济发展史（1949—1998）》（中），上海财经大学出版社1999年版，第21页。

进入改革开放后，在整个社会经济不断发展和财政收入不断增加的情况下，国家开始增加优抚费用的财政投入，其中抚恤金标准的一再提升就是明显的事例，自“文革”结束以后，国家先后17次提升抚恤金标准。事实上，国家在2006年通过了取消农业税的决议，直接取消了社会对优待金的负担，把整个优待金的投入划归到地方财政。

新中国成立以来，优抚制度保障的覆盖面也经历了一个由窄到宽、由小到大的发展过程。1950年颁布的几个抚恤条例对优抚对象的范围作了规定，比如，《革命烈士家属革命军人家属优待暂行条例》就规定，“凡人民解放军及人民公安部队中一切取得军籍的人员，其家属得享受本条例规定之优待。第三条本条例所称革命军人家属（以下简称军属），系指与军人同居之直系血亲、配偶及依靠军人生活之十六岁以下的弟妹，或军人自幼曾依靠其抚养长大现在又必须依靠军人生活的其他亲属。……第五条革命军人牺牲业已取得烈士资格者其家属称烈属，得继续享受本条例规定之优待”。[①]《革命残废军人优待抚恤暂行条例》规定的优抚对象是，“凡人民解放军及人民公安部队（注一）之指挥员，因参战负伤或因公而致残废者，均称革命残废军人，一律享受本条例之优待与抚恤”。[②]《革命工作人员伤亡抚恤暂行条例》还规定，“凡对敌斗争或因公光荣牺牲者，给予烈士称号，其家属称烈属”，[③]《民兵民工伤亡抚恤暂行条例》则规定了，“民兵民工因参战负伤致残者，应按‘革命残废军人优待抚恤暂行条例’第三条之规定，评定残废等级”“民兵民工因参战牺牲者，……给予烈士称号”。[④]

---

① 《革命烈士家属革命军人家属优待暂行条例》，《民政工作文件汇编》（一），地质出版社1984年版，第207页。

② 《革命残废军人优待抚恤暂行条例》，《民政工作文件汇编》（一），地质出版社1984年版，第210页。

③ 《革命工作人员伤亡褒恤暂行条例》，《民政工作文件汇编》（一），地质出版社1984年版，第219页。

④ 《民兵民工伤亡抚恤暂行条例》，《民政工作文件汇编》（一），地质出版社1984年版，第222—223页。

1951年，内务部又将“七七事变”前和抗日时期被敌杀害的中共党员村干部纳入了优抚保障对象范围，“一、七七事变前，中共党员因积极工作被反动政府逮捕壮烈牺牲者，应按‘革命工作人员伤亡褒恤暂行条例’第五条之规定办理。二、抗日时期，不脱离生产的村干、党员、民兵、民工，因工作积极，暴露目标被敌抓捕或执行抗日任务被捕后英勇牺牲者，可援照‘民兵、民工伤亡抚恤暂行条例’之规定办理”。① 到1953年时，内务部又将部分北上红军返家后被杀害的列为烈士进行抚恤，“系因负有秘密使命或确系请假回家，致被敌人杀害者，经县（市）以上人民政府查属实后，可给予烈士待遇”。②

“文革”结束后，国家重点将和平建设时期因反恐、救灾和维护社会治安牺牲的人员纳入烈士保障范围。鉴于和平建设时期的需要，民政部在1979年3月《关于人民警察牺牲、病故、残废抚恤问题的复函》中规定，“根据〈中华人民共和国人民警察条例〉第十一条‘因公残废的人民警察同因公致残的现役军人享受国家同样的抚恤和优待。人民警察因公牺牲或者病故，其家属同因公牺牲或者病故的现役军人享受同样的抚恤和优待’的规定，不论是否实行义务兵役制，都应同牺牲、病故、残废的现役军人一样对待”。③

1980年6月，国务院颁布的《革命烈士褒扬条例》进一步扩大了烈士的评定范围，规定只要具备了以下条件的可被评为烈士，“（一）对敌作战牺牲或对敌作战负伤后因伤死亡的；（二）对敌作战致成残疾后不久因伤口复发死亡的；（三）在作战前线担任向导、修建工事、救护伤员、执行运输任务等战勤任务牺牲，或者在战区守卫重点目标牺牲的；（四）

① 《内务部关于七七事变前和抗日时期中共党员村干部和群众被敌杀害应否按烈士抚恤的批复》内优字第172号，1951年9月24日。

② 总政治部：《总政治部转发国务院发布的〈革命烈士褒扬条例〉的通知》（1980）8号，1980年7月7日。

③ 民政部：《关于人民警察牺牲、病故、残废抚恤问题的复函》（79）民优字第41号，1979年3月30日。

因执行革命任务遭敌人杀害，或者被敌人俘虏、逮捕后坚贞不屈遭敌人杀害或受折磨致死的；（五）为保卫或抢救人民生命、国家财产和集体财产壮烈牺牲的”。[1]1981年，国务院颁布了《驻外、援外人员在国外牺牲、病故善后工作的暂行规定》，规定：“驻外人员、援外人员因公牺牲可否追认为革命烈士的问题，按照国务院一九八〇年六月四日发布的《革命烈士褒扬条例》办理。”[2]其中驻外人员包括新华分社人员、派往国外的留学生、出国代表团及其他临时出国人员、铁路等常驻国际机构及驻外办事人员等。

优抚制度的存在与发展离不开稳定的社会环境。“文革”社会的一个基本状况就是社会混乱，以致各个国家机构难以正常工作，各种政策、法规被搁置。显然，整个国家优抚制度也是如此。所以，不管再健全的社会制度，其落实和实施总归离不开的就是一个稳定的社会环境，否则，就是一纸空文。

改革开放以来，整个社会围绕经济建设进行，社会稳定，因此优抚制度建设也取得了前所未有的成绩，尤其是在规章制度方面逐渐做到依法开展优抚的新局面，国家明显加快了优抚制度的法制化建设。1979年民政部制定了《关于改进优抚对象定期定量补助工作的规定》，1980年国务院通过了《革命烈士褒扬条例》，1988年制定和颁布了《军人优抚条例》，2011年修订了《军人优抚条例》等。北京地方也相继出台了一些特定的优抚条例，比如，1985年北京市制定了《北京市优待革命烈士家属、军人家属、残废军人和复员退伍军人暂行办法》，2004年北京市又制定和实施了《北京市义务兵优待金发放管理办法》等。

注重传统精神的发扬和继承对优抚制度的发展具有重要作用。“文革”

---

① 《革命烈士褒扬条例》，《民政工作文件汇编》（一），地质出版社1984年版，第230—231页。

② 国务院：《驻外、援外人员在国外牺牲、病故善后工作的暂行规定》国发（1981）147号，1981年9月25日。

时期很多优抚内容之所以能被坚持下来，甚至一度还有所发展，究其这种状况的原因很大程度上则是因为优良优抚传统的原因。因为一些基本的优抚内容在革命战争年代长时期被实施，新中国成立后仍被坚持下来，这种长时间的实施使其产生了广泛的社会影响力和拥有了良好的社会群众基础。事实上，坚持和发扬优抚精神，是最大限度内保持优抚制度实施的连续性和减少损失的关键因素。就整体而言，“文革”期间的优抚制度几乎陷入瘫痪，从机构的废止到政策的停滞，但在优抚传统等因素的影响下一些优待、抚恤等措施继续存在。比如，在优待方面，国家继续实施优待劳动日的政策，使得农村的烈军属及残废军人得到了基本的生活保障。而在抚恤方面，国家也是相继出台了一些政策，比如，1966 年 10 月 15 日，内务部发给江苏省民政厅的《关于矽肺病退伍军人的残废待遇问题的复函》，11 月 10 日，内务部向湖南省人民委员会作出的《关于特、一等革命残废军人病故后其遗属的生活困难如何给予照顾问题的复函》等等。实际上这些政策和措施的颁布、实施保持了一个相对稳定的优抚政策连续性，为“文革”结束以后，各方面优抚政策的继续实施提供了保证。其中比较明显的一个个案就是，优待劳动日的存在方便了在家庭联产承包责任制下更好地实施优待金的发放。

优抚制度离不开法制建设。“文革”社会的混乱，一方面是阶级斗争错误思想所致，另一方面也是由法制的缺失引起。社会需要法制建设，而优抚制度建设更离不开法治。优抚制度被任意的废止和破坏，这其中的重要原因就是法制建设的不够完善，立法和执法机关的缺失，导致无法形成一个人性以外的刚性制度无法对其执行力度加以保障的结果。

三、问题与解决

就整个优抚制度发展的实际状况来讲，它在很多方面仍然存在不足。

首先，优抚费用的投入与实际经济水平相比，还是存在明显的不足。虽然国家在不断增加优抚支出，但与整个经济的增长比例有一定差距。虽然优抚费用的投入增长比较快，但与国内生产总值的增长相比要少得多，而且占整个财政支出的比例更是增长缓慢。

其次，优抚法规仍不够完善。这一时期的优抚法规虽然颁布较多，但仍不健全。总起来讲，从我国实施的优抚法规数量已经不少，一个相对较为完善的优抚法规体系建立起来了。但就优抚制度的某一方面来讲，明显还存在需要完善的环节，比如，现役军人福利制度法规的缺失，按照当前国外的通行惯例是需要作出相应法律规定的；关于现役军人优待金的标准、发放和管理没有明确的法律规定，更多的是依靠地方自行规范和实施，从某种程度上易造成稳定性、持久性的缺乏，等等。

针对现有的优抚保障制度建设中的一些问题，在未来的优抚制度建设中加强法制化、注重社会参与的积极性及构筑国家、社会和市场相结合的运作机制是不可忽视的几个方面。

法制化是一种必然的趋势。无论从优抚制度发展的历史来看，还是现存的经济、社会条件，都决定了优抚制度法制化是一种必然的趋势。

中国共产党优抚制度的发展历程为未来的法制化奠定了基础。早在井冈山革命斗争时期，为了使优抚制度的实施更有保障性，中央机构就通过了一系列优抚条例：《中国工农红军优待条例》《红军抚恤条例》和《优待红军家属耕田队条例》等；到了抗日战争、解放战争时期，许多根据地又相继颁布了一些优抚条例：《修正抗战伤亡军人暂行抚恤办法》《晋察冀边区优待抗日军人家属暂行办法》和《晋冀豫优待抗战军人家属条例》等。这一系列的优抚条例为新中国成立后颁布制定统一的优抚法律奠定了基础。到新中国成立初，国家在综合过去一系列优抚条例的基础上，制定了《革命烈士家属革命军人家属优待暂行条例》《革命残废军人优待抚恤暂行条例》《革命军人牺牲病故褒恤暂行条例》《革命工作人员伤亡褒恤暂行条例》和《民兵民工伤亡抚恤暂行条例》等五个统一的抚恤条例。但整个优抚制度发展在“文革”时期遇到了重大挫折，很多优抚条例一度废止，等到改革开放以后，国家相继制定和颁布了一些优抚法律，形成以《中华人民共和国兵役法》《军人优抚条例》为首的优抚法律体系，对优待、抚恤及褒扬等各方面作了全面的规定。可以看出，从井冈山革命斗争到今天，优抚制度的法制化历程是非常明显的，这也为优抚制度的法制建设积累了更多的经验。

社会主义市场经济的存在与发展决定了优抚制度的法制化。优抚制度属于上层建筑，其存在与发展必然受到社会经济及生产力发展水平的影响和制约。改革开放以后，中国社会经济经历一个由计划到市场的发展过程，而且随着市场经济得到进一步健全和发展，各种制度的市场化将进一步明显，其中法制化就是一种重要的表现。优抚制度作为市场经济基本保障制度的一个重要组成部分，在其发展过程中表现出了与市场经济发展要求相一致的状况，法制化水平在逐步地提高。事实上，市场经济越发展，法制化要求就越高，而优抚制度的法制化水平也就越高。

其次，长期和平环境的存在决定了加强优抚制度法制化建设的必要性。以往优抚制度实施的经验告诉我们，战争年代中的优抚制度更多是通过社会动员与组织的方式进行的。在创建革命根据地时期，中国共产党就非常注重社会动员的方式来实施优抚工作，“凡苏维埃公民从十六岁起至五十五岁止，具有劳动力的，不论男女，均须加入优待红军家属耕田队，并绝对执行本条例的规定”。① 抗美援朝时更是如此，“为了进一步巩固人民解放军和人民志愿军，加强国防建设，各级人民政府必须把优抚工作当作一项重大的长期的政治任务，列为经常的议事日程，教育群众热爱人民自己的军队，认真做好拥军和优待烈属、军属和革命残废军人的工作”。②

但和平时期的优抚制度的建设与发展显然与战争年代有很大不同，更多地则要依靠制度和法律上的保障才能实现。首先，就实施的效果而

① 孟韶华等：《中国民政史稿》，黑龙江人民出版社 1986 年版，第 138 页。

② 《认真加强优抚工作》，《人民日报》1951 年 11 月 17 日。

言，法制化有助于优抚制度建设长期目标的实现。战争时期，鉴于特殊环境的需要，优抚工作很大程度上通过社会动员的方式进行，这种方式可能在短期内能够实现优抚目标，解决优抚方面的一些问题，但并不利于长期目标的实现。其次，从实际的作用来看，和平建设时期加强法制化是为了保障优抚目标实现的需要。应当说，优抚制度的革命传统久远，具有广泛的社会影响力，但长期的和平建设也在一定程度上影响到了现代民众的国防、优抚观念，在此之下，落实优抚政策仅仅依靠社会民众的自觉性并不现实，而加强优抚法规建设才成为一个根本的保障和前提。“军人抚恤条例虽然是中央人民政府制定颁布的法规，但缺乏国家基本法的强制，在市场经济条件下，不少地方执行起来很困难”。[①] 再者，从优抚制度的建设程序上来看，优抚制度的法制化建设遵循了一条循序渐进、秩序井然的过程，避免了发展的盲目性。任何制度建设都是一个长期的过程，优抚制度建设也是如此，而法制化的建设能够最大程度上保证优抚制度的健康发展。

再者，从国外的建设经验来看，必须采取法制化的道路。由于西方国家市场经济发展得较早和法制化程度较高，优抚制度法制化的发展趋势尤为明显。许多国家都依据自己的基本国情制定了非常完善的优抚法规。比如，就国外的现役军人来讲，许多国家建立了薪金福利待遇制度、优抚安置制度、外国军人保险制度等方面的法律规定。就现实情况而言，中国的优抚保障制度法律化还要有一段较长的路要走，为此，我们必须积极地吸收各国优抚保障制度的法制化建设经验，在全球化的背景下，在保持优抚保障制度特色的情况下更多地实现与世界的接轨。

社会参与不可忽视。无论优抚建设的制度化怎样发展，都离不开社会民众的参与，社会民众的参与是优抚制度得以发展的基本支撑。

优抚制度发展的历史告诉我们，优抚制度的实施和实现离不开社会民

---

① 张东江等：《当代军人社会保障制度》，法律出版社 2001 年版，第 327—328 页。

众广泛地参与和支持。中国共产党之所以能够领导革命获得成功，与其实施的优抚措施密不可分，比如，代耕制度、实物补助等优抚制度。但事实上，这些制度之所以在革命战争年代发挥出了巨大作用，很大程度上与广大民众的参与有着密不可分的关系，因为，在革命战争的环境下整个国家疏于法制建设，使得各项优抚活动根本得不到法律上的保障，可以说，民众积极参与成为了优抚制度发展成功的基础，就这一点而言，在新中国成立后进行的抗美援朝战争期间也有着明显的表现。新中国成立之初，正是广大农民担负起了农村的代耕工作，在减轻国家优抚负担和保障广大优抚对象权益的同时，也调动了更多的群众积极参军参战，“优抚工作的积极目的，除了发动群众帮助革命烈士家属、革命军人家属和革命残废军人解决生活上的困难以外，还在于教育群众认识武装工作的重要性，从而自觉自愿地尊重和爱护革命烈士家属、革命军人家属和革命残废军人，使他们在社会上有光荣的政治地位。我们必须经过优抚工作，造成新的社会道德，使人人感觉到参加人民军队的无上光荣”。①

社会民众参与优抚制度建设是和平时期国防建设的重要组成部分。优抚制度建设不仅是社会保障制度的一部分，也是国防建设的一个重要组成部分。“拥军优抚安置工作关系到国家和人民的根本利益，关系到改革、发展和稳定的大局，关系国防和军队建设，是党和政府的一项重要工作”。② 优抚制度的保障程度直接决定了社会群体的参军积极性。“发动群众做好优待烈属、军属、残废军人的优待工作，妥善安置退伍军人，以鼓舞青年踊跃参军，支援人民解放军建设，增强国防力量。” ③

优抚建设的现实状况需要正视社会民众的参与力量。抗美援朝战争结束后，国家进入了长时间的和平建设时期，尤其是进入改革开放后，国家一切工作都是以经济建设中心。这在为优抚制度建设提供了一定物质基础

① 《必须做好优抚工作》，《人民日报》1951 年 7 月 22 日。

② 《做好优抚安置工作》，《人民日报》1998 年 11 月 22 日。

③ 孟韶华等：《中国民政史稿》，黑龙江人民出版社 1986 年版，第 173 页。

的同时，却在某种程度上使社会民众的优抚思想观念发生了较大变化，如国防观念、优抚观念的日益淡化。优抚意识的淡化也直接导致了社会民众无法积极地参与优抚建设，使一些地方的优抚建设问题不断呈现出来。有的地方出现了优抚安置工作无法落实，"由于长期的和平环境，一些同志的国防观念淡薄了，对军队的重要地位和作用认识不足，对部队承担的艰苦任务和实际困难缺乏了解，有的地方优抚安置工作还不落实"①；抚恤金的使用存在冒领和违规享用的情况，"对全县重点优抚安置对象和优抚安置事业单位进行普查发现，截至去年年底，有 3 名应该享受抚恤定补待遇的人员一直未享受，而已病故的 27 人仍在享受抚恤定补待遇。被冒领的抚恤定补，大部分被有关乡镇截留作他用，少部分被已故人员亲属领走"；② 有的地方烈士纪念建筑物被破坏的现象严重，"有些烈士纪念馆，没有陈列烈士斗争史料，被作了工厂、仓库、办公室或者娱乐场所。有的在烈士陵园内养猪、养羊"。③

构建国家、社会及市场三位一体的有效优抚保障机制。未来优抚保障制度的基本模式应是：在国家引导和管理下，以市场为运作主体，调动社会积极地参与。

国家是优抚保障建设的主体，对优抚保障制度发展起着根本作用。国家是优抚制度建设资金投入的主体。优抚制度是社会保障制度的重要组成部分，是社会民生的重要组成部分。就整个社会民生建设而言，主要依靠国家的财政投入，同样作为社会民生工程一部分的优抚制度更离不开国家投入。虽然在一定程度上社会可以给予优抚保障一些财力和物质的投入，但这不能从根本上解决优抚保障问题，也起不到根本性的发展作用。可以说，在整个优抚保障建设过程中，国家财力和物力的投入程度决定了优抚

---

① 《民政工作文件选编》，华夏出版社 1986 年版，第 139 页。

② 《该领钱的没领不该领的领了（监督哨）》，《人民日报》2001 年 7 月 7 日。

③ 国务院：《国务院批转内务部关于烈士纪念建筑物修建和管理工作的报告》国秘 863 号，1963 年 12 月 20 日。

保障的水平。国家又是优抚保障政策制定的主体。优抚保障制度作为一项重要的社会制度和民政工程，从建设角度讲需要国家长远战略的具体规划，这就需要一定的政策和法规作为支撑。而国家的基本社会管理职能决定了对优抚保障事业的管理和组织责任，对优抚政策和法规的落实及执行则是履行社会管理职能的一项具体要求，这就会担负起优抚保障法规和政策制定及实施的根本任务。从某种程度上讲，国家对优抚的刚性制度建设决定了优抚保障事业的发展方向和保障水平。

在现在的经济和社会条件下市场则是优抚保障的运作主体。首先，市场经济的发展程度决定了优抚保障制度化水平。社会经济的市场化发展决定了优抚保障事业发展离不开市场。中国经济改革和建设的根本目标就是要建立社会主义市场经济体制。社会优抚保障制度必然服务并服从于市场经济的建设和发展，建设一套服务于市场经济发展的基本优抚制度是市场化的基本要求。其次，市场经济的发展水平决定了优抚制度的物质化水平。说到底，优抚制度的发展和保障离不开物质投入，而市场经济的发展又决定了这种物质投入的程度，市场经济越发达，国家财政收入就越多，对优抚保障制度建设的投入就越充足。再者，市场经济的发展决定了优抚保障制度的效率化程度。优抚保障制度的高效化、社会化是现在优抚制度的发展目标。市场经济又是一种效率化的经济，其运作和实现程度决定了优抚保障制度高效化和社会化水平，而且随着市场经济的发展，市场在优抚保障建设方面发挥的作用会越来越大。具体而言，根据优抚保障制度市场化的要求，可以在伤残军人医疗优待措施、现役军人及家属优待措施等方面实践更多市场化的尝试，以便更好地提高优抚效率。

社会则是优抚保障的参与主体。从优抚保障制度发展的历史和现实状况来看，优抚保障制度的发展都离不开社会的积极参与。首先，社会参与是优抚制度建设的传统。无论在优抚制度创建之初还是在新中国成立以后的较长时间内，社会在很大程度都是优抚制度建设和发展的主要力量，应当说，这都为国家进行优抚制度建设提供了更多的社会参与经验。其次，社会参与是发挥优抚制度在国防建设中特殊作用的必须元素。国家的国防建设离不开社会强烈的国防意识，因为这样才能调动社会参军的积极性和物质支援。在改革开放这样的和平建设时期，加强社会优抚制度建设是提高社会民众国防意识的一种有效方式，比如，拥军优属活动可以增进军民感情，褒扬烈士精神则更能激发人民的爱国热情和革命英雄主义精神，这样才能使广大的青年投身到军队，保障基本的兵源。同样，社会参与能够给予军队更多的物质建设支援。虽然国家不断增加对军队建设的物质投入，但是军队仍然离不开社会参与的支持，比如，军队的文化生活、基本饮食供应等，都离不开社会的有效支援。再者，社会参与仍是分担优抚保障建设的重要组成部分。虽然市场经济获得了很大发展，社会财富得以不断积累，但国家还是难以实现全面的优抚保障，这就决定了在优抚保障制度建设中社会参与的必要性。比如，在对现役士兵的物质优待方面，更需要社会给予参军青年包括住房、婚姻等方面的优待，这样才能更好地完善优待内容。

参考文献

（一）年鉴、资料汇编

[1]《民政工作文件汇编》，地质出版社 1954 年版。

[2]《向中央所作重要报告请示汇编》（第 1 辑），政务院政治法律委员会党组秘书处编印，1954 年编印。

[3]《中国苏维埃》，中国现代史资料编辑委员会翻印，1957 年 9 月版。

[4]《中国新民主主义革命时期根据地法律文献选编》（第 1 卷），中国社会科学出版社 1981 年版。

[5]《中央革命根据地史料选编》（中），江西人民出版社 1982 年版。

[6]《民政工作文件汇编》（一），地质出版社 1984 年版。

[7]《刘少奇选集》（上下卷）人民出版社 1985 年版。

[8]《民政工作文件选编》，华夏出版社 1986 年版。

[9]《建国以来重要文献选编》，中共中央党校出版社 1987 年版。

[10]《中共中央文件选集》（2、3、4、6），中共中央党校出版社 1989 年出版。

[11]《毛泽东选集》，人民出版社 1991 年版。

[12]《山东省志・民政志》，山东人民出版社 1992 年版。

[13]《民政统计历史资料汇编》，民政部计划财务司编冶金印刷厂 1993 年版。

[14]《毛泽东军事文集》（第二、三卷），中央文献出版社 1993 年版。

[15]《邓小平文选》第二卷，人民出版社 1994 年版。

[16]《中共中央文件选编》（1、2、4），中共中央党校出版社 1994 年出版。

[17]《中国社会保障制度总览》，中国民主法制出版社 1995 年版。

[18]《四川省志·民政志》，四川人民出版社 1996 年版。

[19]《后勤工作文献（1）（2）（3）》，解放军出版社 1997 年版。

[20]《周恩来军事文集》（第一卷）人民出版社 1997 年版。

[21]《北京民政年鉴》（1991—2000），北京民政年鉴编委会，2001 年版。

[22]《中华人民共和国国防教育法》，2001 年 5 月。

[23]《新编中华人民共和国民政法规汇编》，中国社会出版社 2003 年版。

[24]《中华人民共和国地方民政法规总览》，中国社会科学出版社 2003 年版。

[25]《中华人民共和国地方民政法规总览》，中国社会出版社 2003 年版。

[26]《北京志·政务卷·民政志》，北京出版社 2003 年版。

[27]《中国民政年鉴》（2002—2007），中国社会出版社 2008 年版。

[28]《民政工作文件选编》，中国社会出版社 2009 年版。

[29]《建党以来重要文献选编（一九二一——一九四九）》（第 5 册），中央文献出版社 2011 年版。

（二）档　案

[1] 北京市海淀区档案馆：海淀区人委关于 1954—1955 年优抚工作报告及通告（1955 年），档案号：52—102—69。

[2]《区优抚委员会成立大会工作报告》（1951 年 8 月 11 日），北京海淀区档案馆，档案号：2—103—42。

[3]《十三区优抚工作报告》（1951 年 10 月 9 日），北京市海淀区档案馆，档案号：2—103—42。

[4]《模范代耕村钓鱼台为进行代耕工作》（1952 年 12 月 18 日），北京

市海淀区，档案号：2—104—49。

[5]《评选村烈军属、荣军、复员军人及拥军优属模范工作总结》（1952年10月24日），海淀区档案馆2—104—67。

[6] 海淀区1952年代耕工作总结（1952年12月12日），北京市海淀区档案馆2—104—67。

[7]《优抚工作情况》（1952年9月28日），北京市档案馆，档案号：2—104—92。

[8]《海淀区关于检查代耕工作的报告》（1953年5月30日），北京海淀区档案馆，档案号：2—105—49。

[9]《北京市海淀区春节期间进行拥军优属工作指示》（1953年2月3日），北京市海淀区档案馆2—105—49。

[10]《海淀区西钓鱼台村军属代耕工作初步总结》（1953年5月19日），北京市海淀区档案馆，档案号：2—105—49。

[11]纪念“八一”建军节计划（1953年7月29日），北京市海淀区档案馆，档案号：2—105—49。

[12] 北京市海淀区人民政府民政科：八一中秋节优抚工作计划总结、代耕、抚恤标准（1953年3月），北京市海淀区档案馆，档案号：2—105—49。

[13] 海淀区春节拥军优属总结（1953年3月17日），北京市档案馆，档案号：2—105—49。

[14]《海淀区政府关于春耕代耕的指示》（1953年6月5日），海淀区档案馆，档案号：2—105—13。

[15]《北京市革命烈士家属革命军人家属生活补助暂行办法》（1955年），北京市海淀区档案馆，档案号：2—105—246。

[16]北京市海淀区档案馆：民政科优抚抚恤工作报告（1956年），档案号：2—105—246。

[17]《北京海淀区1954年发动和组织烈军属参加互助合作组织及代耕工作总结》（1955年2月），北京档案馆，档案号：2—106—66。

[18]《关于优抚、救济事业》(1962 年 9 月 13 日)，北京市海淀区档案馆，档案号：2—114—103。

[19] 北京市海淀区档案馆：区人委关于农村烈军属优待劳动工分工作计划情况调查报告（1964 年），档案号：2—115—94。

[20] 北京市海淀区档案馆：海淀区人委关于 1954—1955 年优抚工作报告及通告（1955 年），档案号：52—102—69。

（三）文件资料

[1] 邮电部、中央人民革命军事委员会通信部：《烈士遗物免费邮寄办法》邮业字第 6547 号，1951 年 9 月 20 日。

[2] 内务部：《关于七七事变前和抗日时期中共党员村干部和群众被敌杀害应否按烈士抚恤的批复》内优字第 172 号，1951 年 9 月 24 日。

[3] 内务部：《革命残废军人、革命残废工作人员、民兵、民工伤口复发治疗办法》政务院政审字第 21 号批复修正内优（52）字第 246 号通知，1952 年 3 月 13 日。

[4] 内务部：《关于革命残废军人享受公费医疗问题的公函》内优（53）字第 273 号，1953 年 1 月 29 日。

[5] 卫生部、内务部：《关于二等以上革命残废军人的伤口复发治疗手续及各项费用开支的规定》内优卫（53）字第 915 号，1953 年 4 月 1 日。

[6] 卫生部：《关于（53）内优卫字第 915 号联合通知中有关问题的批复》（53）卫医字第 701 号，1953 年 5 月 13 日。

[7] 内务部、卫生部：《关于企业、团体、机关不享受公费医疗的革命残废军人伤口复发仍应享受公费医疗的批复》内优卫（53）字第 1561 号，1953 年 6 月 11 日。

[8] 卫生部、内务部：《关于贯彻执行“革命烈士家属、革命军人家属诊治疾病优待暂行办法”的联合通知》（53）卫医内联字第 1813 号，1953 年 9

月 12 日。

[9] 内务部:《关于革命牺牲军人曾立小功等功能否折算大功问题的批复》，1953 年 11 月 11 日。

[10] 内务部:《关于事业单位工作人员及其所属学校训练班教职员工等抚恤问题的批复》《民政工作文件汇编》内优字（53）字第 1989 号，1953 年 12 月 10 日。

[11] 内务部:《关于革命烈士褒扬抚恤及革命烈士家属优待问题的综合批复（节录)》内优（54）字第 39 号，1954 年 1 月 30 日。

[12] 内务部、劳动部:《关于经济建设工程，民工伤亡抚恤问题的暂行规定》内优劳（54）字第 229 号，1954 年 6 月 12 日。

[13] 中央军委、政务院:《关于抗美援朝无军籍工资制人员病、伤、残、亡优抚暂行办法》（节录）（54）联政财邓字第 91 号，1954 年 8 月 8 日。

[14] 铁道部:《残废军人乘车优待暂行办法》，1955 年 5 月 28 日。

[15] 内务部:《关于革命残废军人回乡后被敌人捕杀是否称烈士问题的批复》内优（55）字第 255 号，1955 年 6 月 16 日。

[16] 内务部:《关于革命残废军人被判处徒刑在缓刑执行期间是否发给残废抚恤的批复》，1956 年 3 月 3 日。

[17] 内务部:《关于革命残废军人抚恤工作中几个问题的批复》（节录），1956 年 4 月 12 日。

[18] 内务部优抚局:《关于革命残废军人配带眼镜报销问题的复函》，1956 年 4 月 16 日。

[19] 内务部、卫生部:《关于介绍革命残废军人到省外医院治病的联合通知》，1956 年 7 月 25 日。

[20] 内务部:《关于在企业和合作社系统中工作的残废军人伤口复发治疗期间工资待遇问题的复函》，1957 年 2 月 11 日。

[21] 内务部:《关于牺牲病故人员的家属系在职干部是否给予抚恤的批复》内优字第（88），1957 年 2 月 20 日。

[22] 内务部优抚局:《关于参加行政机关工作的技术人员牺牲、病故抚恤问题的复函》内优字第 323 号，1957 年 7 月 13 日。

[23] 内务部:《关于人民代表大会代表、人民委员会委员等牺牲、病故抚恤问题的批复》内优字第 408 号，1957 年 9 月 6 日。

[24] 内务部:《关于兵工企业的职工过去因战因公残废的抚恤问题的复函》，1958 年 2 月 15 日。

[25] 内务部优抚局:《关于革命残废人员考入高等学校后的残废抚恤问题的复函》(节录)，1958 年 4 月 10 日。

[26] 内务部:《关于军队儿童教育机关工作人员死亡抚恤问题的复函》，1962 年 4 月 18 日。

[27] 内务部:《关于对在供销合作社、手工业合作社等单位工作的残废军人如何确定发给在职残废金或在乡残废抚恤金的批复》，1962 年 4 月 21 日。

[28] 内务部:《关于带病回乡的复员军人因旧病复发而死亡的抚恤问题的通知》，1962 年 8 月 31 日。

[29]内务部:《关于残废抚恤工作中几个问题的复函》,1962 年 10 月 19 日。

[30]内务部:《关于带病回乡复员军人评残问题的批复》,1962 年 11 月 8 日。

[31] 内务部:《关于部队在军事训练或军事演习中发生事故致残的人员如何抚恤问题的复函》，1963 年 2 月 26 日。

[32] 内务部优抚局:《关于抗美援朝失踪军人配偶改嫁能否领取抚恤问题的复函》(节录)(63) 内优局字第 137 号，1963 年 5 月 13 日。

[33] 内务部:《关于残废军人中历史反革命分子的残废抚恤问题的批复》，1963 年 6 月 11 日。

[34] 内务部:《关于国家机关工作人员因病致残是否评残和抚恤问题的批复》(63) 内优字第 225 号，1963 年 7 月 18 日。

[35] 内务部优抚局:《关于国家机关工作人员参加机关群众性体育运动会负伤致残可否评残的复函》，1963 年 10 月 5 日。

[36] 内务部:《关于烈士纪念建筑物修建和管理工作的报告》国密字 863

号，1963 年 12 月 17 日。

[37] 中共中央、国务院:《关于今后修建纪念建筑物等有关问题的通知(节录)》中发（64）740 号，1964 年 11 月 18 日。

[38] 内务部、财政部:《关于革命残废人员因伤口复发到外地治疗和到外地安装假肢所需旅费报销问题的批复》，1964 年 11 月 27 日。

[39] 总政治部、总后勤部:《关于牺牲、病故人员遗属抚恤规定的通知》，1965 年 6 月 25 日。

[40] 内务部、财政部:《关于在乡三等革命残废军人发放残废补助费的通知》（65）内优字第 82 号、（65）财文行字第 346 号，1965 年 7 月 3 日。

[41] 内务部优抚局:《关于矽肺病退伍军人的残废待遇问题的复函》（66）内优局字第 118 号，1966 年 10 月 15 日。

[42] 民政部、总后勤部:《关于革命残废军人评残工作中几个问题的通知》（76）财事字第 22 号、（76）后卫字第 37 号，1976 年 2 月 13 日。

[43] 财政部:《关于调整在乡革命残废人员抚恤标准的通知》（77）财事字第 190 号，1977 年 12 月 23 日。

[44] 民政部:《关于一九七九年新年、春节期间开展拥军优属活动的通知》民发（1978）7 号，1978 年 12 月 6 日。

[45] 财政部、总政治部、总后勤部:《关于中国人民解放军基本建设工程兵干部、战士和职工牺牲、病故后家属抚恤安置办法的通知》（79）财事 9 号、民发（1979）2 号，1979 年 1 月 8 日。

[46] 民政部:《关于严格控制修建烈士纪念建筑物的通知》民发（1979）9 号，1979 年 2 月 7 日。

[47] 总政治部、民政部、财政部、商业部、卫生部:《关于退伍红军老战士称号和待遇方面存在的问题与解决意见的联合通知》民发（1979）12 号（79）财事字第 37 号，1979 年 2 月 23 日。

[48] 民政部:《关于部队志愿兵的家属如何优待问题的通知》（79）民优字第 22 号，1979 年 3 月 15 日。

[49] 民政部:《关于人民警察牺牲、病故、残废抚恤问题的复函》(79) 民优字第 41 号,1979 年 3 月 30 日。

[50] 民政部:《关于城市烈属、病故军人家属定期定量补助问题的通知》(79) 民优字第 118 号,1979 年 5 月 28 日。

[51] 总参谋部、总政治部、民政部:《关于复员退伍军人查找原部队证明个人历史和伤残问题的通知》(79) 参务字第 241 号,1979 年 6 月 20 日。

[52] 总政治部、民政部:《关于处理对越自卫还击作战中失踪军人的家属待遇问题的通知》(1979) 政组字第 159 号、民发 (1979) 33 号,1979 年 7 月 2 日。

[53] 民政部:《关于处理当前转业、复员、退伍军人要求评残问题的通知》民发 (1979) 52 号,1979 年 8 月 28 日。

[54] 民政部、财政部:《〈关于改进优抚对象定期定量补助工作的规定〉的通知》民发 (1979) 60 号、(79) 财事字 355 号,1979 年 10 月 30 日。

[55] 中共中央:《关于发扬拥军优属、拥政爱民的光荣传统,进一步加强军政军民团结的通知 (节录)》中发 (1979) 94 号,1979 年 12 月 14 日。

[56] 民政部:《关于一九八〇年新年、春节期间开展拥军优属活动的通知》民发 (1979) 73 号,1979 年 12 月 15 日。

[57] 民政部、总参谋部及总政治部:《关于志愿兵牺牲、病故后享受抚恤金标准问题的通知》(1980) 政联字第 2 号、民发 (1980) 12 号,1980 年 2 月 2 日。

[58] 公安部、民政部:《关于人民边防武装警察部队的干部、战士享受人民解放军同等优抚待遇的通知》(80),公发 (边) 35 号,1980 年 2 月 26 日。

[59] 民政部:《印发〈关于改进优抚对象定期定量补助工作座谈会纪要〉》民发 (1980) 第 19 号,1980 年 3 月 13 日。

[60] 民政部:《关于军人、机关工作人员牺牲、病故一次抚恤金应由家属居住地的县 (市) 民政部门发给的通知》民发 (1980) 第 20 号,1980 年 3 月 13 日。

[61] 民政部:《关于对越自卫还击战牺牲烈士的家属定期定量补助问题的通知》民发（1980）37 号，1980 年 5 月 26 日。

[62] 总政治部:《总政治部转发国务院发布的〈革命烈士褒扬条例〉的通知》（1980）8 号，1980 年 7 月 7 日。

[63] 民政部、财政部:《关于对越自卫还击作战牺牲人员家属增发抚恤金和提高革命烈士抚恤金标准的通知》民发（1980）58 号、（80）财事 335 号，1980 年 8 月 18 日。

[64] 国务院:《国务院办公厅、中央军委办公厅关于修建对越自卫还击战作战烈士纪念碑问题的批复》国办发（1980）30 号，1980 年 11 月 21 日。

[65] 民政部:《关于一九八一年新年、春节期间开展拥军优属活动的通知》民发（1980）70 号，1980 年 12 月 8 日。

[66] 民政部:《关于转发总政治部〈关于对自杀军人定性处理问题的暂行规定〉的通知》民（1981）优 13 号，1981 年 3 月 2 日。

[67] 民政部:《一九八〇年改进优抚对象定期定量补助工作的基本情况和今后的意见（节录）》民（1983）优 27 号，1981 年 4 月 10 日。

[68] 民政部:《关于烈军属中的地、富、反、坏分子已改变成份或已摘掉帽子的可否享受优待问题的批复》民（1981）优 30 号，1981 年 4 月 23 日。

[69] 国务院:《驻外、援外人员在国外牺牲、病故善后工作的暂行规定》国发（1981）147 号，1981 年 9 月 25 日。

[70] 财政部、民政部:《关于调整在职革命残废军人残废金标准的通知》民（1982）优 18 号，1982 年 3 月 24 日。

[71] 民政部:《关于军人、机关人员因交通事故死亡的抚恤问题的通知》民（1982）优 37 号，1982 年 6 月 16 日。

[72] 民政部优抚局、总后勤部卫生部:《关于下发〈对革命残废军人优待抚恤暂行条例第三条若干条款掌握的意见〉的通知》（83）卫医字第 069 号，1983 年 3 月 2 日。

[73] 民政部:《关于调整部分孤老优抚对象定期定量补助标准的通知》

民（1983）优 17 号，1983 年 3 月 7 日。

[74] 民政部、财政部：《关于对在乡的特、一等残废人民警察、残废工作人员发给护理费问题的复函》民（1983）优 32 号，1983 年 4 月 11 日。

[75] 国务院：《国务院批转民政部关于对第二次国内革命战争时期肃反中被错杀人员的处理意见的通知》国发（1983）91 号，1983 年 6 月 8 日。

[76] 民政部：《关于庆祝中国人民解放军建军五十六周年开展拥军优属活动的通知》民（1983）优 60 号，1983 年 6 月 22 日。

[77] 民政部：《关于对家居香港新界的烈属实行定期抚恤的复函》（1983）优 35 号，1985 年 6 月 11 日。

[78] 北京市人民政府：《北京市优待革命烈士家属、军人家属、残废军人和复员退伍军人暂行办法》京政发〔1985〕160 号，1985 年 11 月 18 日。

[79] 北京市政府：《北京市城镇居民应征入伍义务兵优待暂行规定》北京市人民政府第 17 号，1989 年 6 月 20 日。

[80] 北京市主管委办局：《北京市优抚对象医疗费减免办法》京民优字（1991）第 101 号，1991 年 2 月 9 日。

（四）著　作

[1]《认真做好优抚代耕工作》，中南人民出版社 1951 年版。

[2]《怎样做好优抚工作》，西北人民出版社 1953 年版。

[3] 孟昭华、王明寰：《中国民政史稿》，黑龙江人民出版社 1986 年版。

[4] 崔乃夫：《民政工作的探索》，人民出版社 1989 年版。

[5] 苏尚尧主编：《中华人民共和国中央政府机构（1949—1990 年）》，经济科学出版社 1993 年版。

[6] 周鸿：《中华人民共和国国史通鉴》第一卷（1949—1956），当代中国出版社 1994 年版。

[7]《中国社会保障制度总览》，中国民主法制出版社 1995 年版。

[8] 多吉才让主编:《优抚保障》,中国社会出版社 1996 年版。

[9] 周士禹、李本公:《优抚保障》,中国社会出版社 1996 年版。

[10] 邓六金:《我与曾山》,新华出版社 1999 年版。

[11] 丛树海、张桁主编:《新中国经济发展史(1949—1998)》(中),上海财经大学出版社 1999 年版。

[12] 冯更新主编:《21 世纪中国城市社会保障体制》,河南人民出版社 2001 年版。

[13]张东江、聂兴和:《当代军人社会保证制度》,法律出版社 2001 年版。

[14] 冯更新:《中国城市社会保障体制》,河南人民出版社 2001 年版。

[15] 王文素:《社会保障理论与实务》,经济科学出版社 2004 年版。

[16] 齐海鹏:《社会保障教程》,东北财经大学出版社 2006 年版。

[17] 董华中:《优抚安置》,中国社会出版社 2009 年版。

[18] 栾居沪:《最新工伤保险理论与案例评析》,山东大学出版社 2011 年版。

(五)论 文

[1]《中央人民政府〈关于继续开展评选、奖励烈属、军属、革命残废军人复员建设军人模范和拥军优属模范工作的指示〉》,《内务部通讯》1954 年第 10 期,1954 年 10 月 20 日。

[2]《推动优抚工作的一个重要方法》,《内务部通讯》1954 年第 10 期。

[3]《北京市各区组织烈属、军属和贫苦市民生产的情况和经验》,《内务部通讯》1955 年第 1 期。

[4]《内务部通讯》,1957 年第 6 期。

[5]《内务部通讯》,1957 年第 10 期。

[6]《把社会福利事业大大向前推进一步》,《内务部通讯》1958 年第 12 期。

[7] 王子宜:《民政工作的两个重大问题》,《内务部通讯》1958 年第 6 期。

[8] 徐云鹏:《土地革命战争时期红军的优抚制度》,《军事历史》1995 年第 1 期。

[9] 杨国英:《优抚保障的现状及改革任务》,《民政论坛》1995 年第 1 期。

[10] 隋东升:《中国优抚制度的建立和发展》,《军事历史》1995 年第 3 期。

[11] 周恩惠:《论优抚在国家法制建设中的重要位置》,《中央政法管理干部学院学报》1996 年第 5 期。

[12] 陆玉、徐云鹏:《论抗日根据地的军事社会保障》,《抗日战争研究》1997 年第 2 期。

[13] 刘翠霄:《我国优抚安置法律制度的改革和完善》,《法商研究》1999 年第 3 期。

[14] 侯大伟:《土地革命时期我军政治工作与物质利益原则》,《西安政治学院学报》2000 年第 2 期。

[15] 余翔:《建国初期的社会保障制度》,《广西社会科学》2001 年第 6 期。

[16] 鹿心义:《中国的优抚安置制度》,《社会福利》2002 年第 10 期。

[17] 江磊:《内务部长曾山在"文革"中》,《炎黄春秋》2002 年第 4 期。

[18] 王峰、王冰:《社会保障制度的法制化模式》,《辽宁税务高等专科学校学报》2002 年第 1 期。

[19] 庄元明:《关于优待金的筹集管理》,《中国民政》2003 年 12 期。

[20] 黄有功:《户籍制度改革后优待金标准如何确定》,《中国民政》2004 年第 7 期。

[21] 罗平飞:《军人抚恤优待权益的根本保障》,《中国民政》2004 年第 8 期。

[22] 高中华:《苏区时期的社会救济考察——以兴国县为例》,《中国井冈山干部学院学报》2005 年第 3 期。

[23] 赵朝峰、李黎明:《山东抗日根据地的社会保障工作评述》,《石油大学学报》2005 年第 1 期。

[24] 罗平飞:《建国前中国共产党军人抚恤优待及退役安置政策研究》,

《中共党史研究》2005年第6期。

[25] 洪文军:《新修订〈军人抚恤优抚条例〉的八大亮点》,《社会工作》2005年第1期。

[26] 郭立文:《论优抚安置立法》,《科技经济市场》2006年第12期。

[27] 于军、任达喜:《关于构建优抚保障体系的思考》,《中国民政》2006年第6期。

[28] 宿志刚:《抗战时期陕甘宁边区代耕问题研究》,《史学月刊》2007年第9期。

[29] 王广怀、罗军:《军人抚恤优待法律制度的法理学分析》,《军事经济研究》2007年第6期。

[30]宿志刚:《抗战时期陕甘宁边区建立家务活的研究》,《河南大学学报》2008年第5期。

[31] 吴红英、赵玉洁:《中央苏区红军优抚安置政策回溯》,《中国人才》2008年第22期。

[32] 刘义山:《当前优抚信访工作分析与对策浅议》,《民营科技》2008年第10期。

[33] 曹颖、宋磊:《我国军人家属待遇制度的不足及其完善》,《西安政治学院报》2008年第1期。

[34] 罗济:《我国退役士兵安置制度面临的矛盾及其对策》,《社会主义研究》2008年第6期。

[35]《我国的优抚安置制度》,《党建研究》2009年第5期。

[36] 郑传锋:《军人社会保障体系确立与展望》,《中国社会保障》2009年第10期。

[37] 王新国:《如何建立优抚保障新机制》,《中国民政》2009年第2期。

[38] 吴红英、朱红英:《论中央苏区农村合作社运动对红军优抚的历史贡献》,《农业考古》2009年第3期。

[39] 吴红英、朱红英:《中央苏区时期红军优抚资金的筹集形式》,《价

格月刊》2009 年第 9 期。

[40] 姜新生、杜晓娜:《军人优抚制度存在的问题及解决思路》,《军事经济研究》2010 年第 6 期。

[41]刘春玲:《中美军人优抚立法比较与思考》,《社科纵横》2010 年第 7 期。

[42] 饶道良:《红军优抚工作的起源——井冈山斗争时期的优抚工作》,《党史文苑》2011 年第 2 期。

[43] 李军全:《军事动员与乡村传统:以晋察冀抗日根据地优待抗属为例》,《历史教学》2011 年第 2 期。

[44] 吴云峰、方列曙:《论华中抗日根据地的优抚工作》,《安徽史学》2011 年第 4 期。

[45] 董大伟:《简论毛泽东的社会保障思想》,《河北青年管理干部学院学报》2011 年第 4 期。

[46] 汤国光、梁毅雄、张昱明:《富国强军中军人权益保护法制建设完善》,《西安政治学院学报》2011 年第 2 期。

[47] 赵琦:《军人抚恤优待纠纷问题研究》,《辽宁行政学院学报》2011 年第 4 期。

责任编辑：柴晨清

图书在版编目（CIP）数据

当代中国优抚制度研究 / 尹传政 著 . —北京：人民出版社，2017.11
ISBN 978 – 7 – 01 – 018581 – 1

I. ①当… II. ①尹… III. ①优抚安置 – 研究 – 中国 IV. ① D632.3
中国版本图书馆 CIP 数据核字（2017）第 285598 号

当代中国优抚制度研究
DANGDAI ZHONGGUO YOUFU ZHIDU YANJIU

尹传政 著

人民出版社 出版发行
（100706 北京市东城区隆福寺街 99 号）

北京市文林印务有限公司印刷 新华书店经销

2017 年 11 月第 1 版 2017 年 11 月北京第 1 次印刷
开本：710 毫米 ×1000 毫米 1/16 印张：20.25
字数：280 千字

ISBN 978 – 7 – 01 – 018581 – 1 定价：59.00 元

邮购地址 100706 北京市东城区隆福寺街 99 号
人民东方图书销售中心 电话（010）65250042 65289539